믿는 자의 삶 뒤편에서 역사하시는 하나님의 신비로운 손길

하나님의 비하인드 스토리

하나님의 비하인드 스토리

초판 1쇄 펴낸 날 · 2008년 10월 18일 | 초판 2쇄 펴낸 날 · 2015년 10월 15일

지은이 · 라원준 | **펴낸이** · 원성삼

등록번호 · 제2-1349호(1992. 3. 31.) | **펴낸 곳** · 예영커뮤니케이션
주소 · (136-825) 서울 성북구 성북로6가길 32 | **홈페이지** · www.jeyoung.com
출판사업부 · T. (02)766-8931 F. (02)766-8934 e-mail: jeyoung@chol.com
출판유통사업부 · T. (02)766-7912 F. (02)766-8934 e-mail: jeyoung@chol.com

Copyright©2008, 라원준

ISBN 978-89-8350-494-4 (03230)

값 12,000원

믿는 자의 삶 뒤편에서 역사하시는 하나님의 신비로운 손길

하나님의 비하인드 스토리

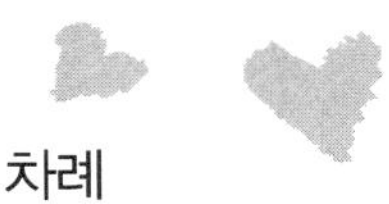

차례

책머리에

　그리스도인은 하늘과 맞닿은 삶을 살아가는 존재들입니다. 그래서 성경은 그리스도인들이 이 땅에서 진지하게 기도하면 하나님께서 하늘나라의 천군과 천사를 동원하여 그들의 기도에 응답해 주신다는 사실을 거듭해서 증거 하고 있습니다. 물론 저 역시 하늘보좌를 움직이는 기도의 능력을 믿고 있습니다. 그런데 언젠가부터 제 삶에서 ‘굳이’ 힘써서 기도하지 않았는데도 지속적으로 하나님의 신비한 손길을 경험하게 되면서, ‘구체적으로 힘써 기도하지도 않았는데 어떻게 이런 일이 가능할까?’ 라는 의문이 들기 시작했습니다.

　저는 그 의문에 대한 해답을 다니엘 10장에서 발견했습니다. 다니엘 10장 12절을 보면 하나님의 사자가 다니엘에게 나타나, “다니엘아 두려워하지 말라 네가 깨달으려 하여 네 하나님 앞에 스스로 겸비하게 하기로 결심하던 첫날부터 네 말이 응답받았으므로”라고 말씀하시는 장면이 나옵니다. 저는 이 사건을 묵상하면서, 그리스도인이 복음의 비밀을 깨닫고 이를 전하는 삶을 살고자 결단하고 하나님 앞에 스스로 겸비하게 하기로 결심하면, 그러한 결심을 세운 첫날부터 하나님은 그의 삶 전체를 책임져 주시고 그의 ‘진지한 기도’ 뿐만 아니라 ‘연약한 신음’ 이나 ‘마음의 소원’ 까지도 천군 천사를 동원해서 이루어 주신다는 평범하지만 놀라운 진리를 깨닫게 된 것입니다.

그러던 중 이 진리와 관련하여 또 다른 '은혜의 방편'을 체험하게 되었습니다. 그것은 저의 삶에 일어난 하나님의 도우시는 신비한 손길들을 경험하면서, 이러한 놀라운 사건들의 배후에서 기적의 드라마를 가능케 하시는 하나님 편의 비하인드 스토리를 상상해 보기 시작했을 때부터 시작되었습니다. 욥기 2장에서 우리는 여호와 하나님과 사탄 사이의 대화를 통해 욥이 이 땅에서 극심한 고난을 겪는 이유를 밝히는 비하인드 스토리를 읽을 수 있습니다. 만약 욥기의 서두에 이 비하인드 스토리가 기록되어 있지 않았다면, 우리는 욥기를 읽으면서 욥이 고난 받는 이유를 상세하게 알지 못했을 것입니다.

이와 마찬가지로 그리스도인들의 삶 가운데 일어나는 모든 일들, 특히 기적적인 사건의 배후에는 반드시 하나님의 비하인드 스토리가 있을 것이라는 가정하에, 저는 제가 겪은 하나님의 기적적인 사건들의 비하인드 스토리를 믿음이라는 안경을 통해 상상해 보기 시작했습니다. 그랬더니 놀랍게도 기적 자체로 인한 감격을 뛰어넘어, 천군 천사를 동원하여 기적의 드라마를 일으키기까지 나를 사랑하시는 하나님의 은혜에 새삼 가슴이 벅차오르는 경험을 하게 되었습니다.

이제 와서 돌이켜 보니, 이런 일이 가능했던 것은 아마도 제가 어린 이전도협회라는 선교단체에 소속되어 주님의 일을 감당하고 있기 때문일 것으로 짐작됩니다. 아시다시피 어린이들에게 성경을 가르칠 때는 주로 드라마적인 기법을 사용하게 되는데, 사실 성경은 창조의 드라마로 시작해서 종말의 드라마로 끝을 맺는 거대한 드라마의 보고라고 할 수 있습니다.

또한 곰곰이 생각해 보면 드라마를 가장 좋아하시는 분은 다름 아닌 우리 하나님 아버지이신 것을 알 수 있습니다. 하나님은 홍해 사건이나 나사로 사건 혹은 오병이어 사건 등에서 볼 수 있듯이, 모든 소망이 끊어진 후에 극적인 반전이 이루어지는 '9회 말 투아웃' 이후의 역전 드라마를 즐기십니다. 특히 십자가 사건은 기존의 모든 드라마를 압도하는 강력한 하나님의 역전 드라마인 것입니다.

시편 기자의 고백처럼 주의 선하심과 인자하심이 정녕 저를 따른 것은, 이처럼 드라마를 좋아하시는 하나님께서 어린이 사역을 하는 한 작은 목사에게 특별히 드라마 같은 사건을 통해 그분의 따뜻한 사랑을 보여 주신 것이라고 생각됩니다. 또한 제가 그 드라마의 배후에서 역사하시는 하나님의 신비로운 손길을 상상해 볼 수 있는 마인드를 가질 수 있었던 것 역시, 어린이 선교단체를 통해 드라마적인 요소에 대한 다양한 훈련을 받았기 때문임을 고백합니다.

모쪼록 이 책을 읽는 독자 여러분들 역시 다니엘처럼 하나님 앞에서 겸비한 삶을 살아감으로 말미암아 날마다 하나님의 신비로운 손길을 경험하기를 기원합니다. 또한 삶에서 일어난 기적 자체를 기뻐하며 즐기는 데 그치는 것이 아니라, 제가 그랬던 것처럼 그 기적 뒤에 감추어진 하나님의 비하인드 스토리를 묵상함으로 우리를 향한 좋으신 하나님의 크나큰 은혜를 더욱 생생하게 경험하게 되기를 간절히 바라는 바입니다.

아울러 노파심에서 드리는 말씀이지만 본서에 기록된 『비하인드 스토리』는 하나님의 신비한 손길에 대한 저의 묵상을 통해 당시 기적이 진행되는 동안 일어났음직한 하늘나라의 상황을 재현해 본 가상적인 내용임을 밝힙니다. 그러나 실제로 이 땅에서 그 사건이 진행되는 동안, 재현해 본 내용과 완전히 동일하지는 않더라도, 매우 유사한 내용의 사건이 하늘나라에서 진행되고 있었을 것임을 개인적으로 확신합니다.

끝으로 이 책을 내기까지 부족한 종의 모든 걸음걸음에 동행해 주신 신실하신 하나님께 감사와 영광을 돌려 드립니다. 무엇보다도 이 책을 쓰도록 격려하고 영감을 준 저의 친형이자 영적 멘토가 되시는 라원기 목사님께 가장 먼저 감사의 말씀을 전합니다. 그리고 저의 또 다른 멘토가 되시는 구의령(William A. Grubb) 선교사님과 구요한(John Cook) 선교사님께 감사드리며, 한국 어린이전도협회의 대표로 저를 지도해 주신 강갑중 목사님, 최원장 목사님께 진심으로 감사드립니다. 또한 저로 하여금 사역자의 길을 가도록 결단케 하고 격려해 주신 전진휘 선교사님과 김용의 선교사님께 감사드리며 당신들의 수고가 헛되지 않았음을 전하고 싶습니다.

주 안에서 함께 일꾼 된 사랑하는 어린이전도협회의 모든 사역자들과, 개인적으로 저를 후원해 주시는 모든 교회와 동역자들에게도 깊은 감사의 말씀을 전합니다. 특별히 부교역자로 함께 교회를 섬기는 동안 목자의 귀한 본을 보여 주신 오륜교회의 김은호 목사님, 홍콩동신교회의 김성준 목사님, 신촌소망교회의 강현중 목사님, 호주 갈릴리교회의 최효진 목사님께 존경과 감사의 말씀을 전합니다.

그리고 저의 사역을 귀하게 여기며 적극적으로 동역해 주시는 일산

화평교회 최상태 목사님과 새안양교회 김한욱 목사님께도 마음에서 우러나오는 감사의 말씀을 전합니다. 아울러 출간을 맡아 주신 예영 커뮤니케이션의 김승태 대표님과 편집부 가족에게도 고마움을 전합니다. 그리고 무엇보다도 저의 가족을 위해 날마다 중보하시는 양가 부모님과 언제나 저를 믿고 따라주는 돕는 배필인 김라라 선교사와 저의 든든한 두 기둥인 한별이와 찬별이에게 뜨거운 사랑과 감사의 말을 전합니다.

　이 책을 읽는 모든 독자들이 살아 계신 하나님을 체험하며 이 책의 모든 내용이 오직 하나님께 영광을 돌려 드리게 되기를 소망합니다.

시드니에서
라원준

라원준 선교사는 총신대 신대원을 졸업한 뒤 목사 안수를 받고 현재 한국 어린이전도협회(CEF) 파송 선교사로서 가족과 함께 호주에 거주하며 아시아태평양(AP)지역 총무로 섬기고 있습니다.

시작하면서

내 귀에 내 이름을 불러 주세요

2002년 가을, 고통은 예고 없이 나를 찾아왔다. 어느 날 저녁 "아!" 하는 신음소리와 함께 갑자기 위장 부근에 심한 통증이 오며 복부가 팽팽해지는 것을 느꼈다. 며칠 지나면 낫겠지 하고 생각했지만 그 증상은 몇 날 며칠이 지나도 사라지지 않았다.

당시 나는 홍콩에 베이스를 두고 어린이전도협회 아시아태평양지역 부총무라는 직함을 가지고 아태지역 각국의 어린이전도협회를 섬기는 사역을 하고 있었다. 2002년은 내가 7년간의 국내 사역을 마치고 해외 사역을 시작한 첫해였다. 이제 와서 깨닫게 된 것이지만, 한국에서 7년간의 사역 기간에 추석이나 설 명절마저 반납하고 사역에 몰두했던 사람이 선교사로 나와서는 속된 말로 '나사가 풀어져 버린' 것이었다. 급박하게 처리해야 할 사역들이 산더미처럼 쌓여 있던 국내 사역과는 달리, 느긋하게 자신만의 사역을 준비해야 하는 선교사 삶으로의 전환이 원활하지 못했던 것이다. 그래서 나도 모르게 생활이 불규칙하게 되어 버렸고, 그 결과로 찾아온 것이 바로 위장병이었던 것이다.

밤새 대여섯 번씩 심한 속 쓰림의 고통 가운데 깨어나고, 아침에 눈을 떠서 저녁에 눈을 감을 때까지 계속해서 위장이 아픈 생활이 지속되었다. 위장병의 고통은 당해 보지 않은 사람은 잘 이해할 수 없을 것이다. 비록 견디기 힘든 지독한 아픔은 아니지만 끊임없이 속이 쓰리고, 빵빵하고, 더부룩하고, 구역질이 나고, 심한 설사를 하였다. 그것은 그나마 참을 수는 있었다. 하지만 무엇보다도 식욕이 전혀 없는 것은 커다란 고통이었다. 식사 때가 되어도 도무지 배고픔을 느끼지 못하는 삶을 살다 보니 '허기'를 느낄 수 있다는 것이 얼마나 큰 축복인지를 깨닫게 되었다.

이렇듯 고통 가운데 지내면서도 무려 6개월 넘도록 병원을 찾아가 보지 못한 이유는, 홍콩에서는 의료보험이 적용되지 않는 상태에서 위내시경 검사를 받게 되면 40~50만 원을 내야 했기 때문이었다. 지금도 그렇지만 우리 집 가훈이 되다시피 한 모토가 있다. 그것은 '아프지도 말고 다치지도 말자!' 라는 것이다. 의료보험 없이 외국에서 생활하는 선교사에게는 본인이나 가족이 아프거나 다치는 것은 생각하기도 싫은 악몽인 것이다. 그래서 사역 때문에 한국을 방문할 때까지 미련하게도 6개월 이상을 온갖 상상을 하며 혼자 끙끙 앓고 있었다.

마침내 한국을 방문하여 위내시경 검사를 받게 되었는데 감사하게도 좋은 병원을 소개받아 의료보험도 없는 상태에서 불과 3만 원 정도를 내고 모든 검사를 마칠 수 있었다. (이러니 한국에서의 생활을 더욱 사모하지 않을 수 있겠는가!) 검사 결과 다행히 위중한 병은 아니었고, 의사는 심한 미란성 위염이라는 진단을 내리고 약을 처방해 주었다. 홍콩으로 곧 돌아와야 했기에 의사에게 부탁하여 특별히 1개월치 약을 처방받아 홍콩으로 가지고 와서 지시받은 대로 하루 세 번씩 꼬박꼬박 복용을 했다. 그러나 증상은 전혀 개선되지 않았고 그 상태로 무려 1년이 더 흘러갔다.

몸이 아픈 지 1년 6개월 정도가 지나니 점점 지치기 시작했다. '이러다가 이 증상이 평생 갈 수도 있겠구나.' 하는 두려운 생각이 찾아오기 시작했다. 이렇게 몸과 마음이 몹시 근핍해 있던 어느 날, 갑자기 커다란 의심의 구름이 내 심령을 지배하기 시작했다. 나는 나름대로 이 상황에 대하여 엉뚱한 결론을 내리고 있었던 것이다.

'하나님이 나를 잊으신 것이 틀림없어! 그렇지 않고서야 어떻게 이렇게 고통스러운 나날들을 보내게 하실 수 있겠어? 선교사로 보냈으면 책임을 지셔야지, 이렇게 아프게 하기 위해 나를 이 먼 곳까지 보내셨나?'

이런 생각과 함께 하나님이 나를 잊으셨다는 무서운 생각이 내 영혼의 뿌리까지 파고들기 시작했다. 사실 선교사로 파송된 후 나 자신이 건강관리를 잘 못해서 생긴 일인데 워낙 고통이 오래 지속되다 보니 하나님이 주신 소명을 의심하는 황당한 결론을 내리고 말았던 것이다. 그 밤에 나는 눈물을 흘리며 하나님께 부르짖었다.

"아버지, 나를 잊으신 것이 분명하지요? 어떻게 나를 이렇게 고통 가운데 두실 수 있나요? 나를 잊으신 것이 틀림없어요! 만약 나를 잊지 않으셨다면 그 증거로 내 귀에 내 이름을 불러 주세요!"

이렇게 울부짖는 가운데 밤새도록 기도하며 하나님의 음성에 귀를 기울였지만 내 귀에는 실낱같은 소리도 들려오지 않았다. 아마도 새벽녘이 되어서야 지치고 녹초가 되어 그 자리에 쓰러져 설핏 잠이 들었던 것 같다. 다음날 아침 아내가 한국에서 걸려 온 전화를 받았다. 아내의 여동생, 즉 처제에게서 온 전화였다.

몇 분간 통화를 하고 수화기를 내려놓은 아내가 고개를 갸웃거리며 나에게 와서 말했다.

“여보, 연선이가 오늘 우리 통장으로 10만 원을 입금했다 하네요.”

“처제가 무슨 돈이 있어서 10만 원씩이나 보냈대요?” 내가 물었다.

“자기 돈이 아니고 자기 교회 부목사님 사모님이 아침에 찾아와서 10만 원짜리 수표를 주고 갔다 하네요.”

“부목사님 사모님이 우리를 어떻게 알고 헌금을 하신 것이지?” 궁금해서 내가 물어보았다.

아내가 들려 준 말은 대충 이러했다. 당시 나에게 동서가 되는 처제의 남편 역시 목사로 강남의 한 교회에서 주일학교 파트를 담당하고 있었는데, 바로 그 교회의 부목사님 사모님이 우리 가정에 헌금을 하신 것이었다. 그분은 우리 가정에 관해 거의 알지 못하던 분이었는데, 처제도 그런 분이 헌금을 해서 많이 놀랐다고 한다. 그래서 헌금을 하게 된 연유를 물어보니 그분이 이렇게 대답했다고 한다.

“어제 밤에 선교 집회에 참석했는데, 합심기도 시간에 간절히 기도하던 중에 하나님께서 분명하게 내 귀에 ‘홍콩에 있는 라원준, 김라라 선교사 가정을 위해 10만 원을 헌금하라.’ 는 말씀을 들려 주셨어요. 이름과 금액을 정확히 말씀해 주시는데 하지 않을 도리가 있나요?”

여기까지 말을 들은 나는 그만 그 자리에 얼어붙은 듯 꼼짝할 수 없었다. 악에 받친 어린 아이가 떼를 쓰듯 “내 귀에 내 이름을 불러 달라!”는 간밤의 터무니없는 기도에, 생각하지도 않았던 물질의 헌금까지 얹어서 주시는 아버지의 사랑 앞에서 마치 새벽안개가 걷히듯 의심의 구름이 걷히는 것을 그 시간 경험하고 있었던 것이다.

그런 다음 불과 며칠 후, 교회에서 한 청년이 나에게 다가와 말을 걸었다.

“선교사님, 위장병으로 고생하신다면서요?”

"예, 심한 위염인데 잔탁을 포함하여 온갖 약을 먹어 보았지만 도무지 낫지를 않네요."

"혹시 이 약을 드셔 보시겠어요? 제가 전에 위장병이 있을 때 한국에서 부모님이 부쳐 주신 약인데 복용하고 남은 것이 일주일치 정도 있어요. 혹시 모르니 드셔 보세요."

"어차피 남는 것이라면 한번 먹어 보죠. 감사합니다."

파모티딘이란 이름의 그 약을 받아 와서 복용한 바로 그날부터 놀랍게도 증상이 현저히 개선되는 것을 느꼈다. 곧바로 한국에 전화를 해서 동일한 약 1개월치를 보내 달라고 했다. 한국에서 보내온 약을 복용하고 2주 후에는 증상이 깨끗이 사라졌고, 그 후에 사역 차 한국에 가서 다시 내시경 검사를 받았는데 위염이 완전히 사라졌다는 검사결과를 통보받았다. 그리고 5년이 지난 지금까지도 위장에 아무런 이상 없이 건강하게 잘 지내고 있다!

Behind Story 

하나님: 오늘 특이한 기도 제목이 올라온 것이 있느냐?

미가엘: 예, 홍콩에 있는 한 선교사가 울고 떼를 쓰며 기도를 하고 있습니다. 하나님이 자기 이름을 자기 귀에 들려달라는 이상한 기도입니다.

천사 A: 제가 처리할까요? 불쌍한데 가서 이름 한번 불러 줄까요?

하나님: 그만 두어라. 그보다 더 좋은 생각이 있다. 지금 기도하는 사람들 가운데 내일 아침 라원준 선교사에게 바로 헌금할 수 있는 사람이 있는지 알아보아라. 반드시 지금 뜨겁게 기도하고 있는 사람이어야 한다. 그렇지 않으면 느닷없이 귀에 들리는 소리에 깜

짝 놀라게 될 테니.

미가엘: 마침 적당한 사람이 하나 있습니다. 라원준 선교사의 처제가 다니는 교회의 부목사 사모인데 지금 선교집회에 참석하여 열심히 통성 기도를 하고 있습니다.

하나님: 옳거니, 그럼 얼른 그 사모에게 가서 내가 이르는 말을 전하거라…… (천사 A에게 무엇인가를 지시하시는 하나님)

나는 이 사건을 회상하면서 내 이름을 기억하실 뿐만 아니라 나를 버리지도, 떠나지도 않겠다고 약속하신 신실하신 나의 아버지 하나님이 내 삶 가운데서 어떻게 신비한 손길로 삶의 고비마다 나를 도우셨는지를 독자 여러분들에게 소개하고자 한다.

1부》 사역자로 부르신 하나님

1장 나의 나 된 것은 하나님의 은혜라

온 가족의 회심

우리 가족이 하나님의 품으로 돌아오게 된 것은 어머니의 병환 때문이었다. 어머니는 내가 아주 어린 시절부터 홍채염과 중심성 망막염이라는 두 가지 안과 질환으로 매우 큰 고통을 겪으셨다. 어머니의 눈에는 온 세상이 마치 전파 신호가 잘못되어 심하게 일그러진 TV 화면처럼 보이셨다. 그래서 외출은 말할 것도 없고 친구나 가족과 마주앉아 대화하는 것조차도 힘들어 하셨다. 상대방의 얼굴이 계속해서 찌그러지니 속이 울렁거리고 구역질이 나서 도무지 참을 수가 없다고 하셨다.

그래서 어머니는 병을 고치기 위해 여러 안과를 찾으셨으나 결국은 치료법을 찾지 못하고 그 상태로 지낼 수밖에 없게 되었다. 병원에서 별다른 도움을 받지 못하자 어머니는 혹시 종교를 가지면 기적적으로 고침을 받을 수 있지 않을까 하여 무당을 통해 굿도 해 보고, 불교를 믿어 보기도 하고, 심지어는 일본에서 건너온 종교인 남묘호렌게쿄(지금의 SGI창가학회)의 집회를 열심히 다녀보기도 했다. 그러나 그 어떤 종교도 어머니의 병환을 치료할 수 없었다. 그러던 중 내가 중학교 2학년이 되었을 때 이모님의 권유로 우리 가족은 교회에 등록하여 다니게 되었다.

그 당시 우리 가족이 교회를 다닌 것은 신앙심이 있었기 때문이라기보다는, 여러 종교를 믿어 보아도 소용이 없었기 때문에 또 다른 하나의 종교를 시험해 본다는 의미가 강했다. 하지만 그렇게 시작한 교회 생활은 어머니의 병환에 별다른 차도가 없었음에도 계속해서 이어졌다. 그것은 아마도 다른 종교를 찾아 떠나본들 뾰족한 수가 없을 것 같다는 마음에서 그러했던 것 같다. 이 시절 나는 교회의 중고등부에서 열심히 활동하여 학생회장으로 선출되기도 했으나 지금 돌이켜 보면 교회 마당만 밟고 다니는 엉터리 신자였던 것이다.

이런 우리 가족을 긍휼히 여긴 하나님은 나의 형을 영적 가장으로 불러 온 가족을 구원해 주셨다. 83학번으로 대학에 진학한 형은 1학년 때 삶에 대한 회의로 심한 방황을 경험했다. 그러다가 2학년 때부터 KABS(Korean American Bible Study)라는 영어성경을 공부하는 대학동아리 활동을 하게 된 것을 계기로 영어공부에 푹 빠지게 되었고, 결국은 그 모임을 통해 예수 그리스도를 구주로 믿게 되었다. 형은 나와 동생을 차례로 그 모임에 소개했고, 나 역시 대학 1학년이던 85년도에 예수님을 생명의 구주로 영접하게 되었다. 또한 지금의 아내도 바로 그해 그 모임을 통해 만나게 되었으니 1985년은 나의 인생에 커다란 전환점이 되는 해이다.

내가 회심을 경험한 경위는 다음과 같다. 나는 비록 중학교 2학년 때부터 교회를 다니고 있었고 고등학교 2학년 때는 교회의 고등부 회장까지 지냈으나 대학 1학년이 될 때까지 복음을 깨닫지 못했다. 그저 형식적으로 교회를 다닐 뿐이었다. 그러다가 대학 1학년이 되어 형의 권유로 영어성경공부 동아리 활동을 시작하면서 그 모임을 통해 나는 서서히 복음이 무엇인지 깨닫게 되었다. 하지만 한 학기가 다 지나도록 예수님을 인격적으로 영접하지는 못했다.

그러다가 2학기가 시작되었고, 2학기 초 내가 다니던 교회에서 부흥집회를 하게 되었다. 시각장애인 목사님이 부흥 강사로 오셨는데, 나는 그 집회에서 비로소 나의 정확한 영적 상태를 깨닫게 되었던 것이다. 강사 목사님의 설교에 이어 기도 시간이 진행되었는데 모든 회중이 그 직전에 찬양을 불렀다. 그런데 그날 따라 찬양 가사가 내 마음을 파고들었다.

> "그때 그 무리들이 예수님 못 박았네
> 녹슨 세 개의 그 못으로
> 망치소리 내 맘을 울리면서 들렸네
> 그 피로 내 죄 씻었네"

이 찬양을 부르는 가운데 성령님께서는 "그때 그 무리"가 바로 나라는 진리를 환하게 밝혀 주셨다. 나의 죄로 인해 예수님이 십자가에 못 박혔다는 사실이 내 심령 깊은 곳에서 깨달아지고 고백되었다. 찬양이 이어졌다.

> "주여 저들의 죄를 용서하여 주소서
> 주님 눈물로 기도했네
> 귀중한 그 보배 피 나를 위해 흘렸네
> 그 피로 내 죄 씻었네"

주님의 보혈로 인해 내 모든 죄가 사함 받았다는 놀라운 감격이 내 마음을 가득 채우기 시작했다. 나는 눈물을 흘리며 찬양했고, 이어지는 기도 시간에 내 마음과 삶을 주님께 드렸다.

그날 후로는 세상을 보는 눈이 달라졌다. 구원의 은혜를 깨닫고 보니 나무 한 그루 풀 한 포기가 어제와 같지 않았고 형식적으로 다니던 교회 생활도 완전히 달라졌다. 이렇게 구원을 체험한 직후 주일예배를 드리던 중, 찬양대의 특송을 듣고 있던 나에게 찬양대원이 되고 싶다는 마음의 소원이 갑자기 일어났다. 평소 나는 찬양이라면 담을 쌓고 살았던 사람인데 이것은 나 스스로도 놀랄 만한 변화였다. 하지만 이어지는 생각은 나를 좌절시켰다.

'음치에 가까운 내가 어찌 찬양대원이 될 수 있겠는가. 게다가 찬양대원이 되려면 오디션을 받아야 하는데 도저히 통과할 자신이 없으니 포기하자.' 이런 생각을 하고 있는 가운데 광고 시간이 되었다. 목사님의 광고 한 마디가 내 귀를 쫑긋하게 했다. "다음 주부터 주일 1부 예배가 신설됩니다. 시간은 오전 8시입니다. 1부 예배를 위해 봉사해 주실 찬양대원을 모집합니다. 참고로 오디션은 없답니다."

오디션이 없다는 말이 내 귀에 가장 크게 들어왔다. 나는 지체하지 않고 1부 예배 찬양대원 신청서를 제출했고, 무난히(?) 합격되었다. 그 후 3년간 나는 그 교회를 떠날 때까지 단 한 번도 결석하거나 지각하지 않고 신실하게 찬양대원의 임무를 다했다. 하나님은 그 기간 동안 놀라운 은혜를 부어 주셨다. 비록 군데군데 음정과 박자가 엉망인 찬양이었지만, 중심을 보시는 하나님은 나의 마음을 받으시고 충만한 은혜를 주신 것이었다.

이렇게 집안의 삼 형제가 모두 예수님을 믿게 되자 자연스럽게 부모님도 복음을 받아들이게 되었다. 어머니가 먼저 마음의 문을 여셨고 그 후 얼마간의 시간이 지나자 아버지께서도 믿음으로 살기로 결단하셨다. 아버지가 신앙을 받아들이기까지 가장 걸림돌이 된 것은 신앙생활을 하면 술, 담배를 끊어야 한다는 현실적인 문제 때문이었다. 한국전력의 창사 사원으로 입사하여 정년퇴직을 하시기까지 직장 생활을 하는 반평생을 술, 담배에 인이 박힌 것도 문제려니와, 그 연세에 갑자기 술, 담배를 끊으면 친구들이 모두 등을 돌리지 않을까 하는 두려움이 컸다고 하셨다. 그러나 성령닙은 결국 아버지로 하여금 결단하게 하셨다.

그날이 나에게는 아직도 기억에 생생하다. 결단의 그날 아버지는 갑자기 아파트 베란다로 가시더니 라이터와 재떨이와 담배를 화단 아래로 집어 던지셨다. 곁에서 그 장면을 보고 있던 우리 가족은 기함할 듯이 놀랐다.

"아니 이 높은 데서 재떨이를 던지면 어떻게 해요? 밑에 있는 사람이 맞으면 큰일 날 텐데." 어머니가 깜짝 놀라서 말했다.

"이제부터 나는 술, 담배를 끊고 신앙생활을 하겠소."

아버지는 어머니의 말에 대꾸도 하지 않고 당신의 결단을 온 가족에게 알렸다. 그날 이후로 아버지는 한 번도 술, 담배를 입에 대신 적이 없다. 나는 그런 아버지가 자랑스럽다.

"내게 능력 주시는 자 안에서 내가 모든 일을 할 수 있느니라" _ 빌 4:13

신앙의 결단을 내린 가족 회의

"범사에 감사하라 이것이 그리스도 예수 안에서 너희를 향하신 하나님의 뜻이니라" _ 살전 5:18

우리 가족이 모두 주님의 품으로 돌아온 직후의 일이다. 하루는 형이 가족회의를 소집했다. 나는 영문도 모르고 회의에 참석했다. 형이 운을 떼었다.

"이번 주일 설교에서 '범사에 감사하라' 는 말씀 들었지요? 이제 우리 가족도 범사에 감사하는 가족이 되도록 합시다."

"그렇다면 나쁜 일이 생겨도 감사해야 한다는 말이에요?" 이해가 잘 안 된다는 투로 내가 물었다.

"그럼, 범사라는 말이 모든 일을 뜻하는 것이니 좋은 일뿐만 아니라 나쁜 일이 일어나더라도 감사해야지."

우리 가족은 이렇게 가족회의를 통해 범사에 감사하기로 결정했다. 그런데 그 사건은 바로 그날 저녁에 일어났다.

지금은 없어졌지만 1980년대에는 '야간등화관제훈련' 이란 것이 있었다. 주로 지방의 도시에서 실시하던 것인데 민방위훈련을 대신하여 전시 상황에 적기가 야간에 침투한 것을 가정하여 밤에 사이렌이 울리면 도시의 모든 불빛을 차단하는 훈련이었다. 야간등화관제훈련이 실시되면 차량이나 사람이 길에 다닐 수 없는 것은 물론이고 각 가정마다 모든 전구를 소등해야 했으며, 심지어 TV 시청도 금지되었다. 하지만 실제 상황이 아니고 훈련이다 보니 아무래도 몰래 집에서 TV를 시청하는 사람이 있게 마련이었다. 그런 집은 대개 창문을 커튼으로 가려놓지만 결국 창밖으로 희미한 불빛이 새어 나와서 금방 알아차릴 수 있었다. 그래서 민방위 완장을 찬 민방위 대원들이 불빛이 새어 나오는 집을 찾아다니며 TV를 끄라고 큰 소리로 경고하곤 했다.

당시 고등학생이었던 동생은 그게 재미있게 느껴졌던 것 같다. 그래서 야간등화관제훈련이 실시되면 친구들과 함께 어울려 다니며 창밖으로 희미한 불빛이 새어 나오는 집의 대문을 걷어차면서 "불 꺼요, 불 꺼!"라고 큰 소리를 지르곤 했다. 그러면 집 주인은 민방위 대원이 단속을 나온 것으로 착각하고 후다닥 TV를 끄곤 했다. 동생과 친구들은 그런 치기 어린 짓을 하며 묘한 쾌감을 느끼곤 했던 것이다. 그런데 어떤 집에서는 전혀 다른 반응이 나왔다. "불 꺼요, 불 꺼!" 동생이 문을 걷어차며 큰 소리를 지르자 뜻밖에도 집안에서 더욱 험악한 말투로, "어떤 놈이야!"라는 소리와 함께 안방 문이 거칠게 열리는 소리가 들렸던 것이다.

너무나 당황한 동생은 도로를 가로질러 달아나려 했는데 그 순간 그만 전조등도 켜지 않고 달려오던 오토바이에 치이는 사고를 당하고 말았다. 우리 가족이 연락을 받고 나가 보니 동생은 온몸 이곳저곳에 피를 흘리며 서 있었고 오토바이의 주인은 당황해서 어쩔 줄 몰라 하고 있었다. 참으로 기가 막힌 장면이었다. 그때 형이 잠시 부모님과 상의하더니 가족을 모두 불러 모은 다음 말을 꺼냈다.

"이 상황에 대하여 하나님께 감사하자."

비록 나쁜 일이 일어나더라도 감사하자고 낮에 가족회의를 통해 결정하긴 했지만 '나쁜 일'이 이렇게 빨리 일어날 줄은 미처 몰랐다. 하지만 가족회의에서 결정한 바이고 하나님께 대한 약속이기도 하기에 우리 가족은 둥글게 모여 손을 맞잡고 기도했다.

"하나님 아버지, 제 동생이 사고로 다친 것도 감사합니다. 아버지의 뜻이 있을 줄 믿습니다."

오토바이 사고로 피를 철철 흘리던 동생까지 함께 손을 맞잡고 기도했으니 아마도 그 자리에 모여 있던 구경꾼들의 눈에는 우리 가족이 제정신이 아닌 것으로 비쳤을 것이다.

짧은 기도를 드린 후에 아버지와 형이 사고를 낸 당사자에게 가서 말했다.

"이 일로 인해 많이 놀라셨지요? 동생을 보니 뼈가 부러지거나 많이 다친 것 같지는 않습니다. 우리가 알아서 치료를 할 테니 치료비 걱정은 하지 마세요. 그런데 어쩌다가 야간등화관제훈련이 있는데도 전조등을 끄고 오토바이를 몰고 달리다가 이런 사고를 내셨나요?"

그분은 매우 뜻밖이라는 듯 놀라는 표정을 하더니 자신의 이야기를 털어놓았다.

"저는 시골에서 올라온 사람인데, 제 아내가 몹시 아파서 집에 누워 있습니다. 치료비를 마련하고자 동분서주하다보니 그만……"

이야기를 듣고 보니 몹시 딱한 사정을 가진 분이었다. 시골에서 대구로 올라온 지 얼마 되지 않은 신혼 부부였는데 아내가 그만 폐병을 얻어 거의 거동을 하지 못하고 앓고 있다고 했다. 게다가 지난 달에 오토바이 사고를 냈는데 아직 합의금을 마련하지 못해 시간에 맞춰 그것을 마련하려고 무리하다 보니 등화관제훈련의 규정을 어기고 오토바이를 몰고 나왔다는 것이다.

우리 가족은 동생을 데리고 병원에 가서 간단한 치료를 받았고 그분은 집으로 돌려보냈다. 다음 날 일찍 아버지께서 그분의 집을 방문하겠다고 나가셨다. 오후 늦게 집에 돌아오신 아버지가 놀라운 이야기를 들려 주셨다.

"그분 사정이 너무 딱해서 한번 찾아가 보고 싶은 생각이 들었단다. 그리고 마침 친한 친구가 보건소 소장이어서 혹시나 하는 마음에 그분 아내를 보건소에 모시고 가서 다시 검진을 받게 했다. 그랬더니 검진 결과가 놀랍게도 폐결핵이 아니라 늑막염으로 나왔지 뭐냐."

"그렇다면 늑막염에 걸린 사람을 폐결핵으로 오진했던 거예요?" 형이 물었다.

"그러게 말이다. 늑막염에 걸린 사람에게 독한 폐결핵 약을 몇 주간이나 복용하게 했으니 사람이 초주검이 되지 않을 도리가 있겠니. 의사가 당장 폐결핵 약을 끊고 늑막염 약을 먹으라고 말했다."

그길로 폐결핵 약을 끊고 늑막염 약을 복용하기 시작한 그분의 아내는 며칠이 못 되어 훌훌 자리를 털고 일어났다고 한다. 그리고 그 후부터 그 부부는 수년간 명절 때마다 시골에서 부모님이 보내 준 농산물을 선물로 준비하여 우리 집을 방문하곤 했다. 물론 우리 가족은 그 부부에게 복음을 전하는 것을 잊지 않았다. 범사에 감사하기로 한 가족 회의 덕분에 동생이 약간 다친 것 치고는 꽤 수지맞는 거래를 한 셈이다.

Behind Story

하나님: 네가 어디서 왔느냐?

사탄: 땅에 두루 돌아다니다가 한국을 거쳐 왔나이다.

하나님: 네가 이번에 한국에서 가족 회의를 통해 범사에 감사하기로 결단한 한 가족을 유의하여 보았느냐? 내가 그 가족으로 인하여 크게 기뻐하노라.

사탄: 사람이 입술로는 주의 법을 지키겠다 맹세하기 쉬우나이다. 이제 주의 손을 펴서 그 가족의 한 사람을 치소서 그리하시면 정녕 그 일로 인하여 주를 욕하리이다.

하나님: 내가 그 가족의 한 사람을 네 손에 붙이노라. 오직 그의 생명은 해하지 말지니라.

나는 사탄이 의기양양하게 하나님의 존전에서 물러가는 모습을 상상해 본다. 그러나 그는 그 사건을 통하여 오히려 하나님의 영광이 드러나고 또 다른 한 가족이 복음을 듣게 될 것이라는 사실은 꿈에도 몰랐을 것이다.

영어에 미치다

나의 대학 시절은 영어공부로 시작해서 영어공부로 끝났다고 해도 과언이 아닐 정도였다. 중·고등학교 시절까지만 해도 나는 영어에 있어서는 극히 평범한 학생이었다. 다른 부분은 그런대로 따라갔는데 문법 부분이 취약해서 영어시험에서 문법 문제가 나오면 무조건 연필을 굴리는 그런 학생이었다. 그러던 내가 대학에 들어갈 무렵, 우리나라에서 출세를 하려면 영어를 잘 해야만 하겠다는 생각에 영문과를 지망하려 했다. 하지만 당시 상경계통의 무역학과를 다니고 있던 형이 나에게 조언을 했다.

"원준아, 어떤 학과에 원서를 넣을 거니?"

"영문과를 생각하고 있어요."

"그래? 왜 영문과를 가려 하는데?"

"영어를 잘 하면 좋은 직장에 취직할 수 있을 것 같아서요."

"그렇다면 말이지, 대학을 졸업한 남자가 영어만 잘하는 것과 상경계통의 전공을 가지고 영어를 잘하는 것 중 어느 것이 더 가치가 있을까?"

길게 생각해 볼 것도 없었다. 영문과에 가려는 이유가 영어를 배우고자 하는 마음 때문이었지 영문학 자체에 관심이 있었던 것은 아니었기 때문에 나는 두말하지 않고 형의 조언을 따라 후자를 선택했다.

지금은 아닐 수도 있지만 당시 상경계통, 특히 무역학 전공은 영어공부를 하기에는 정말 안성맞춤이었다. 오죽했으면 무역학을 전공하던 학생들 사이에 이런 농담이 있었을까.

"경제학을 전공하면 1년 364일 잘하다가 하루만 실수하면 무능력자로 낙인찍히지만, 무역학을 전공하면 1년 364일 공치다가 하루만 잘하면 능력자로 인정받는다."

이것은 무역학을 전공하여 무역계통의 오퍼상이 되면 커다란 건수 하나만 잡아도 1년을 먹고 살 커미션을 벌 수 있다는 뜻에서 나온 농담이었다. 반대로 경제학을 전공하여 은행에 취직하게 되면 평소에 잘하더라도 실수 한 번으로 커다란 곤경어 처할 수도 있다는 의미였다. 분위기가 이렇다 보니 무역학을 전공하는 학생들은 대부분 평소에는 영어공부에 치중하다가 시험 기간에만 반짝 전공 공부를 하곤 했다. 나 역시 전공 공부를 하는 시간 외에는 모든 시간을 영어공부에 쏟아 부었다.

하지만 엄밀히 말해 나는 그 당시 영어동부를 한 것이 아니었다. 마치 마른 스펀지가 물을 흡수하듯 영어 자체에 미쳐 있었던 것이다. 억지로 하는 공부보다 목표를 세워서 하는 공부가 효과적이고, 목표를 세워서 하는 공부보다 좋아서 하는 공부가 효과적이지만, 좋아서 하는 공부도 미쳐서 하는 공부에는 따르지 못하는 법이다.

그 시절 나는 내 방에 있는 TV 채널 손잡이를 납땜하여 채널을 아예 AFKN(주한미군을 위한 방송)에 고정시켜 두었고, 거의 2년간 우리말로 된 책은 한 권도 읽지 않았다. 영어를 접하지 않는 일분일초가 아깝게 생각되었던 것이다. 그렇게 생활하다 보니 3개월 만에 영어로 꿈을 꾸게 되었고, 6개월 후에는 길을 가다가 다른 사람과 부딪힌다든지 하는 돌발 상황에서도 반사적으로 영어가 먼저 입에서 튀어나올 지경이 되었다. 그 시절 나는, '대학 1학년 때는 단과대에서, 2학년 때는 학교 전체에서, 3학년 때는 대구·경북지역에서, 4학년 때는 전국에서 영어를 가장 잘하리라.'는 꿈을 품고 정진했었다.

돌이켜 생각해 보면 내가 이렇게 영어에 미쳤던 것 역시 하나님이 주신 마음이었던 것이 분명하다. 그 당시는 나 스스로도 내가 왜 영어라는 외국어에 나의 대학 시절을 '올인' 하고 있는지 도무지 이해할 수 없었다. 하지만 지금은 그 이유를 분명히 안다. 하나님께서 나의 영어 실력을 통해 열방을 위해 하실 일이 있었기 때문이다. 당시 하나님은 진흙덩이 같은 나를 그리스도를 위한 그릇으로 빚어가고 계셨던 것이다.

"토기장이가 진흙 한 덩이로 하나는 귀히 쓸 그릇을, 하나는 천히 쓸 그릇을 만들 권한이 없느냐"_ 롬 9:21

형이 받은 비전과 사명

나의 형은 대학 졸업반 무렵 하나님의 사명자로 부르심을 받았다. 대학 2학년 때 영어성경공부 동아리를 통해 예수님을 만난 형은 나를 포함한 동아리 후배들을 끔찍이 아꼈다. 그래서 방학 때마다 단과대학의 빈 강의실을 빌려 영어공부 모임을 열곤 했다. 그것은 영어성경과 뉴스위크지 해석 등 하루 대여섯 시간씩 강행군을 하는 힘든 과정으로, 동아리 후배들을 위한 전적인 무료 봉사였다. 나 역시 형의 2년 후배로, 2학년 때부터는 나의 후배들을 위해 동일한 봉사를 했다.

이 일을 위해 우리는 방학 때마다 단과대의 학장을 찾아가서 방학 동안 강의실을 사용하게 해 줄 것을 부탁하곤 했는데 극과 극의 반응을 접할 수 있었다. 언젠가 한번은 내가 속한 상경대 학장을 찾아가서 부탁을 드린 적이 있었다.

"안녕하세요? 이번 여름 방학 동안 상경대 빈 강의실 하나를 사용할 수 있습니까?"

"무엇 때문인가요?"

"동아리 학생들이 모여 영어공부를 하려 합니다."

"좀 곤란합니다. 미안하지만 다른 데를 알아보시죠."

"왜 안 되나요?"

"건물이 닳습니다."

우리는 건물이 닳기 때문에 강의실을 빌려 주지 못하겠다는 학장의 말에 의기소침했던 기억도 난다. 반면에 여름 방학의 찌는 듯한 어느 날 선풍기도 없는 강의실에서 땀을 뻘뻘 흘리며 공부하는 가운데 우연히 그 강의실에 들른 단과대 학장님은 입에 침이 마르도록 우리를 칭찬해 주셨다. 그분은 이런 학생들이 있어서 우리나라의 장래가 밝다는 과분한 칭찬을 해 주셨다.

나의 형이 이렇게 봉사하던 4학년 마지막 여름방학 때였다. 그날도 형은 동아리 후배들을 가르치기 위해 내리쬐는 태양빛으로 뜨겁게 달구어진 아스팔트 거리를 20분이나 걸어가고 있었다. 땀이 비오듯 쏟아져 옷을 적시는 그런 무더운 날씨였다. 그때 형의 눈앞에 우뚝 서 있는 학교 도서관 건물이 보였다. 이 학교 도서관은 20층이 넘는 건물로 학생들 사이에 떠도는 말로는 당시 학교 건물로는 아시아 최고의 높이를 자랑했다고 한다. 정방형의 이 도서관 건물은 4층까지는 학생들을 위한 도서관으로 사용되었고, 그 위는 크기가 절반으로 줄어들어 갸름해지면서 교수연구동으로 사용되고 있었다. 처음 학교에 입학한 신입생들은 도서관의 위용에 놀라다가도 정작 자신들이 사용할 수 있는 공간이 고작 4층뿐이라는 사실에 실망하곤 했다.

내가 4학년 때 이 도서관 건물에서 세 명의 학생들이 연속해서 투신자살하는 끔찍한 비극이 있었다. 그 사건 당시 나는 도서관 4층에서 공부를 하고 있었고, 나 외에도 수백 명의 학생들이 기말고사 기간을 맞아 공부를 하고 있었다. 그런데 갑자기 위에서 쿵 하는 둔탁한 소리가 나서 모두들 천장을 쳐다보았다. 도서관 건물의 4층은 그 층부터 크기가 절반으로 줄어들었기 때문에 채광을 위해 두꺼운 유리로 처리되어 있었다. 그 유리 사이로 사람인 듯한 형상과 붉은 핏물이 보였다. 누군가가 도서관 건물에서 투신한 것이 분명했다. 공부하던 모든 학생들은 크게 술렁거렸고 뒤숭숭한 분위기가 연출되었다. 몇몇 교직원들이 사태 수습을 위해 나섰고 사건은 한 남학생의 자살로 마무리되는 듯했다.

하지만 바로 그 다음 날이었다. 그날 역시 전날과 비슷한 시간에 똑같은 상황이 벌어졌다. 쿵 하는 둔탁한 소리와 함께 천정 유리에 사람이 떨어졌고 시뻘건 핏물이 고이기 시작한 것이었다. 모든 학생들이 그 전날처럼 웅성거리는 바람에 도서관 전체가 한동안 시끄러웠다. 이번에도 교직원들이 나서서 사태를 수습하였는데 나중에 이야기를 들어 보니 이번에는 여학생이 투신자살한 것이었다. 이렇게 이틀 연속으로 좋지 않은 일이 일어나다 보니 학교 분위기가 무겁게 가라앉았다. 우리는 그것이 마지막 사건이기를 바랬다.

하지만 바로 그 다음날이었다. 공부를 하는데 또 다시 그 전날과 비슷한 시간에 쿵 하는 둔탁한 소리가 천정에서 들려왔다. 그런데 뜻밖에도 이번에는 학생들의 반응이 전혀 달랐다. 놀라서 천정을 쳐다보는 학생은 극소수였고, 대부분의 학생들은 쿵! 하는 소리를 듣자마자 위를 쳐다보지도 않고, "에이, 씨" 하면서 불평을 터뜨리기 시작한 것이다! 학생들은 계속해서 기말고사 공부를 방해받자 분노가 치민 것이었다. 나는 좋지 않은 일에도 면역이 된다는 것을 목격하고는 크게 놀랐다. 다시 교직원이 나섰고 사태를 수습했는데 이번에는 군 제대 후 학교에 돌아온 복학생이었다. 이렇게 세 명의 학생들이 연속해서 목숨을 잃자 학교 측에서는 교수연구동의 창마다 쇠로 창틀을 설치했고 그 이후로는 그와 같은 사건이 일어나지 않았다.

이 사건을 두고 학생들 사이에서는 온갖 추측들이 난무했다. 처음에 우리는 두 명의 남자와 한 명의 여자로 구성된 이 사건이 삼각관계에 따른 자살일 것이라 생각했다. 하지만 나중에 밝혀진 바로는 그런 것이 아니었다. 먼저 자살한 남학생과 여학생은 심리학과 학생이었는데 캠퍼스 커플이었다 한다. 그런데 그 남학생은 평소에 아무리 더워도 절대로 짧은 티셔츠를 입지 않았다 한다. 그러던 중 두 사람이 물가로 놀러갔다가 남자가 윗옷을 벗게 되었는데, 팔 윗부분에 커다란 화상 흉터가 있었다 한다. 남자는 이 정도 사귀었으면 애인이 이해해 줄 것이라 믿었던 것이다.

하지만 여학생은 그 다음날 다른 이유를 대며 절교를 통보하고 말았다. 절망한 남자는 그만 자살이라는 극단적인 방법을 택하고 만 것이다. 또한 애인의 자살에 엄청난 충격을 받고 죄책감에 시달리던 여학생 역시 그 다음날 같은 자리에서 자살을 하고 말았다. 세 번째로 자살한 복학생은 이 두 사람과 아무런 관련이 없었지만, 군 제대 후 복학하였지만 취직이 되지 않아 평소에 고민하던 학생이었는데 두 사람의 자살을 보고 용기를 얻어(?) 자신도 자살한 것으로 밝혀졌다.

이처럼 세 젊은이의 참으로 안타까운 자살을 보며 나는 그리스도인으로서 많은 생각을 하게 되었다. '그리스도 안에서 건전한 자아상을 가진다는 것은 정말 중요한 일이구나.' 만약 앞서 자살했던 젊은이가 그리스도인이었다면 불의의 화상을 자신의 치부로 여겨 그처럼 전전 긍긍하지는 않았을 것이며, 애인에게도 충격을 받지 않도록 자연스럽게 보여줄 수 있었을 것이다. 그의 애인 역시 그리스도인이었다면 지나친 죄책감으로 인해 자살이라는 극단적인 선택을 하지 않았을 것이고, 복학생 역시 하나님이 그를 위해 계획하신 놀라운 비전을 추구했더라면 인생의 한 시기에 일어날 수 있는 사소한 좌절로 인해 자살하지는 않았을 것이다.

내리쬐는 햇빛 아래 이처럼 많은 사연을 간직한 그 도서관 건물을 쳐다보고 있을 때, 뜨거운 무더위로 인해 형의 마음에 갑자기 짜증이 일어났다. 형은 마음속으로 이렇게 생각했다고 한다.

'내가 누구 때문에 이런 고생을 하고 있을까? 그 누구도 알아주지 않는데. 전도 때문에 후배들 영어 가르치는 일은 이젠 돈을 받고 하라 해도 더 이상은 못 하겠다.'

막 이런 생각을 하고 있을 때, 갑자기 형은 자신의 눈앞에 우뚝 서 있던 도서관 건물의 맞은편 아스팔트 위에 거대한 십자가가 서 있는 환상을 보았다. 십자가에는 누군가가 매달려 있었는데 그 십자가는 너무나 높아서 그 위에 있는 분의 얼굴이 보이지 않았다. 그러나 형은 직감적으로 그분이 예수님이신 것을 알 수가 있었다. 십자가 위에 매달리신 예수님은 뜨겁게 이글거리는 아스팔트 위에 세워진 십자가 위에서 단 한마디를 하셨다. "내가 목마르다!"

이 말을 들은 형은 도서관으로 올라가려고 하던 걸음을 멈추고 계단의 난간을 잡고 잠시 생각했다고 한다. "내가 목마르다."는 말은 성경에 나오는 말이다. 그때 예수님은 십자가 위에서 못 박혀 죽어가고 있었기 때문에 목이 말랐던 것은 당연하다. 그러나 주님은 지금은 부활하셔서 이 땅에 계시지 않는다. 그러한 주님이 지금 이 순간 20세기 말 대학 캠퍼스에서 왜 또 목말라 하시는가? 이것이 형이 가지고 있었던 의문이었다. 그래서 형은 주님께 물어보았다고 한다.

"주님, 주님은 이미 부활하셔서 승천하셨지 않습니까? 그런데 왜 지금 이렇게 대학 캠퍼스에서 다시 목말라하고 계십니까?"

그러자 주님께서는 형의 마음에 다음과 같이 대답해 주셨다고 한다.

"눈을 들어 저기 캠퍼스를 봐라. 지금 얼마나 많은 동아리와 모임이 있느냐? 그러나 그 가운데 젊은이들에게 참된 진리의 길을 가르쳐 주는 모임은 너무나 부족하다. 그래서 지금도 지옥으로 가고 있는 이 학생들을 보니 내가 목이 탄다."

이 말씀 앞에 형의 마음이 무너져 내렸다. 그래서 형은 계단 난간을 잡고 울먹이면서 "주님, 알겠습니다. 제가 주님의 목이 마르지 않게 해 드리겠습니다. 제가 이 젊은이들에게 주님을 전하겠습니다."라고 말했다. 이 서원으로 인해 나의 형인 라원기 목사는 현재 한동대에서 학생들에게 성경과 리더십을 가르치며, 전 세계 대학교에 교회를 세우는 UCC(United Campus Church) 사역팀에 들어가 강북대학연합교회를 개척하여 청년들의 구원과 민족의 복음화를 위해 오늘도 수고하고 있다.

"그 후에 예수께서 모든 일이 이미 이루어진 줄 아시고 성경을 응하게 하려 하사 이르시되 내가 목마르다 하시니"_요 19:28

말다툼으로 끝난 통역대학원 면접 시험

"사람이 마음으로 자기의 길을 계획할지라도 그의 걸음을 인도하시는 이는 여호와시니라"_ 잠 16:9

대구에서 대학을 졸업한 나는 서울에 있는 고려합섬이라는 회사에 취직하게 되어 상경을 했다. 지금도 그렇지만 당시에도 취업난이 심각해서 100명을 모집하는데 무려 10,000명이나 응시하여 100 대 1의 경쟁률을 기록했다. 나는 대학 시절 영어성경공부 동아리를 통해 열심히 영어공부를 한 결과 대학 졸업반 때 TOEIC 945점을 얻어 전국 수석을 한 적이 있었다. 입사 원서에 토익 성적을 함께 제출했더니 회장 면접을 따로 보는 10명의 인재 가운데 포함되어 나머지 90명과 함께 공채로 입사하게 되었다.

그러나 나의 직장 생활은 순탄치 않았다. 거기에는 영업직으로 보직을 발령받아 불가피하게 술 접대를 해야 하는 등 여러 가지 부정적인 요인도 있었지만, 가장 큰 고통은 그동안 열심히 공부한 영어를 정작 직장에서는 별로 사용할 일이 없다는 데 있었다. 나는 직장생활을 하면서 그동안 갈고 닦은 영어실력을 마음껏 발휘하기를 원했으나 실제로 직장에서 영어가 꼭 필요한 상황은 드물었다. 이러다가는 오히려 영어실력이 줄어들 것 같다는 위기감이 팽배해졌다.

사실 직장에 목을 매고 살면 경제적으로는 안정적인 삶을 누릴 수 있었지만, 막상 직장생활을 시작하고 보니 이를 통해 적극적으로 복음을 전하는 삶과 적극적으로 영어를 사용하는 삶을 살기에는 심각한 제약이 있었다. 나의 꿈과 비전은 평범한 직장 생활이 아니라는 생각이 점차 나를 지배하기 시작했다. 어느 날 나 스스로를 돌아보니, '오늘은 어느 식당에서 점심을 먹을까? 라는 것이 하루의 가장 큰 고민거리가 되어 있었다.

학창시절, 직장인들의 가장 큰 고민이 '점심에 무엇을 사 먹을까' 라는 말을 듣고 피식 웃었던 기억이 있는데, 그게 나의 현실이 되어 있었던 것이다. 이 시절 내 마음에는 "너희는 무엇을 먹을까 무엇을 마실까 하여 구하지 말며 근심하지도 말라."고 하시는 누가복음 12장 29절의 말씀이 자꾸만 떠올랐다. 물론 이 말씀은 자녀들의 쓸 것을 공급하시는 하나님 아버지를 의지하고 내일 일을 지나치게 염려하지 말라는 말씀이지만, 왠지 점심으로 무엇을 먹을까 고민하는 나를 질타하는 말씀처럼 들려왔다.

게다가 혼자 자취를 하던 서울의 수유리에서 직장이 있는 종로까지 출퇴근 시간의 지하철 4호선이 얼마나 복잡하던지 그야말로 '지옥철'이라는 한탄이 절로 나올 지경이었다. 어떤 날은 와이셔츠 단추가 투두둑 떨어져 나가기도 했고, 여름날 에어컨이 고장 난 전동차를 타기라도 하면 마치 한증막에 들어간 것처럼 땀이 비 오듯 쏟아졌다. 이렇게 하루 3시간씩 출퇴근에 진을 빼다 보니 남들이 출근할 때 퇴근하고 남들이 퇴근할 때 출근하는 직업을 가지고 싶다는 생각이 들 지경이었다. 하지만 그런 직업은 아무리 생각해 보아도 도둑질 외에는 없을 것 같았다. 그러다가 생각이 미친 것이 프리랜서로 독립하여 활동하는 것이었다.

여러 가지 프리랜서 가운데서도 나의 특기를 살려 동시통역사로 일하면 좋겠다는 마음의 소원이 생겨났다. 그런 생각을 품고 몇 달을 고민하던 끝에 입사 1년 만에 과감하게 직장에 사표를 내고 한국외국어대 통역대학원 준비에 들어갔다. 제대로 된 동시통역사가 되기 위해서는 반드시 외대 통역대학원을 졸업해야 했는데, 외대 통역대학원은 사법고시 시험에 합격하는 것만큼 힘들다는 소문이 파다했다. 그러나 나는 목표를 세웠기 때문에 학원에 등록하여 세 달 정도 본격적으로 시험 준비에 들어갔다.

통역대학원 준비를 위해 등록한 학원에서 나를 가르친 분은 외대 통역대학원 출신의 실력 있는 강사였다. 시험을 불과 며칠 앞두고 그 분은 따로 나를 불러 이렇게 격려해 주셨다

"라원준씨는 반드시 합격할 것입니다. 내가 그동안 많은 학생들을 지도해 보았는데 당신처럼 언어에 재능을 가진 분이 드물었습니다. 비록 해외 유학파들이 많이 응시하겠지만 당신은 영어를 우리말로 옮기는 능력이 탁월하여 그들과 비교하여 전혀 밀리지 않을 것입니다."

그분의 예상대로 나는 외대 통역대학원 시험에서 필기에 합격하고 면접만을 남겨 두게 되었다. 면접은 통상 2배수를 뽑는다고 알고 있었지만 나는 자신이 있었다. 영어로 진행되는 면접에서 유창한 영어 실력을 보이면 무난히 합격할 것이라고 믿었다.

드디어 면접이 시작되었고 내 차례가 되어 면접관이 기다리고 있는 면접실로 들어갔다. 영어로 진행된 면접의 한 토막을 독자들의 편의를 위해 우리말로 옮겨 보겠다.

"자네는 이번 대선에서 누가 될 것 같은가?" 이런 저런 질문을 하던 면접관이 뜬금없이 정치 이야기를 꺼냈다. 나는 다소 긴장이 되었다. 당시는 김대중 후보와 김영삼 후보의 치열한 선거전이 벌어지고 있던 때였기 때문이다. "지금 추세로 보면 김영삼씨가 대통령으로 당선될 것 같습니다." 면접관이 인상을 살짝 찌푸리는 것이 보였다. "그렇다면 서울에서만 대통령을 뽑는다면 누가 될 것 같은가?" 면접관은 물러

서지 않았다.

　미련하게도 나도 물러서지 않았다. "대통령을 뽑는 국민투표는 전 국민을 대상으로 한 것이니, 서울에서만 투표한다는 가정은 할 필요도 없는 무가치한 것입니다." 면접관의 얼굴에 '이놈 봐라!' 하는 기색이 스쳐 지나갔다. 나는 마지못해 한마디를 덧붙였다. "만약 서울에서만 투표한다면 김대중씨(Mr. Daejoong Kim)가 당선될 것이지만 그런 일은 일어나지 않을 것입니다." 말을 하면서도 김대중씨라 칭하며 그분에게 선생님이라는 호칭도 붙이지 않은 것이 마음에 걸려 아차 싶었다.

　여기까지 면접이 진행된 다음 면접관은 아무런 말도 하지 않고 나를 노려보고 있었다. 그러더니 불쑥 면접이 끝났다면서 나가라는 말을 했다. 면접실 문을 닫고 나오면서 나는 직감적으로 불합격이라는 것을 느꼈다. 면접 결과 발표가 있던 날 나는 아예 합격 여부를 확인조차 하지 않았고, 후에 같은 학원을 다니던 학생이 내가 면접에서 떨어졌음을 전화로 알려왔다. 세상적인 기준으로 볼 때 통역대학원 면접시험에서 영어실력 테스트와는 무관하게 면접관과 정치적인 이슈를 두고 설전을 벌이다 면접에서 낙방한다는 것은 어리석기 그지없는 일이 아닐 수 없었다.

Behind Story

미가엘: 저 사람은 마음의 소원이 있으니 합격시켜야 하지 않겠습니까? 그 어렵다는 필기시험에 합격하고 면접에서 떨어지면 얼마나 실망하겠어요?

하나님: 아니다, 내게 더 큰 계획이 있으니 낙방하게 만들거라.

미가엘: 그냥 두면 합격할 실력인데요?

하나님: 그러니 네가 가서 불합격되게 하란 말이다.

미가엘: 이해가 잘 안 되지만 어쨌든 가겠습니다. (혼잣말로) 그런데 어떻게 해야 할까? 옳거니, 지금이 한창 대선 기간이고 면접관이 김대중 후보의 열성 지지자이니…… 이렇게 하면 되겠구나.

당시 나는 동시통역사가 되어 프리랜서로 일하면서 자유롭게 살고 싶었다. 또한 외국의 정상이 방문하면 우리나라 대통령을 위해 뒤에서 통역하는 최고의 통역사가 되기를 소원했다. 그러나 이제는 나의 사명이 하늘나라의 복음을 어린이들과 어린이들을 전도하는 지도자들에게 통역해 주는 더욱 멋진 하나님의 통역사임을 깨닫게 되었다. 만약 내가 그 어렵다는 외대 통역대학원 시험에 합격했더라면 그 길을 포기하고 사역자의 길로 나서기가 거의 불가능했을 것이라 여겨진다. 그런 의미에서 면접시험에서 말다툼을 유도하여 나를 불합격 처리해 주신 면접관에게 이 자리를 빌려 감사드린다.

또한 어린이전도협회 아시아태평양지역 책임자로 섬기며 아시아태평양 각국의 현지 지도자들을 영어로 지도하며 모든 지도자학원 강의를 영어로 진행하는 사역으로 부르심을 받은 지금 돌이켜 보면, 하나님께서는 나 자신의 출세와 명예를 위해 영어를 사용하고자 하는 나의 마음을 바꾸어, 하나님의 이름을 높이고 그분의 나라를 확장하기 위해 나의 영어 실력을 사용하기 원하셨던 것이 분명하다.

"하나님의 은사와 부르심에는 후회하심이 없느니라"_ 롬 11:29

2장 평생의 반려자를 주신 하나님

창세전에 예비된 만남

"이는 내 뼈 중의 뼈요 살 중의 살이라"_ 창 2:23

내가 사랑하는 아내를 처음 만난 것은 앞서도 말한 것처럼 대학 1학년 때인 1985년이었다. 비록 첫눈에 반한 것은 아니었지만 그것은 하나님의 영원한 계획 속에 있던 운명적인 만남이었다. 왜냐하면 아내는 나를 어린이전도협회 사역이라는 평생의 소명으로 인도한 장본인이기 때문이다. 만약 아내가 아니었다면 나는 결코 사역자의 길로 들어서지 않았을 것이다.

우리의 첫 만남은 서로가 대학 새내기였던 1985년 4월경 꽃 피던 어느 봄날에 이루어졌다. 당시 내가 속해 있던 영어성경 동아리 활동에 아내가 회원으로 등록한 것이었다. 아내는 율동에 소질이 있었던지 모임 시간마다 찬양 율동 인도를 주로 담당했다. 나는 발랄한 모습의 동기생이 보기 좋았으나 그 이상의 감정은 품지 않았다. 그러다가 그해 9월경에 내가 예수님을 영접하게 되었고, 우연히도 같은 시기에 우리 사이는 캠퍼스 커플로 발전하기 시작했다. 예수님을 주님으로 만나 영적인 첫사랑을 경험함과 동시에 그동안 상상만 해 보던 이성과의 첫사랑도 시작했으니 그 시절은 사랑의 감정에 도취되어 보냈던 것 같다.

　우리는 주로 동아리 활동을 통해 만남을 가졌고, 비록 다니는 학교가 달랐지만 주중에도 이따금씩 버스를 타고 서로의 학교를 방문하여 만나곤 했다. 또한 주말에는 함께 공원이나 극장에 가기도 했는데, 그 중 기억에 남는 한 가지 사건이 있다. 어느 날인가 영화를 보러 극장에 갔는데 인기가 있는 영화였던지 빈 좌석이 하나도 없었고 통로에도 많은 사람들이 서 있었다. 당시에는 지방의 극장은 지정좌석제가 아니라서 마구잡이로 표를 발행했고, 인기 있는 영화의 경우 두세 번을 연속해서 보는 사람도 많았기 때문에 빈자리가 없는 것은 아주 흔한 일이었다.

　나는 혹시 빈자리가 있는지 극장 안의 어둠에 눈이 익숙해지자마자 주위를 둘러보았다. 그랬더니 마침 극장 가운데 통로의 두 번째 자리 하나가 비어 있었다. 그래서 여자 친구를 그 자리에 앉혔다. 그런 다음 나는 계속해서 서서 영화를 관람하고 있었다. 하지만 이제 막 연애를 시작한 청년이 여자 친구와 함께 다정하게 앉아서 영화를 보지 못한다는 것은 고문에 가까웠다. 그래서 나도 모르게 속으로 짤막하게 기도했다.

　'하나님, 저 옆 자리가 비게 해 주세요.' 기도를 하면서도 나는 참으로 터무니없는 기도를 드리고 있다고 생각했다. 영화를 감상하던 중간에 갑자기 나갈 사람이 어디 있겠는가? 그런데 내 눈을 의심할 일이 벌어졌다. 마음속의 기도를 마치자마자 1초도 되지 않아 그녀의 옆 자리에 앉아 있던 사람이 벌떡 일어서더니 극장 문을 열고 나가 버리는 것이 아닌가! 그것은 마치 내 기도가 끝나기만을 기다리고 있다가 기도가 끝나자마자 '아멘'으로 화답하며 나가는 것과 같은 그런 상황이었다!

얼떨결에 빈자리에 앉기는 했지만 내 가슴은 놀람으로 두근거리고 있었다. 우연의 일치치고는 너무나 기막힌 타이밍이었다. 이것이 신앙생활을 시작한 이래 기도하면 하나님이 듣고 응답하신다는 것을 실제로 체험한 첫 번째 사건이었다. 나중에 거듭 경험하게 되지만, 하나님의 기적적인 사건의 핵심은 도무지 사람이 연출할 수 없는 신묘막측한 타이밍에 있다는 것을 그때는 잘 몰랐던 것이다.

하나님이 예비하신 아내의 직장

이렇게 캠퍼스 커플로 4년을 지내다가 아내는 4학년 졸업반 겨울방학을 얼마 남겨 두지 않고 내 곁을 훌쩍 떠나게 되었다. 그렇게 된 경위는 아내의 친한 동아리 친구들 중 한 사람이 외국 항공사에서 승무원을 모집한다는 광고를 보고 친한 친구들에게 다 함께 응시해 보자고 제안한 데서 시작이 되었다. 그 친구는 시험 장소가 서울이라서 지방에서 혼자 올라가기가 꺼려져서 가까운 친구들을 부추겨 함께 가자고 한 것이었다. 그래서 아내를 포함한 4명의 동무들이 한꺼번에 서울로 올라가 승무원 시험에 응시하게 된 것이다. 그런데 정작 이 일을 주도한 사람과 다른 친구들은 불합격되었으나, 아내는 어찌어찌하여 홀로 5차 시험까지 패스하여 승무원 시험에 최종 합격을 하게 되었다.

처음 아내가 승무원 시험에 응시했다는 말을 들은 나는 뜻밖이라는 생각이 들었다. 왜냐하면 평소에 아내는 집과 교회 그리고 학교밖에 모르는 모범생이었고, 여행을 그다지 즐기지 않는 성격이었기 때문이다. 그런 아내가 세계 각국을 여행하는 직업을 가진다는 것은 도무지 상상이 가지 않았다. 그런데 아내가 승무원 시험에 응시한 이면에는 아내와 장인어른 사이의 모종의 거래가 있었다는 사실을 나중에야 알게 되었다.

그 당시 아내의 부모님은 불교를 믿고 있었다. 아내는 구원을 경험한 후 하루도 쉬지 않고 부모님의 구원을 위해 기도해 왔고 틈만 나면 그분들을 전도하려 애썼다. 하지만 부모님의 마음은 조금도 움직이지 않았고, 특히 아내의 아버지는 자신의 딸이 교회 다니는 것을 몹시 못마땅하게 생각하셨다. 그래서 아내의 아버지는 언젠가 교회를 가는 아내의 머리채를 잡고 방에 가둔 후 성경책을 찢어 버리기까지 하셨다. 하지만 아내는 대학에 합격하면 교회를 다니는 것을 허락해 달라고 아버지에게 거래를 제안했고, 아버지는 이를 받아들이셨다. 그래서 아내는 대학에 합격한 후 교회는 자유롭게 다닐 수 있었다.

아내는 승무원 시험의 1차 시험을 합격한 후, 다시 한 번 아버지에게 거래를 제안했다.

"아버지, 그렇게 어렵다던 승무원 시험에 1차이지만 합격하게 된 것은 하나님께서 도와주신 거예요."

"그래? 그럼 네가 만약 그렇게 어렵다는 승무원 시험에 최종 합격한다면 정말 하나님이 계신 것으로 알겠다."

"그럼 정말 제가 합격하면 교회 나가실 거죠?"

"그래, 그러지."

이렇게 해서 아내는 승무원이라는 직업이 썩 내키지도 않았고 한 번도 꿈꿔 보지도 않았지만 아버지를 전도하고자 하는 마음에 합격하게 해 달라는 기도를 열심히 했다고 한다.

한편 아버지는 딸이 당시로는 고소득 직장인 외국 항공사 승무원이 되었으면 좋겠다는 생각으로 그 거래에 응했던 것이다. 그리고 하나님은 아내의 기도에 응답하셨다. 딸이 승무원 시험에 합격하자 아버지는 약속대로 어머니와 함께 교회를 출석하기 시작하셨다. 그것은 아내가 부모님의 구원을 위해 기도한 지 정확히 10년 만의 일이었다. 10년 동안 아내는 사도행전 16장 31절의, "주 예수를 믿으라 그리하면 너와 네 집이 구원을 얻으리라."는 말씀을 붙들고 기도했던 것이다. 그리고 그때부터 신앙생활을 시작하신 아내의 부모님은 현재 우리의 가장 든든한 기도 후원자가 되셨을 뿐만 아니라 대구 서문교회에서 직분자로 섬기며 주변의 많은 사람들을 주님 앞으로 인도하는 전도자가 되셨다.

승무원 시험에 최종 합격을 해서 항공사의 본사가 있는 홍콩에서 생활해야 한다는 말을 아내로부터 듣고 나는 기쁨과 착잡함이 교차된 감정으로 축하의 말을 건넸다.

"축하해요, 승무원 시험을 본다기에 솔직히 처음에는 장난인 줄 알았는데 정말 이렇게 합격을 했네요. 외국 항공사는 우리나라 항공사와 달리 심사가 그렇게 까다롭지 않나 봐요?" 섭섭한 감정을 숨기기 위해 나는 농담을 걸었다.

"키, 몸무게, 외모, 영어 모두 두루두루 간신히 턱걸이로 된 것 같아요." 아내가 농담으로 맞받았다.

"그럼 가서 딱 1년만 좋은 경험을 하고 오세요."

나는 그 1년이 6년이 될 것이라는 사실을 그때는 몰랐다.

아내가 외국 항공사에 취직하게 되어 대학을 졸업하기도 전에 홍콩에서 생활하게 된 것은 나에게나 아내에게나 참으로 뜻밖의 사건이었다. 아내는 이 일을 경제적으로 기울어진 자신의 집안을 다시 일으키도록 하나님이 허락하신 좋은 기회라고 생각했다. 친구 따라 강남 간다는 속담처럼 참으로 우연한 계기를 통해 외국 항공사에 발을 들여 놓게 된 것이다.

세상일이란 것이 우연이라는 안경을 쓰고 보면 모든 것이 우연에 불과하지만, 하나님의 섭리 안에서 우연이란 결코 존재하지 않음을 이제는 안다. 아내가 영국계 항공사인 캐세이퍼시픽 항공의 승무원으로 취직하게 되어 홍콩에서 생활을 하게 된 것은, 아내의 취직을 통해 그 가정을 온전히 구원하고, 또 아내와 나를 어린이 사역자로 부르시기 위한 하나님의 치밀한 공작이었다. 당시 우리는 까맣게 몰랐지만 여호와 이레의 하나님은 어린이전도협회 파송 제1호 해외선교사인 전진휘 선교사를 홍콩으로 보내어 아내를 만나게 하기 위한 물밑 작업을 진행하고 계셨던 것이다.

일생의 소명을 깨닫게 된 아내

아내가 취직하여 떠난 이듬해에도 나는 한 해 더 대학 공부를 했다. 건강이 다소 좋지 않아 대학 2학년을 마친 후 87년 한 해를 휴학했기 때문이었다. 아내는 신입 승무원 훈련을 거친 후 곧바로 국제선 비행을 시작했다. 우리나라 항공사의 경우 통상 신입 승무원은 국내선에 먼저 투입되지만 캐세이퍼시픽은 홍콩에 기반을 둔 국제선 전문 항공사라 국내선 비행이 아예 없었다.

그래서 아내는 입사 초기부터 평균 한 달에 한 번 정도 서울 비행을 오곤 했다. 서울 비행은 대부분 저녁에 도착하여 그 다음날 오전이나 늦어도 오후에는 다시 홍콩으로 돌아가는 빡빡한 일정이었다. 첫해에는 아내의 서울 비행이 있을 때마다 나는 대구에서 서울로 올라와서 아내를 만났고, 그 이듬해부터는 서울에서 직장 생활을 했기 때문에 장거리 여행을 하지 않고도 한 달에 한 번 정도 아내를 만날 수 있었다.

그런데 어느 날부터인가 서울에 온 아내의 입에서 의미심장한 말들이 흘러나오기 시작했다.

"예수님이 어린이를 얼마나 사랑하시는지 몰라요."

"저는 일생 동안 어린이 사역을 하기 원해요."

"어린이 사역이야말로 너무나 귀한 사역이에요."

만날 때마다 이런 말들로 나를 세뇌시키려 들었다. 그때마다 나는 건성으로 수긍했지만 좀 이상하다는 느낌을 지울 수 없었다.

나중에 알게 된 것이지만 당시 아내는 이미 어린이전도협회에서 파송된 전진휘 선교사를 통해 제자훈련과 어린이사역자 훈련의 기초과정을 매우 열성적으로 수행하고 있었다. 그래서 주일이면 본인이 섬기는 교회에서 주일학교 교사로 봉사하는 것 외에도, 토요일마다 교회 집사님 댁에서 어린이전도협회의 대표적인 어린이 전도 전략 프로그램인 새소식반이라는 어린이 가정성경반을 열어 동네의 믿지 않는 어린이들에게 복음을 전했다.

거기에서 그치지 않고 디스커버리베이라는 외딴 섬에 사는 한인 어린이들을 위하여 매주 왕복 두 시간 정도 걸리는 뱃길을 마다하지 않았다. 지금은 그 섬에 다리가 놓여 홍콩 본토와 이어져 있지만 당시만 해도 배가 아니면 갈 수 없는 곳이었고, 한인 교회나 주일학교가 없어서 그곳의 어린이들에 대한 신앙교육이 전무했기 때문에 이를 안타깝게 여긴 아내가 자원하여 그 사역을 감당했던 것이다.

아내의 열심은 점점 특심해져 갔다. 아내는 항공사 내에서 "crazy girl"이라고 소문이 나기 시작했다. 왜냐하면 대부분의 승무원들이 유럽이나 미주 비행을 가면 그곳에 머무는 4~5일 동안 단체 관광을 하기 마련인데, 아내는 늘 호텔방에 틀어 박혀 주말에 사용할 새소식반 자료들을 오리고, 공과를 암기하고 있었기 때문이었다.

또한 승무원이라는 직업의 특성상 장거리 비행이 있으면 어쩔 수 없이 주일을 범하고 갈 수밖에 없었는데, 아내는 주일과 토요일의 새소식반을 빠지는 것을 너무나 안타깝게 여겼고, 할 수만 있으면 비행 교환제도를 이용하여 장거리 비행을 모두 양보하고 단거리 비행 위주로 다니면서 주일과 토요일의 새소식반 시간을 지켰기 때문이었다. 모든 승무원들이 비행 수당이 넉넉히 나오고 며칠간 푹 쉬고 올 수 있는 장거리 비행을 선호했기 때문에 언제나 장거리 비행을 단거리 비행과 교환하려 애쓰는 승무원이 별종처럼 보이지 않을 수 없었던 것이다.

물론 이렇게 노력을 해도 어쩔 수 없이 장거리 비행을 해야 할 때도 많았다. 그러나 아내는 그 와중에도 최선을 다했다. 언젠가는 14시간의 미국 비행을 마치고 완전히 파김치가 되어 토요일 오후에 공항에 도착했는데 새소식반 시간에 맞춰 가기 위해 미처 승무원 유니폼도 갈아입지 못하고 택시를 타고 달려간 적도 있었다고 한다. 아무 것도 모르는 새소식반 출석 어린이들은 그날 선생님이 예쁜 승무원 복장으로 나타나자 환호성을 지르고 난리법석을 떨었다고 한다.

시간이 흐를수록 아내의 신앙과 사명감은 무섭게 성장하기 시작했다. 모든 일을 신앙적인 관점으로 보기 시작했다. 일례로 이런 일도 있었다. 당시 공산화된 베트남을 탈출하여 무작정 바다로 나온 보트피플이 홍콩으로 많이 몰려들었다. 그러나 홍콩 정부는 상륙 허가를 내주지 않았기 때문에 그들은 홍콩 섬의 에버딘이라는 지역의 앞바다에 집결하여 배를 맞붙여 놓고 선상에서 살아가고 있었다. 여러 해를 그렇게 살다 보니 그들의 삶은 곤고하기 짝이 없었다. 육지에 일체 발을 들여놓을 수 없기 때문에 그들은 배 위를 벗어나지 못하는 비참한 삶을 살았다. 특히 어린이들의 고통이 컸다. 학교를 다닐 수 없는 것은 물론이고, 마음껏 뛰어놀 수 있는 놀이공간마저 박탈당한 채 그저 하루하루를 연명하는 것뿐이었다. TV를 통해 이들의 안타까운 소식을 접할 때마다 아내는 누군가가 그 아이들을 도와주도록 마음속으로 기도하곤 했다.

그러던 어느 날 아내는 HSBC(홍콩-상하이 은행)으로부터 편지를 한 장 받게 되었다. 그 편지에는 이런 내용이 적혀 있었다.

"축하합니다, 귀하께서 우리 은행의 직불카드 도입을 기념하는 행사에 당첨이 되셨습니다. 가까운 시일 내에 HSBC 본사를 방문하셔서 상품을 수령해 가시기 바랍니다."

통보 내용을 자세히 살펴보니 HSBC 은행이 직불카드 사용을 권장하기 위해 마련한 행사에서 공교롭게도 아내가 100만 번째 직불카드 사용 고객이 되었다는 것이다. 상품은 놀랍게도 고가의 포르쉐 스포츠카였다. 직장 동료들은 모두 축하하며 덕담을 건넸다.

"이게 웬 횡재입니까? 팔자 고쳤네요."

"그 차가 8만 불이 넘으니 팔면 우리 돈으로 1억을 넘게 받을 수 있어요. 차를 팔고 그 돈으로 한국에 가서 가게를 하나 내면 평생 먹고 살 걱정은 하지 않아도 될 겁니다."

하지만 아내의 마음에는 그 차에 대한 미련이 조금도 없었다. 상품으로 고가의 자동차를 받게 된 것을 알게 된 순간 아내의 마음에 베트남의 보트피플 어린이들이 떠올랐다. 아내는 주저하지 않고 은행에 전화를 걸어 베트남 난민들에게 상품 차량을 기증하고 싶다는 의사를 밝혔다. 나는 하나님께서 아내의 이런 마음을 귀하게 받아 주신 것을 확신하며, 우리 가족이 선교사의 삶을 살기 시작한 이래 한 번도 물질 때문에 사역에 지장을 받지 않은 것 역시 우리의 선행을 잊지 않고 때를 따라 넘치도록 갚아 주시는 하나님의 선하신 손길 때문인 것을 분명히 믿고 있다.

"너희가 여기 내 형제 중에 지극히 작은 자 하나에게 한 것이 곧 내게 한 것이니라"_ 마 25:40

아내의 어린 제자 진수 이야기

이 시기에 아내가 새소식반을 통해 복음을 전하고 제자훈련을 한 어린이들 중 하나였던 진수의 이야기를 들려 주고자 한다.

진수는 동생 진석이와 함께 믿지 않는 가정에서 새소식반을 출석하고 있었다. 당시 진수의 아버지는 신한은행의 홍콩 지점 대리로 홍콩에 파견 근무 중이었다. 진수의 가정은 종교를 가지고 있지 않았지만 서울에 계신 진수의 할머니는 독실한 불교 신자였다고 한다. 진수와 진석이는 열심히 새소식반에 출석했고 그곳에서 예수님을 개인의 구주로 영접했다. 그리고 자연스럽게 아내가 다니는 주일학교에 인도되었고 또 열심히 출석하게 되었다.

진수는 배운 그대로 믿는 어린이였다. 아내는 진수에게 예수 그리스도만이 길이요 진리요 생명이신 것을 가르쳤다. 그리고 예수를 믿지 않으면 구원받을 수 없고, 지옥에 갈 수밖에 없다는 것을 가르쳤다. 이렇게 교육받은 진수는 모처럼 할머니가 서울에서 전화를 하면 할머니를 전도하려 들곤 했다. "할머니, 예수 믿지 않으면 지옥 가요."

그 말을 들은 할머니는 노발대발하셨다. 그러면 진수 아버님은 진땀을 흘리며 사과를 하시곤 했다.

그러던 중 성탄절을 맞이하기 바로 전날 진수네 가정에서 말다툼이 벌어졌다. 진수는 출석하던 교회의 성탄전야 행사에서 순서를 하나 맡았는데, 신앙이 없던 부모님은 가족을 위한 다른 근사한 성탄 계획을 세워 놓고 있었던 것이다.

"안 돼요, 엄마 아빠. 저는 동생과 함께 교회 행사에 가야 해요." 진수가 말했다.

"고집 그만 부려라. 아빠가 얼마나 신경 써서 준비하셨는데 온 가족이 함께 가야지." 엄마가 달랬다.

"그래도 할 수 없어요. 우리가 맡은 순서가 있어서 교회에 꼭 가야 해요." 진수가 고집을 부렸다.

마침내 아빠가 화난 목소리로 말했다.

"좋아, 정 그렇다면 너희들을 교회에 내려 주고 아빠와 엄마는 다른 데 갈 테니 알아서 해라."

화가 난 진수의 부모님은 아이들을 교회에 내려 주고 휑하니 가 버리셨다. 진수는 온 가족이 교회에 모여 즐거운 성탄행사를 즐기는 것을 보며 시무룩하게 앉아있었다. 그러다가 자기가 맡은 순서가 되어 강단에 올라 마태복음 1장을 암송하기 시작했다.

"아브라함과 다윗의 자손 예수 그리스드의 세계라. 아브라함이 이삭을 낳고 이삭은 야곱을 낳고 야곱은 유다와 그의 형제를 낳고 유다는 다말에게서 베레스와 세라를 낳고 베레스는 헤스론을 낳고 헤스론은 람을 낳고……"

진수가 마태복음 1장을 암송하게 된 것은 "야곱은 마리아의 남편 요셉을 낳았으니 마리아에게서 그리스도라 칭하는 예수가 나시니라.”는 구절과 함께 성탄을 맞아 예수 그리스도의 탄생을 설명하는 성경 구절을 들려 주기 위함이었다. 그런데 마태복음 1장을 암송하던 진수의 눈에 뒷문이 살며시 열리며 두 사람이 들어와 뒷자리에 앉는 모습이 보였다. 그분들은 다름 아닌 진수의 아빠와 엄마였던 것이다! 자식을 이기는 부모가 없다고, 자식을 교회에 버려두고 두 분이서 놀러 갈 기분이 들지 않으셨던 것이다. 부모님이 교회에 들어오는 것을 본 진수는 눈물을 줄줄 흘리며 나머지 부분을 암송했다. 그렇게 성탄 행사는 성공리에 끝을 맺었다.

성탄 행사를 마치고 아이들과 함께 집에 돌아온 진수의 아빠는 깊은 충격과 생각에 잠기게 되었다.

‘도대체 예수가 누구이기에 우리 아이들이 이렇게 변했을까? 예수가 누군지 알아보아야겠다.’

그날 이후 진수의 아버지는 매일 1시간씩 일찍 일어나 직장에 나가기 전에 진지하게 성경을 읽기 시작했다. 그렇게 몇 달이 흐른 후에 진수의 아버지는 성경 가운데서 예수 그리스도를 발견하고 그분을 구주로 영접하게 되었다. 또한 아내에게도 예수님을 소개하고 믿게 함으로 온 가족이 예수를 믿게 되었다.

예수를 믿게 된 진수의 부모님은 나의 아내가 다니던 홍콩 충현교회에 등록하여 신앙생활을 시작했고 집사의 직분도 받게 되었다. 이렇게 몇 년간 홍콩에서 신앙생활을 하던 진수의 가족은 어느 날 진수의 아버지가 중국 천진으로 발령을 받아 홍콩을 떠나게 되었다. 진수의 부모님은 홍콩을 떠나면서 당시 한국에 있던 아내에게 편지를 보내왔다.

"우리 아이들을 통해 예수님을 전해 준 새소식반 선생님, 진심으로 감사합니다. 이제 저희 가족은 홍콩을 떠나 중국 천진으로 들어갑니다. 비록 직장 때문에 가는 것이지만 하나님께서 선교사로 그곳에 보내시는 것으로 믿고 그곳에서 최선을 다해 하나님의 복음을 전하는 삶을 살겠습니다."

이 편지와 함께 진수네 가족과의 연락은 오랜 세월 동안 끊어지고 말았다. 그러나 훗날 하나님께서 진수네 가족과 우리 가족의 더욱 극적인 만남을 예비하고 계신 것을 그때는 전혀 몰랐다(진수네 가정과 관련된 하나님의 놀라운 비하인드 스토리는 나중에 뒷부분에 소개할 것이다).

"마땅히 행할 길을 아이에게 가르치라 그리하면 늙어도 그것을 떠나지 아니하리라" _ 잠 22:6

백만 불짜리 야경을 포기하다

"사랑은 죽음같이 강하고 질투는 스올같이 잔인하며 불길같이 일어나니 그 기세가 여호와의 불과 같으니라" _ 아 8:6

어느 날 서울 비행을 온 아내를 만나러 간 자리에서 아내는 나를 보자마자 폭탄선언을 했다!

"저는 어린이 사역자의 아내가 되고 싶어요. 당신이 어린이 사역자가 되지 않으면 저는 당신과 결혼할 수 없어요!"

가드를 내리고 있다가 큰 것 한방을 허용한 복서처럼 아내의 무지막지한 선언에 나는 커다란 충격을 받았다. 한동안 그 자리에서 멍하니 침묵을 지키고 있던 나는 마침내 입을 열었다.

"나는 절대로 사역자가 될 생각이 없어요. 당신이 마음을 바꿔야 합니다."

"저는 이미 결단했어요. 제 결심은 확고해요." 아내가 단호한 표정으로 말했다.

"그렇다면 더 이상 할 말이 없네요." 내가 대꾸했다.

이렇게 해서 1년 이상 지속된 사명의 줄다리기가 시작되었다. 틈만 나면 아내는 나로 하여금 어린이 사역자가 될 것을 종용했고 나 역시 이를 회피하기 위해 최대한 버티려 했다.

"도저히 사역자가 될 수는 없으니 돈을 많이 벌어 어린이 사역을 도우면 안 될까요?" 내가 제안했다.

"그런 정도로는 안 되겠어요,"

나는 마치 벽에 대고 이야기하는 것 같은 느낌을 받았다. 아무리 설득하려 해도 씨도 먹히지 않았다. 마침내 국제전화를 통해 서로 결별을 선언해야 하는 날이 오고 말았다.

"나는 도무지 사역자가 될 사람이 아니니 당신의 마음이 바뀌지 않는 이상 우리는 어렵겠어요."

"저도 마찬가지에요. 저는 반드시 어린이 사역자의 아내가 될 거예요."

"그렇다면 서로를 놓아주어야 하겠네요."

"그게 최선이라면 어쩔 수 없지요."

그러나 국제전화를 통한 이 대화를 마지막으로 영원히 헤어지기에는 내 마음에 미련이 너무나 많이 남아 있었다. 또한 훗날 나 자신에게, "네가 그때 그 사람을 잡기 위해 최선을 다했느냐?"는 질문에 "그렇다."라고 대답할 자신이 없었다. 그래서 나는 마침내 결단을 내렸다. 다니던 직장에 특별 휴가를 낸 후 아내의 홍콩 집 주소 하나를 달랑 들고 무작정 홍콩행 비행기를 탄 것이었다. 이미 말로 설득하기에는 너무 멀어져 버린 아내의 마음을 잘 알고 있었지만, 아내가 있는 홍콩을 향해 출발하는 여행은 나 자신에게 "최선을 다했다."는 명분을 주고 자존심을 살리기 위한 일종의 에고(ego) 여행이었다.

홍콩에 도착한 그 밤에 아내의 집으로 전화를 했지만 아무도 받지 않았다. 아마도 비행을 나간 것 같았다. 장거리 비행을 최대한 피하는 아내의 습관을 알기에 그 다음날이면 집에 올 것이라고 짐작했다. 허름한 모텔을 잡아 하루를 보낸 후 다음날 오전에 주소를 들고 아내가 사는 아파트를 찾아 나섰다. 일단 전철 역사로 가서 역명을 하나하나 살펴보니 마침 주소의 지명 중 일부인 Taiwai라는 이름의 역이 눈에 띄었다. 그래서 그 역으로 가는 전철에 몸을 실었다. 30분 정도의 시간이 흐른 후 Taiwai 역에 도착했고, 어느 쪽으로 갈지 잠시 고민하던 끝에 번화한 아파트가 많이 들어서 있는 방향으로 발걸음을 옮겼다. 마침 운이 좋았던지 주소에 적힌 아파트를 어렵지 않게 찾을 수 있었다. 아파트 입구에서 아내에게 공중전화를 했다. 그랬더니 아내가 전화를 받았다.

"전데요, 지금 집 앞에 와 있으니 만나서 이야기 좀 합시다."

훗날 고백하기로 아내는 그 전화를 받고 기절할 듯 놀랐다고 한다. 헤어진 애인이 주소 하나 들고 연락도 없이 홍콩의 집 앞에까지 찾아올 줄은 몰랐던 것이다. "잠시 기다리세요, 제가 내려갈게요." 수화기로 조금 떨리는 듯한 목소리가 들려왔다. 아내는 나를 집에 들여놓지 않으려 했다. 우리는 근처의 카페에 앉아 두 시간 정도 대화를 나누었다. 결론은 달라질 것이 없었다. 예정된 수순대로 나는 아내를 다시금 놓아줄 수밖에 없었다.

"비록 우리의 인연은 여기까지이지만 당신이 하나님을 위해 귀한 삶을 살기를 바라오."

나는 마지막이 될지도 모르는 축복의 말을 해 주었다.

"고마워요. 당신도 좋은 사람을 만나서 행복하세요." 아내도 눈물을 글썽이며 대답했다.

작별인사를 마친 나는 한시라도 빨리 홍콩 땅을 떠나고 싶은 마음이 들었다. 직장 동료들은 내가 홍콩에 간다니까 남의 속도 모르고 꼭 백만 불짜리 야경을 감상하고 오라고 난리를 떨었지만 나는 전혀 그럴 기분이 아니었다. 사랑하는 사람과 함께하는 것이 아니라면 아무리 좋은 경치도 무용지물이라는 생각이 들었던 것이다. 무너지는 심정으로 나는 항공사에 전화를 해서 당일 한국행 저녁 비행기를 예약했다. 그리고 그 자리에서 이렇게 결심했다. '언젠가 내가 결혼하면 신혼여행은 반드시 홍콩으로 오리라. 그래서 신부와 함께 홍콩의 야경을 감상하리라.' 그 순간에 왜 그런 오기가 발동했는지 지금 생각하면 쓴웃음이 날 뿐이다.

그런데 이게 무슨 운명의 장난 같은 일인지! 하필이면 내가 한국으로 돌아오는 그 비행기에 아내가 승무원으로 탑승한 것이 아닌가! 부지런히 기내 서비스를 하는 아내를 물끄러미 바라보며 내 눈에서는 하염없는 눈물이 쏟아지기 시작했다. '이게 그녀의 모습을 볼 수 있는 마지막 비행이구나. 이 비행기가 한국 땅에 착륙하면 우리는 영원히 헤어지는구나!' 비행 내내 나는 울음을 참을 수 없었다. 옆자리에 앉은 아가씨가 이상하다는 듯 나를 자꾸 쳐다보았다. 그때 나는 속으로 절규하듯 하나님께 기도를 올리고 있었다. "아버지, 내가 저 여인을 얼마나 사랑하는지 아버지께서 아시잖아요." 그 기도 외에는 어떤 기도도 내 입에서 나오지 않았다. 마침내 비행기는 한국 땅에 도착했고 공항 로비에서 우리는 가볍게 악수를 한 후 각자의 길로 헤어졌다.

나는 그것으로 끝이라 생각했다. 세월이 가면 그 여인도 잊게 되고 어쩌면 새로운 사랑을 할 수도 있을 것이라고 생각했다. 하지만 내 마음은 내 의지로 어떻게 할 수 있는 것이 아니었다. 아내와 헤어진 직후 나는 그 슬픔으로 거의 사나흘을 아무 것도 먹지 못했다. 며칠 사이에 몸무게가 10kg 가까이 빠졌다. 그리고 더욱 괴로운 것은 아내에 대한 생각이 한시도 내 머릿속을 떠나지 않는 것이었다. 시간이 흐르면 흐를수록 더욱 더 그리움이 사무쳤고 꿈속에서도 그녀를 그리워했다.

어느 날인가는 길을 가다가 그렇게 다시 만나고 싶었던 그 사람과 많이 닮은 한 사람이 맞은편에서 걸어오는 것을 보았다. 그 순간 내 마음에는 두 가지 생각이 연속해서 일어났다. '아, 저 사람이 그리운 그 사람이라면 얼마나 좋을까!' 하지만 그 생각이 미처 지워지기도 전에 나조차도 짐작하지 못했던 또 다른 강렬한 감정이 솟아올랐다. '제발 그 사람이 아니었으면 좋겠다.'

이런 상반된 생각이 거의 동시에 든 이유는 그리움의 감정을 압도하는 또 다른 감정, 즉 나를 거절하고 떠나간 사람이 나와 함께하지 않겠다면 차라리 그 사람을 영원히 보지 않았으면 좋겠다는, 참으로 이해하기 힘든 심정 때문이었다. 나도 모르게 이런 감정을 느낀 나는 소스라치게 놀랐으며, 이런 경험을 통해 나는 아들을 주기까지 사랑을 베풀었음에도 죄인이 그 사랑을 끝까지 거절할 때, 이들을 영원히 하나님과 떨어져 살 수밖에 없는 지옥으로 보내시는 하늘 아버지의 참담한 심정을 백분지 일이나마 이해할 수 있게 되었다.

또 어느 날인가는 눈을 감고 아무리 기억을 더듬어 보아도 아내의 얼굴 모습이 희미하게도 떠오르지 않자 서럽고 두려운 마음에 그 자리에 주저앉아 통곡을 했던 기억도 있다. 아무튼 이런 생활이 계속되다 보니 종래에는 일상생활을 제대로 할 수 없는 지경이 되었다. 헤어진 후 1년 6개월이 지나도 여전히 그 일이 어제 일어난 일처럼 슬픔 속에서 헤어 나오지 못한 상태가 지속되자 나는 자신이 서서히 폐인으로 변해가는 것을 느낄 수 있었다. 이상하게도 그 당시에는 신앙으로도 그 아픔을 도무지 극복할 수 없었다. "예루살렘 딸들아 너희에게 내가 부탁한다. 너희가 내 사랑하는 자를 만나거든 내가 사랑하므로 병이 났다고 하려무나." 아가서 5장 8절의 이 말씀이 그 당시에 내가 울적한 마음이 들 때마다 암송하고 또 암송했던 성구였다.

Behind Story

미가엘: 하나님, 저렇게 고통스러워하는 것을 그냥 두고만 보시렵니까?

하나님: 아직 멀었다. 고통의 극한까지 가도록 버려두어라.

미가엘: 그러다가 인생을 포기하면 어떻게 하시려고요?

하나님: 내가 택한 자는 내가 지킬 것이다.

미가엘: 저 사람은 사명자인가요?

하나님: 그렇다, 이 땅의 어린이 사역을 위해 내가 택한 그릇이다. 사실 그는 아직까지 어린이 사역자가 될 생각이 전혀 없다. 물질이나 질병, 환경 등 그 어떤 것을 통해 치더라도 그는 돌아올 사람이 아니다.

미가엘: 그렇다면 포기하신 것인가요?

하나님: (빙그레 웃으시며) 아니다, 그의 아킬레스건이 있다. 그것은 바로

그가 장차 아내가 될 사람을 목숨처럼 사랑한다는 것이다. 나는 그의 아내를 통해 그를 사역자로 부를 것이다.
미가엘: (놀라며) 하나님의 부르심의 방법은 참으로 다양하군요!

지금 돌이켜 보면 내가 왜 그렇게 이별의 슬픔에 완전히 사로잡혀 페인이 되다시피 했는지 이해하기 힘들다. 당시에는 한 가지에 빠져들면 헤어 나오지 못하는 나의 성격 탓이라고 생각했었는데, 이제는 그것조차도 하나님의 섭리 안에서 하나님이 주신 마음이었다는 고백을 하지 않을 수 없다.

"왕의 마음이 여호와의 손에 있음이 마치 봇물과 같아서 그가 임의로 인도하시느니라" _ 잠 21:1

Three Times A Lady

"야곱이 라헬을 위하여 칠 년 동안 라반을 섬겼으나 그를 사랑하는 까닭에 칠 년을 며칠 같이 여겼더라" _ 창 29:20

사실 아내와 나는 사명에 대한 인식의 차이로 인해 최종적으로 헤어지기 전에 이미 두 차례 헤어질 뻔했던 고비가 있었다. 그 첫 번째 고비는 내가 대학교 2학년을 마치고 건강이 좋지 않아 휴학을 하고 있을 때 찾아왔다. 그해 봄 나는 콜록거리며 기침을 달고 살았다. 처음에는 그저 봄 감기려니 하고 가볍게 생각했지만 몇 주간이나 기침이 멈추지 않자 어머니는 불안한 느낌이 들으셨는지 나를 병원에 데려가셔서 종합검진을 받게 하셨다.

"폐결핵 초기네요. 일찍 발견해서 운이 좋았어요." 의사가 말했다. "감기가 아니고요?" 놀란 어머니가 되물었다. "감기 기침이 몇 주씩이나 계속될 리가 있나요?" 어머니의 대꾸를 자신의 진단을 의심하는 것으로 받아들였는지 의사는 나무라는 투로 말했다. "아직 초기니 9개월만 약을 복용하면 완치될 수 있습니다." 의사는 처방전을 적어 가며 별것 아니라는 어조로 말했다.

하지만 그 진단은 나에게는 상당한 충격으로 다가왔다. 그렇지 않아도 몸이 약하다는 이유로 지금의 나의 장모가 되시는 아내의 어머니가 여태껏 우리가 교제하는 것을 반대해 오셨는데, 이런 사실을 아시면 더욱더 완고하게 반대하실 것 같다는 생각이 들었다. 또한 데이트를 하다가 혹시나 아내에게 질병을 옮기지나 않을까 하는 두려움도 컸다. 그래서 나는 아내를 불러내어 폐결핵 진단을 받은 것을 알리고 헤어지자고 말했다. 하지만 아내는 전혀 망설임 없이 그 질병을 함께 이겨내자고 나를 다독거렸다. 이렇게 해서 첫 번째 고비가 지나갔다.

두 번째 고비는 아내가 승무원 시험에 합격하여 홍콩으로 떠나기 바로 전날 찾아왔다. 당시만 해도 해외여행이 자유화되기 이전이었기 때문에 보편적인 우리나라 사람의 정서로 홍콩이란 나라는 무법 천지에 갱들이 설치는 머나먼 타국으로만 느껴졌다. 그래서 그런지 나도 아마 사랑하는 남자친구를 군대에 보내는 여인 이상으로 헤어짐의 무게를 절감했던 것 같다. "이제 헤어지면 언제 다시 만날지 기약이 없겠네요." 침통한 심정으로 내가 말문을 열었다. 비록 딱 1년만 좋은 경험을 쌓고 돌아오라고 말은 했지만 경제적으로 기울어진 집안을 일으키기 위해 떠나는 막중한 길임을 알고 있었기 때문에 1년 만에 돌아오는 것은 어림도 없는 일이라는 사실을 내심 짐작하고 있었던 것이다.

"그래서 말인데요, 생각해 보니 우리의 인연이 여기까지인 것 같아요. 차라리 지금 헤어지는 것이 어떻겠어요?"

나의 말을 듣던 아내는 눈물을 뚝뚝 흘리기 시작했다. 그러더니 흐느껴 울며 말을 이었다. "제발 그런 소리 하지 마세요. 전 꼭 당신과 결혼하겠어요."

아내의 흐느끼는 어깨를 물끄러미 쳐다코면서 나는 반드시 이 여인과 결혼하겠다는 다짐을 다시금 했다.

지금 다시 생각해도 내가 왜 이렇게 이유 같지도 않은 이유로 그토록 사랑하는 사람에게 두 번이나 헤어지자는 말을 했는지 모르겠다. 한 가지 분명한 것은 그것이 나의 진심이 아니었다는 것이다. 당시 나는 아내의 입장을 배려하여 본인에게 선택권을 주기 원했던 것인지도 모른다. 어쨌든 난 아내가 변함없이 나를 선택해 준 것을 확인했을 때 가슴 벅찬 기쁨을 감출 수 없었다.

그러나 앞서 기술한 대로 사명에 대한 인식의 차이로 인해 기어코 세 번째 이별의 고비가 찾아왔고, 그것은 우리 사이를 1년 6개월 동안이나 갈라놓고 말았다. 내가 1년 6개월이나 처절한 고통에 몸부림치면서도 단 한 번도 그녀에게 전화를 걸거나 다른 방법으로 연락을 하려 하지 않은 것은 알량한 나의 자존심 때문이었다. 홍콩에서 한국으로 돌아오는 길에 그녀와 마지막 비행을 하면서 나는 속으로 맹세한 바가 있었다. '저 사람이 먼저 나에게 연락을 해 오지 않는 이상 절대로 내가 먼저 저 사람에게 연락하지 않겠다.'

입다가 어리석은 서원에 발목을 잡혀 자신의 사랑하는 외동딸을 인신 제물로 하나님께 드릴 수밖에 없었던 것처럼, 나 역시 자존심을 지키기 위한 순간의 맹세로 인해 스스로를 고뇌의 나날이라는 제단에 인신 제물로 드리고 있었던 것이다.

아내와 헤어져 있던 기간에 나는 "Three Times A Lady"라는 팝송에 심취해 있었다. 이 곡은 라이오넬 리치라는 유명한 흑인 가수가 코모도스라는 그룹을 이끌고 있을 때 발표한 노래였다. 라이오넬 리치는 어느 날 가족모임에서 자기 아버지가 어머니를 따뜻한 눈길로 보시며, "수많은 세월을 나와 함께 살아오면서 고난을 견디어 주어 고맙소……."라고 말씀하시는 데 감동을 받아 이 곡을 작사, 작곡하게 되었다고 한다.

이 곡의 하이라이트는, "You're once, twice, three times a lady And I love you……"라는 부분이다. 나는 특히 이 부분을 좋아했다. 흑인 특유의 소울 창법이 심금을 울리기도 했지만, 그 가사에 헤어진 그녀를 향한 나의 절절한 마음을 담을 수 있었기 때문이었다. 이 부분에 대한 작시자의 원래 의도는, '당신은 나에게 (다른 여인들보다) 세 배나 귀한 최상의 여인이오, 나는 당신을 사랑하오.' 라는 것이었지만 나는 이것을 내 나름대로 달리 해석을 했다. 즉, 아내와 한 번, 두 번 헤어질 뻔했고 지금도 헤어져 있지만 결국 그녀가 세 번째로 다시 나의 여인이 되게 해 달라는 간절한 마음의 소원을 투영하면서 이 노래를 해석하고 감상했던 것이다. 그래서 나는 종종 불 꺼진 방에 홀로 앉아 울면서 이 노래를 따라 부르며 그녀가 세 번째로 다시 나의 여인이 되어 주기를 소원하곤 했다.

아내의 친한 친구에게서 전화가 걸려온 것은 내가 아내와 헤어진 지 거의 1년 6개월이 지났을 때였다. 당시 나는 외대 통역대학원 시험에 낙방하고 의기소침한 나날을 보내고 있었다.

그 친구를 통해 아직까지 아내가 혼자 살고 있다는 말을 들은 나는 깊은 생각에 잠기게 되었다. 한번 연락해 보라는 아내 친구의 권유가 여운처럼 내 귓가를 자꾸 맴돌고 있었다.

'그래, 비록 본인이 연락하지 않는 이상 절대로 내가 먼저 연락하지 않겠다고 맹세했지만, 가장 친한 친구가 나에게 연락해 왔으므로 본인이 연락한 것으로 간주하자.' 그 알량한 자존심을 살리기 위해 나는 이 상황에 대하여 말도 되지 않는 '유권해석'을 내렸다. 일단 결심이 서자 즉시 홍콩의 전진휘 선교사님께 전화를 걸었다.

"전 선교사님, 안녕하세요? 기억하실지 모르겠는데 라라 자매와 교제하던 라원준 형제입니다. 혹시 자매 연락처를 알고 계신가요?"

잠시 기다리라고 말씀하신 선교사님은 나에게 전화번호를 가르쳐 주셨다. 혹시라도 맹세를 깰까 봐 아내의 연락처를 모두 버렸기 때문에 아내의 멘토가 되시는 선교사님께 연락할 수밖에 없었던 것이다. 하지만 선교사님의 연락처는 버리지 않고 간직했던 것으로 봐서 나의 맹세는 자존심을 살리기 위한 하나의 시늉에 불과했음이 증명되고 말았다.

"여보세요." 생각하지도 않은 내 목소리를 들은 아내는 잠시 동안 아무런 대답을 하지 못하고 숨을 고르고 있었다. 나중에 알게 된 일이지만 아내는 나와 헤어진 후 내가 사역자의 길로 결단하고 돌아오도록 하루도 쉬지 않고 나를 위해 기도해 왔다고 한다. 그런 아내는 1년 6개월 만에 내 목소리를 듣는 순간, 자신의 기도가 거의 응답된 것을 직감적으로 느낄 수 있었다고 한다.

"그동안 어떻게 지냈어요?" 내가 물었다.

"잘 지냈어요. 그 쪽은요?" 아내도 물었다.

"난 별로 잘 지내지 못했어요. 그동안 방황을 많이 했고, 며칠 전에

는 외대 통역대학원 시험에 떨어져서 앞으로 뭘 해야 할지 잘 모르겠
어요.”

아내는 절호의 기회를 놓치지 않았다.

“그렇다면 다음 주에 있을 어린이전도협회 3일클럽 훈련을 한번 받
아보세요. 강릉지회가 주관하는 훈련에 참가하면 이번에 전진휘 선교
사님이 주강사로 가시니 만나 볼 수 있을 거예요.”

“글쎄요, 한번 생각해 볼게요.” 나는 전화를 끊었다.

며칠을 고민한 끝에 훈련에 참가해 보기로 결정했다. 그런 결심을
하게 된 데는 몇 가지 이유가 있었다. 우선 아내가 그처럼 귀하게 여기
는 선교단체의 실상을 알아보고 싶은 마음이 가장 컸다. 그 다음으로
는 아내를 사역자의 길로 이끈 전진휘 선교사님을 만나서 이런저런
대화를 해 보고 싶었다. 그리고 아닐 것이라고 확신하고는 있었지만
그 훈련을 통해 하나님께서 정말로 나를 사역자의 길로 이끌기 원하
시는지도 확인해 보고 싶었다.

고속버스를 타고 강릉에 도착한 나를 강릉지회에서 마중 나왔다.
우리는 일단 강릉지회 사무실에 잠시 들렀다. 그리고 나뿐만 아니라
다른 지역에서 온 몇몇 훈련생들이 모이자 우리 모두를 승합차에 태
우고는 어디론가 달리기 시작했다. 훈련 장소가 강릉이 아니라 주문
진이었던 것을 나는 모르고 있었다. 승합차 안에서 주문진으로 간다
는 말을 듣자, ‘주문진이라면 무장공비들이 출몰하는 곳 아닌가?’ 하
는 실없는 생각이 언뜻 내 머리에 떠올랐다.

나를 주문진으로 데려가던 승합차는 몹시도 낡은 것이었다. 어떻게
이런 차가 굴러다니나 할 정도로 상태가 좋지 않았다. 특히 승합차 한
가운데 맨홀 뚜껑만한 구멍이 뻥 뚫려 있어서 그 아래로 도로가 훤히

보였다. 차가 달리면 도로가 휙휙 지나가는 것이 보여 현기증이 날 정도였다. 나는 혹시라도 커브를 돌 때 자리에서 튕겨 나와 그 구멍으로 떨어질까 봐 의자를 꽉 붙들고 있었다. 어째서 저런 구멍을 막지도 않고 달리는지 궁금하기 짝이 없었다. 마침내 운전하는 분에게 물어보았다.

"차에 이렇게 큰 구멍이 있는데 쌩쌩 달려도 되나요?"

"상관 없드래요, 비만 안 오면 괜찮아요."

"비가 오면 어떻게 되나요?"

"흙탕물이 차 안으로 막 쏟아져 들어와요."

더 이상 질문하고 싶은 마음이 싹 사라져 버렸다. '이 선교단체에 헌신하면 평생 이런 고물 봉고차를 몰고 다니겠구나' 하는 두려운 마음이 나를 사로잡았던 것이다.

3일클럽 훈련은 어린이전도협회에서 실시하는 4박 5일의 어린이전도 실습 훈련이었다. 오전에는 어린이전도법과 구원상담법 강의가 이어졌고, 오후에는 대여섯 명으로 구성된 조들이 각 조별로 주문진 곳곳의 동네로 보내져 어린이전도 실습을 하는 방식으로 훈련이 진행되었다. 물론 저녁에는 뜨거운 부흥회가 열렸고 새벽에는 새벽기도회를 통해 말씀으로 도전받았다. 암기하고 연습할 것이 너무나 많아서 대부분의 훈련생들은 하루 서너 시간 이상 자는 사람이 드물었고, 모두들 엄동설한 1월 초에 난로조차 없는 시골교회 마룻바닥에서 스티로폼을 깔고 잤다. 아침 세면 시간에는 밤새 꽁꽁 얼어붙은 커다란 고무 물통 안의 두꺼운 얼음을 깨고 살을 에는 듯이 차가운 냉수로 각자 알아서 씻어야만 했다. 게다가 식사 시간에는 조원 가운데 배식 받은 것은 쌀 한 톨, 김치 한 조각이라도 남기면 조장이 그 남긴 것을 모두 먹어야 하는 무지막지한 규칙이 강요되었다. 이것은 한마디로 군대 훈련보다 더한 훈련이었다.

그런데 아이러니하게도, 이런 강도 높은 훈련을 받으면서 잃어버린 어린 영혼들을 찾아 주문진이라는 낯선 도시의 동네를 헤매는 동안 내 마음의 갈등 수위가 점점 높아져 갔다는 사실이다. 실상을 알면 알수록 어린이 전도가 참으로 귀한 사역이라는 데 동의할 수밖에 없었고, 시간마다 이어지는 말씀은 나에게 커다란 도전으로 다가왔다. 그때 들은 말씀 중 어린이 전도의 중요성을 보여주는 한 가지 예화를 소개하고자 한다.

아프리카의 오지에 있는 어느 동네에는 산 위에 학교가 세워져 있습니다. 그런데 학교 주변에는 낭떠러지가 있어서 아이들이 그 근처에서 놀다가 자주 떨어지곤 했습니다. 낭떠러지에서 떨어진 아이들 중 일부는 죽기도 하고 일부는 심각한 부상을 당하기도 했습니다. 이런 추락 사고가 일어나면 부상당한 아이를 병원으로 데려가야 했는데, 가장 가까운 병원이 걸어서 이틀이나 걸리는 거리에 있었기 때문에 부상당한 아이를 병원으로 옮기는 중에 죽는 일이 많았습니다.

이를 안타깝게 여긴 동네 어른들이 마침내 해결책을 들고 나왔습니다. 그것은 바로 낭떠러지 아래에 병원을 짓자는 것이었습니다. 어린이들이 추락하는 현장에 병원이 있다면 즉시 치료를 할 수 있을 테니까요. 모두들 이 제안에 흡족해 하고 있었습니다. 그때 마을 청년 한 명이 조심스럽게 손을 들고 말했습니다. "병원을 짓고 운영하는 데는 엄청난 비용이 들 것입니다. 차라리 낭떠러지 위에 난간을 설치하는 것이 어떻겠습니까?" 이 말을 들은 모든 사람들이 일순간 아무런 말을 하지 못했습니다. 사실 그것이야말로 가장 간단하면서도 가장 강력한 예방책이 되었던 것입니다.

어린이 전도는 바로 이 이야기와 같습니다. 어린이 전도는 그들이 애초에 추락하지 않도록 어린 시절부터 복음으로 강력한 보호막을 쳐주는 것입니다. 그들이 보호막 없이 자라나다가 추락하면 그때는 이미 늦은 것입니다. 하지만 우리는 낭떠러지 밑에 병원을 짓겠다고 부산을 떠는 일이 많습니다. 사실은 가장 쉬우면서도 가장 효과적인 예방책이 있음에도 불구하고 말입니다…….

이처럼 영혼을 뒤흔드는 강력한 말씀 선포를 통해 성령께서는 내 마음에 어린이 전도에 대한 소명을 불러일으키셨다. 하지만 나는 영어라는 특기로 인해 마지막까지 갈등하고 있었다.

그것은 내가 만약 어린이 사역자로 헌신하게 된다면, 그동안 혼신의 힘을 다해 공부한 영어 실력이 고스란히 사장되어 버릴 것이라는 막연한 두려움 때문이었다. 훈련이 막바지에 이르렀을 때 마침내 나는 전진휘 선교사님의 헌신 촉구에 반응하여 하나님께 결단의 기도를 드렸다.

"하나님, 아무리 생각해 보아도 사람을 잘못 부르신 것 같습니다. 하지만 하나님께서 진정으로 제가 어린이 사역자가 되기를 원하신다면 저를 하나님께 드리겠습니다. 제가 그렇게 집착하는 영어를 하나님 앞에 내려놓습니다. 앞으로 전혀 영어를 쓸 일이 없다 하더라도 어린이 사역자로 하나님께 헌신하겠습니다."

내가 어린이 사역자로 헌신했다는 소식은 전 선교사님을 통해 홍콩으로 전해졌고, 아내와 나 사이를 가로막던 거대한 장벽은 나의 헌신과 함께 흔적도 없이 무너지게 되었다. 전화를 하니 아내는 내 목소리를 듣고 뛸 듯이 기뻐했다. 훈련에 참석하라고 권유할 때 나에게 내색은 하지 않았지만 막상 내가 훈련에 참석한다고 하자 나의 헌신을 위해 더욱 간절히 기도해 왔다는 것을 느낄 수 있었다.

그로부터 며칠 후 아내가 서울 비행이 있어 한국에 온다는 소식을 들었다. 우리는 한시라도 빨리 서로를 만나기 원하고 있었다. 나는 아내가 머물고 있는 남산 하얏트 호텔 로비에서 1년 6개월 만에 아내와 재회를 했다. 우리는 먼저 손을 맞잡고 하나님께 감사의 기도를 드렸다. 그리고 앞날에 대한 구체적인 계획을 나누었다. 아내와 대화를 하는 가운데 마음속으로 손꼽아 헤어 보니 그녀와 사귄 지 만 7년이 훌쩍 지나고 있었다. 나는 속으로 하나님 아버지께 말씀드렸다. '아버지, 야곱이 라헬을 위해 7년을 봉사하고서 비로소 그녀를 아내로 얻은 것처럼 저도 7년 만에 이 여인을 아내로 얻게 되는군요.'

이런 생각을 하는 바로 그 순간 나는 고압선에 감전된 것처럼 깜짝 놀라게 되었다. 내 심령 깊은 곳에서 '아!' 하는 탄성이 터져 나오고 있었다. 하얏트 호텔과 전속 계약을 맺은 필리핀 가수가 로비에 자리 잡은 오픈 카페에서 감미로운 선율에 맞춰 호소하는 창법으로 "Three Times A Lady"를 부르고 있었던 것이다. 그 곡은 호텔 로비를 가득 채웠고, 아내와 마주 앉아있던 내 눈에서는 그만 나도 모르게 주르르 눈물이 흘러내리고 있었다. '아버지, 어쩌면 이렇게도 연출을 잘하시나요.' 그날 저녁 나는 하얏트 호텔 로비 천정에서 아래로 내려다 보시며 나에게 살짝 윙크하시는 하늘 아버지의 모습을 언뜻 본 듯하다.

"내가 사람의 줄 곧 사랑의 줄로 그들을 이끌었고" _ 호 11:4

3장 사역자가 되기 위한 준비

성탄절에 올린 웨딩마치

"나의 사랑하는 자가 내게 말하여 이르기를 나의 사랑, 나의 어여쁜 자야 일어나서 함께 가자" _ 아 2:10

나는 하나님 앞에 어린이 사역자로 헌신한 그 해가 지나가기 전에 결혼식을 올리고 싶었다. 그 이유는 다소 유치한 것이었는데, 나는 서른이 되기 전인 이십대에 꼭 결혼을 하고 싶었던 것이다. 내가 헌신을 결단한 1993년이 지나면 나는 우리나라 나이로 서른이 되는 것이었다. 당시에는 왠지 서른이라고 하면 나이가 너무 많은 것처럼 느껴졌다. 그래서 눈 가리고 아웅이라 할지라도 내 인생의 이십대가 지나기 전에 결혼식을 올리기 원했던 것이다.

그런데 공교롭게도 그 소망은 다른 이유로 인해 성취되었다. 아내가 결혼식을 위해 휴가를 낼 수 있는 날짜를 계산해 보았는데, 거의 그 해 연말이 되어야 가능하다고 했다. 어차피 연말이라도 새로운 한 해가 시작된 것은 아니니 나는 상관없다고 생각했다. 그래서 우리는 결혼식 날짜를 잡게 되었다. 그래도 이런저런 사정을 고려하다 보니 성탄절 외에 다른 날은 모두 결혼식을 거행하기에는 한두 가지의 곤란한 이유들이 있었다. 그래서 우리는 1993년 12월 25일 성탄절에 나의 모교회인 대구 동부교회에서 결혼식을 거행하게 되었다.

성탄절에 결혼식을 올린 경험자의 입장에서 보면, 그날에 결혼하면 좋은 점들이 많이 있다. 물론 하객들이나 교회의 직원들에게는 즐거운 성탄절에 가족과 함께할 시간을 뺏는 '민폐'를 끼치는 것이긴 하지만, 그 정도의 손가락질과 수군거림을 감수할 용의가 있다면 성탄절에 결혼함으로써 얻어지는 유익한 점들이 있다.

우선 결혼한 남자들이 종종 걸리는 '결혼기념일 망각 증후군'을 면제받을 수 있다. 매년 성탄절이 다가올 때마다 거의 한 달 전부터 사회 전체가 요란하게 떠들어대기 때문에 결혼기념일을 잊고 싶어도 잊을 수가 없다. 또한 아랍권을 제외하면 세계 어느 나라에 가서 살더라도 자신의 결혼기념일은 공휴일로 지정되어 있어 별도로 직장에 휴가를 내지 않더라도 부부가 함께하는 오붓한 시간을 가질 수 있다. 게다가 성탄 선물과 결혼기념일 선물을 하나로 묶어서 전한다면 경제적으로도 도움이 되지 않겠는가! 마지막으로, 교회에서 결혼할 경우 나의 결혼식에 맞추어 예식장이 이미 멋지게 장식되어 있다는 부수적인 이점도 있다.

예식을 준비하면서 아내와 나는 몇 가지 의견 충돌이 있었다. 그중 하나가 신혼여행을 어디로 갈 것인가 결정하는 일이었다. 물론 나는 홍콩에 가서 백만 불짜리 야경을 보자고 고집하지는 않았다. 왜냐하면 그때의 상처는 이미 치유되었고, 5년째 홍콩에서 살고 있는 아내에게도 이미 백만 불만큼의 가치는 되지 않을 것이기 때문이었다. 나는 '무난하게' 제주도로 가기를 원했고 아내는 '기도원'을 고집했다. 신혼여행 장소를 결정하기까지 여러 차례의 기 싸움이 진행되었다. 인생의 새로운 출발의 첫 시간을 하나님께 드리자는 아내의 주장이 워낙 완강하여 아내는 좀처럼 내 말을 들으려 하지 않았다. 마침내 내가 결단한 듯 단호한 표정으로 말했다.

"좋습니다. 기도원으로 신혼여행을 갑시다."

아내는 나의 승낙이 뜻밖이라는 듯 나를 물끄러미 쳐다보고 있었다.

"단, 조건이 있습니다. 하와이에 있는 기도원으로 갑시다."

이 말에 아내는 갑자기 웃음을 터뜨리더니 순순히 제주도 행을 허락했다. 이것은 누가 더 독실한 신앙을 가졌느냐의 문제가 아니라, 남녀가 하나님 안에서 신비한 연합을 하는 첫 시간을 기도원이라는 다소 삭막한 장소에서 보내기 원치 않는 남편의 마음이 뼈있는 농담을 통해 비로소 전달되었기 때문이다.

결국 우리는 제주도로 신혼여행을 다녀와서 곧바로 새해 첫 시간을 강릉의 3일클럽 훈련에 참석하는 것으로 신혼여행과 관련된 논의를 마무리지었다. 우리는 예장합동 총회장을 지낸 대구 동부교회 김덕신 목사님의 주례사와 순회선교단의 대표인 김용의 선교사님의 기도라는 분에 넘치는 축복을 누리며 많은 하객들의 축하 가운데 무사히 결혼식을 마치고 제주도로 떠났다.

또한 제주도를 다녀온 후 우리 부부는 하나님께 약속한 대로 3일클럽 훈련을 다녀왔다. 나는 결혼식 직후 참석한 두 번째 3일클럽에서 훈련 유경험자라는 이유로 조장으로 섬기게 되었다. 3일클럽을 마친 후 이어진 야외전도에서 나는 한 조원의 요청으로 그의 고향 동네에서 실시한 3일클럽 전도를 도왔다. 그의 고향인 강원도의 한 도시에서 허리까지 쌓인 눈을 헤치며 어린 영혼들을 찾아 골목골목을 헤매던 기억이 아직도 또렷하다. 그때 나는 하나님 앞에서 어린 한 영혼이 너무나도 귀한 것임을 절감했다.

아내의 친척 가정에 찾아온 불행

신혼 초 3일클럽 훈련을 마치고 고향인 대구로 돌아온 우리는 양가 부모님을 찾아뵙고 인사드리는 시간을 가졌다. 또한 일가친척을 두루 찾아다니며 인사를 드렸다. 그런데 아내의 친척들 중 한 가정으로부터 찾아오지 말라는 통보를 받았다. 하나님을 알지 못하던 그 가정은 자녀에게 일어난 뜻밖의 사고로 인해 커다란 고통 가운데 있었고, 또한 인생의 경사스러운 날을 맞이한 우리 부부가 흉사가 일어난 본인들 집에 인사 오는 것이 부담스러워 꺼려하고 있다는 말을 장모님이 전해 주셨다.

우리는 그 사정을 알아보았다. 그것은 참으로 슬프고도 안타까운 일이었다. 그 가정에 초등학교를 다니는 자녀가 하나 있었는데, 그 시점으로부터 약 보름 전에 황당한 교통사고를 당한 것이었다. 버스를 타고 통학하던 그 아이는 그날도 버스를 타기 위해 버스정류장에 서 있었다. 그런데 그 당시에는 우리나라의 교통질서가 워낙 좋지 않던 때라 출퇴근 시간에는 여러 대의 버스가 한꺼번에 한 곳의 버스정류장에 정차하곤 했다. 그럴 경우 자신이 탈 버스가 몇 대의 버스 뒤에 정차해 있으면 승객들은 재빨리 그곳으로 뛰어가야만 했다. 그렇지 않으면 버스를 놓치는 수가 왕왕 있었던 것이다.

그 아이는 그날도 자신이 탈 버스가 저 멀리 정차해 있는 것을 보고 가방을 맨 채 잽싸게 달려가고 있었다. 하지만 워낙 많은 사람이 한꺼번에 몰리는 바람에 그 아이는 뛰어가던 어른들에게 떠밀려 차도로 떨어졌고 하필이면 정차해 있는 버스 뒷바퀴 앞으로 넘어지고 말았다. 그리고 이 사실을 알지 못하던 운전사가 버스를 출발시키는 바람에 버스 뒷바퀴가 아이의 허벅지 위를 지나가 버린 것이었다.

그 아이의 허벅지는 마치 종잇장처럼 납작해져 버렸다고 한다. 그리고 곧바로 대구 동산병원 중환자실에 입원하게 되었는데, 의사들도 어떻게 손을 쓸지 몰라 그냥 그대로 두고 보고만 있는 딱한 형편이었다고 한다. 여기까지 이야기를 들은 우리는 그 아이를 꼭 찾아가서 복음을 들려 주고 싶은 맘이 간절했다. 그래서 장모님께 말씀드렸다.

"그래도 저희가 한번 찾아가 보겠습니다."

"아마도 그 집에서 아이의 병실로 안 들여보내 줄 걸세. 부모도 하루 한 번만 특수 가운을 입고 면회가 허락된다고 하던데." 장모님이 말씀하셨다.

"아이가 의식은 있다고 합니까?"

"부모와 대화도 할 정도로 의식은 있다 하네."

"그렇다면 저희가 꼭 찾아가 보기 원합니다."

우리가 찾아가자 그 아이의 부모님은 별로 반기는 분위기가 아니었다.

"안녕하세요? 얼마나 상심이 크시겠어요? 저희 부부가 아이를 꼭 한번 만나보고 서울로 가기 원합니다."

그 다음날 서울행 기차표를 예약해 든 우리 부부가 말했다.

"험한 꼴을 봐서 뭐 좋은 일이 있겠나. 그만 두게나."

"괜찮습니다. 꼭 들어가 보기를 원합니다."

"자네들은 우리가 이런 일을 당했는데 아이에게 전도하러 온 것 아닌가?"

그 아이의 부모는 우리가 찾아간 정확한 이유를 이미 알고 계셨다. 하지만 우리는 물러서지 않고 간청했다. 그러자 몇 번이나 아이의 부모는 망설이면서 우리의 면회를 허락할지 고민을 했다. 조금만 더 청하면 면회를 허락할 것 같은 시점에서 갑자기 병원 직원이 부모를 호출했다. "아이의 보호자 계신가요? 아이가 부모를 찾습니다." 그분들은 서둘러 중환자실로 들어가셨고, 결국 우리는 발걸음을 돌려야 했다. 돌아오는 길에 우리는 그 아이에게 천국의 소망을 전하는 편지를 써서 처제에게 주어 우리가 서울로 떠나더라도 처제가 그 아이를 찾아가서 그 편지를 읽어 주고 복음을 전하게 하자고 다짐했다. 그러나 집에 돌아온 우리는 장모님의 말을 듣고 그 자리에 털썩 주저앉고 말았다. "아이가 방금 전에 죽었다고 연락이 왔네."

방에 들어온 우리는 눈물을 흘리며 기도하면서 하나님께 회개했다. '그때 조금만 더 강하게 청했다면 아이가 있던 병실에 들어갈 수 있었을 텐데.' 하는 후회가 우리를 사로잡았다. 하나님께서 그 어린 심령에게 복음을 들려 주기 위해 사고 후 보름이라는 기간 동안 그 아이를 살려 두셨고, 대화를 할 정도로 의식을 붙들어 주셨는데 우리가 그 기회를 선용하지 못해 그를 영원히 잃어버렸다는 뼈저린 회환이 밀려왔다. 이 슬픈 사건을 통해 우리 부부는 복음전도자의 자세가 어떠해야 하는지를 배울 수 있었다. 무릇 복음전도자는 그 어떤 방해나 어려움이 있더라도 이때가 아니면 영원히 복음을 전하지 못할 수도 있다는 절박한 심정을 가져야 한다는 것을 알게 된 것이다. 하나님께서 그 어린 영혼에게 자비를 베푸시기를 간절히 기도한다.

"너는 말씀을 전파하라 때를 얻든지 못 얻든지 항상 힘쓰라" _ 딤후 4:2

홍콩에서의 신혼 생활

"사람이 새로이 아내를 맞이하였으면 그를 군대로 내보내지 말 것이요 아무 직무도 그에게 맡기지 말 것이며 그는 일 년 동안 한가하게

집에 있으면서 그가 맞이한 아내를 즐겁게 할지니라” _ 신 24:5

신혼여행과 3일클럽 훈련을 마친 으리는 홍콩에서 신접살림을 시작했다. 내가 신학대학원에 입학할 때까지 아내는 당분간 비행을 더 하기로 했다. 나는 어차피 약 1년간 어디서든 신대원 시험 준비를 할 수 있는 장소가 있기만 하면 되었기 때문이었다. 그래서 우리는 자연스럽게 홍콩에서 함께 생활하게 된 것이다. 게다가 아내는 이미 홍콩에 기본적인 살림을 갖추고 있었기 때문에 별도로 신혼 거처나 혼수품을 장만할 필요도 없었다.

혼수품 이야기가 나와서 생각난 것이지만, 우리가 결혼식을 올리기 전에 양가에 가장 큰 갈등을 야기한 것이 바로 혼수품이었다. 당시는 우리나라에서 혼수품으로 인한 허례허식이 커다란 사회적 물의를 불러일으키던 시절이었다. 그래서 우리는 서로 간에 아무런 혼수품도 주고받지 말자고 다짐을 했다. 예수를 믿는 그리스도인들이 이런 부분에서 물질만능주의의 세상에 모범적인 본을 보여야 한다는 생각 때문이었다. 하지만 뜻밖의 복병이 있었다. 나는 이 문제로 인해 처가에 불려가서 많은 꾸지람을 들었다.

“자네는 우리 집안을 우습게 보는가? 어째서 아무 것도 받지 않겠다는 말인가?” 처가의 어른들이 나무라셨다. 그분들은 신앙이 없거나 아직 신앙의 연륜이 일천했기 때문에 우리의 행동을 이해하기 힘드셨던 것이다.

“그게 아니라 귀한 따님을 저에게 주시는 것만도 감사한데 어찌 다른 것이 필요하겠습니까?” 나는 그분들을 설득하고자 진땀을 뺐다.

몇 시간을 줄다리기를 하다가 결국 내가 약간 양보하는 선에서 타협을 해야만 했다. 나는 예물시계 하나만 받고 아내에게는 값싼 금반지 하나를 해 주는 것으로 이야기를 마무리하였다. 그래서 나는 예식장에서 예물시계 하나만 혼수품으로 받았다. 하지만 그것마저도 수년 전 중국에서 선교활동을 하다가 소매치기를 당해 지금은 내 수중에 없다. 아내도 그렇지만 나도 혼수품을 하지 않은 것에 대하여 별로 섭섭한 마음이 없다. 비록 길지 않은 인생을 살아온 나이지만, 그동안 관찰한 바에 따르면 결혼반지에 박힌 다이아몬드 캐럿 수가 늘어나면 늘어날수록 이에 비례하여 그 부부의 이혼 확률도 높아진다는 것을 알고 있기 때문이다.

이렇게 나는 홍콩에서 1년간 신혼생활을 하면서 동시에 총신대학원 수험 공부를 했다. 하지만 사실 나는 해외에서 여러 가지 새로운 경험을 하고, 또 신혼생활을 즐기느라 수험 공부에는 그다지 신경을 쓰지 않았다. 신대원 시험 과목은 영어, 성경, 철학, 논문이었는데, 영어는 기본적인 실력이 있었기 때문에 전혀 공부할 필요가 없었고, 성경은 늘 읽는 것이니 따로 공부할 필요를 느끼지 못했으며, 논술은 어차피 주어진 주제에 대하여 내가 속한 교단의 색채로 칼빈주의에 입각하여 기술하면 될 것이기 때문이었다. 그래서 짬짬이 철학책을 뒤적이는 것이 나의 수험 공부의 전부였다.

항공여행 3종 세트

"내가 네게 명령한 것이 아니냐 강하고 담대하라. 두려워하지 말며 놀라지 말라 네가 어디로 가든지 네 하나님 여호와가 너와 함께 하느니라 하시니라" _ 수 1:9

항공사 승무원을 배우자로 둔 사람이나 부모 혹은 자녀에게는 특별한 혜택이 있다. 나 역시 아내가 승무원을 하는 동안에는 그 혜택을 누렸다. 그것은 아내가 일하는 항공사의 항공편을 이용할 경우 정상 가격의 10분의 1이라는 저렴한 가격에 항공여행을 할 수 있는 제도였다. 따라서 당시 서울~홍콩 왕복에 약 4만 원 정도의 비용이 들었다. 이 정도면 거의 공짜에 가깝다고 할 수 있다.

하지만 그 제도에는 단점이 있었는데, 그것은 바로 그렇게 해서 발권한 항공권은 '스탠바이(stand-by)' 티켓이라 해서 정상 가격을 지불한 승객을 모두 탑승시키고 난 후 빈 좌석이 있는 경우에 한하여 탑승이 허락된다는 사실이었다. 따라서 항공편이 만석인 경우 공항에서 대기를 하다가 원하는 항공편에 탑승하지 못하는 경우가 생길 수도 있었다.

나와 함께 홍콩에서 신혼생활을 하던 아내는 항공사의 비행 스케줄상 한 달에 한 번 정도 장거리 비행을 나가게 되어 있었다. 즉 한 달에 한 번 정도는 유럽이나 미주 같은 곳으로 일주일 정도 비행하고 돌아오게 되는 것이다. 이런 경우 내가 만약 한국에 있었더라면 별 문제가 없었을 것이지만 홍콩이라면 이야기가 달라졌다. 일주일 동안 아내 없이 외국에서 혼자 지내야 했으니까 말이다. 그래서 생각해 낸 것이, '내친 김에 함께 여행을 다니자.' 라는 것이었다.

이런 생각이 가능했던 것은, 어차피 아내도 장거리 비행 중 목적지에 도착하면 홍콩으로 돌아올 때까지 넉넉한 수당을 받으며 특급호텔 1인실에서 지내게 되어 있었기 때문에 숙소나 체류비에 대한 부담이 없었고, 무엇보다도 내가 승무원의 남편이라 정상 항공료의 10%만 내면 되므로 항공비도 큰 부담이 되지 않았기 때문이었다.

이렇게 해서 시작된 우리의 첫 장거리 비행의 목적지는 영국 런던이었다. 사랑하는 아내와 함께 가는 최초의 유럽 비행에 얼마나 가슴이 설레던지 지금도 그 기억이 생생하다. 나는 예약을 위해 항공사에 전화를 했다. "죄송합니다, 오늘 비행은 만석이군요. 대기승객이시라면 공항에 나오시지 않는 것이 좋겠습니다." 항공사 직원의 말이었다. 나는 많이 실망스러웠다. 만석이라는 말은 항공사에서 120%의 예약을 받아 놓았다는 뜻이므로 운임의 10%를 지불한 항공권을 가진 대기승객의 경우, 탑승 확률은 제로에 가까웠다. 하지만 나는 하나님께 짤막한 기도를 드리고 아내와 함께 공항으로 갔다.

"하나님, 제가 아내와 함께 런던에 갈 수 있게 해 주세요."

공항에 도착한 후 어차피 아내는 승무원으로 탑승하게 되어 있었으니 비행 준비를 위해 항공사 건물로 들어갔고 나는 공항 카운터에서 대기하고 있었다. 과연 카운터는 만원이었고 대기승객은 나 외에는 한 사람도 없었다. 이리저리 승객들이 정리된 후 출발까지 약 5분의 시간이 남았을 때, 나는 홀로 카운터에 남아 있게 되었다. 그때 어떻게 된 일인지 느닷없이 카운터 직원이 나에게 항공권을 달라고 하더니 발권기를 사용하여 내 이름과 좌석번호를 찍는 것이 아니겠는가? 그 모습을 지켜보던 나는 너무나 기뻤다. 일단 이름과 좌석번호가 배정되면 탑승할 수 있다는 뜻이었으니 말이다. 나는 직원이 건네준 탑승권을 손에 들고 신나게 출국장을 향해 달려갔다.

한편 바로 그때 비행기 안에서는 한 영국인 승객이 아내에게 와서 불평을 늘어놓고 있었다고 한다.

"이럴 수가 있습니까?" 화가 난 승객이 투덜거렸다.

"손님, 무슨 일이신지요?" 승무원인 아내가 물었다.

"나는 정상적인 가격을 지불하고 비즈니스클래스 항공권을 구입했는데, 이코노미클래스 좌석을 배정받았어요."

"죄송합니다. 항공편이 만석인 경우 이런 일이 간혹 있을 수 있습니다. 목적지에 도착하셔서 차액을 환불 받으실 수 있습니다."

그 승객은 못마땅하다는 듯 고개를 가로저으며 자신의 이코노미석으로 돌아가서 자리에 앉았다. 아내는 상황이 이런 지경이니 내가 그 비행기를 타리라고는 상상도 하지 못했다고 했다. 그런데 이게 어찌 된 일인가? 막상 내가 항공기에 탑승하고 보니, 정상요금을 내고 비즈니스클래스 항공권을 구입한 승객을 이코노미클래스로 떨어뜨린 항공사에서 10% 요금을 낸 대기승객인 나에게 비즈니스클래스 좌석을 배정해 준 것이 아니겠는가!

아무튼 나는 일단 배정된 자리에 앉고 보았다. 내가 실수한 것이 아니었으니까. 그런데 문제는 거기에서 그치지 않았다. 내가 자리에 앉은 후 비행기 문이 닫히기 직전, 바바리 코트를 입은 한 영국인 신사가 황급히 뛰어들더니 주위를 두리번거리며 내가 앉은 좌석 쪽으로 오기 시작한 것이었다. 그리고는 내 앞에 와서 탑승권을 내미는데, 이게 웬일인가? 그가 가진 탑승권에 나의 좌석번호가 중복되어 찍혀 있었던 것이다!

나는 눈앞이 캄캄해졌다. 이런 경우는 당연히 10% 운임을 지불한 대기승객인 내가 내려야 했으니까. 하지만 항공사 측에서도 난감해하는 표정이 역력했다. 왜냐하면 아무리 대기승객이라 하더라도 쫓아낼 때는 체크인한 짐을 다시 찾아 주어야만 했는데, 그 많은 짐 중에서 나의 짐을 다시 찾으려면 최소한 30분 이상 출발이 지연될 수밖에 없었기 때문이었다.

　승무원들이 둘러서서 몇 분간 회의를 하더니, 객실 사무장이 나에게 다가와서 이렇게 말했다.

　"손님, 죄송합니다. 저희 항공사에서 커다란 착오가 있었습니다. 손님께서는 대기승객이시므로 이 자리를 양보하셔야 하는데, 지금 이 항공기에는 빈 좌석이 딱 하나만 남아 있습니다. 그 좌석에라도 앉으시겠습니까?"

　"선택의 여지가 없으니 그리로 가겠습니다. 안내해 주세요." 내가 말했다.

　그런데 놀랍게도 사무장은 나를 항공기의 뒤쪽으로 데려가는 것이 아니라 앞쪽으로 데려가려는 몸짓을 했다. 그곳은 바로 일등석이 있는 공간이었다. 그가 말한 딱 하나 남은 빈자리는 바로 일등석 좌석이었던 것이다! 나는 속으로 하나님께 부르짖었다.

　'하나님, 이만하셔도 족합니다! 하나님이 나를 얼마나 사랑하시는지 소름이 돋을 지경입니다!'

　당시 나는 짧은 티셔츠 하나만 입고 있었다. 도무지 일등석에 어울릴 복장이 아니었다. 또한 나의 짤막한 기도 한마디에 만석의 항공기의 일등석까지 허락하고자 하시는 하나님의 지극한 사랑을 확인한 것만 해도 내 가슴 가득 감격이 넘치기에 충분했다. 그래서 내가 객실 사무장에게 말했다. "괜찮으시다면 제가 그냥 이 자리에 앉고, 저 신사분을 일등석으로 모시지요?"

　회사 규정상 어쩔 수 없이 나에게 일등석을 제의했던 객실 사무장은 나에게 고맙다는 짤막한 눈길을 보내고는 부리나케 그 영국 신사를 일등석으로 모시고 갔다. 나는 비록 그때 내 평생 처음이자 마지막일지도 모르는 대륙 간 장거리 여행의 일등석 탑승 기회를 스스로 포기했지만, 지금까지도 그 일을 조금도 후회하지 않는다. 그 사건을 생각할 때마다 포기한 일등석이 아니라 가슴 벅찬 하나님의 사랑만 떠오르기 때문이다.

Behind Story

미가엘: 하나님, 방금 홍콩에서 곤란한 기도 하나가 올라왔습니다. 10% 운임을 지불한 대기승객이 만석인 비행기에 탑승시켜 달라고 청원하고 있습니다. 좀 억지스러운 기도 아닌가요?

하나님: 그 기도는 특별한 것이니 가볍게 취급하지 말라. 내가 그 기도에 응답하기를 소원하노라.

미가엘: 알겠습니다. 그러시다면 제가 처리 하겠습니다. (하나님의 존전을 떠난 미가엘이 천사 A를 찾아간다.)

미가엘: 자네가 전산을 담당하는 천사인가?

천사 A: 예, 그렇습니다. 주로 컴퓨터와 관련된 업무를 담당하고 있지요.

미가엘: 그렇다면 오늘 저녁 홍콩발 런던행 캐세이퍼시픽 항공사의 전산망을 해킹해서 10% 운임을 지불한 유일한 대기승객에게 좌석을 하나 마련해 줄 수 있겠는가?

천사 A: 식은 죽 먹기입니다. 즉시 시행하죠.

미가엘: 그런데 말일세, 하나님의 눈치를 보니 이 승객을 매우 특별하게 생각하시는 것 같던데, 기왕에 그에게 좌석을 주려면 퍼스트클래스를 배정해 줄 수는 없겠는가?

천사 A: 그건 쉽지 않은 일인데요. 공항 카운터에서 10% 운임의 대기승객에게 바로 퍼스트클래스 탑승권을 발급하는 일은 회사 규정상 불가능한데다가, 컴퓨터와 관련된 업무만을 주로 하는 내 소관

밖의 일이니……

미가엘: 그렇다면 방법이 없단 말인가?

천사 A: 글쎄요, 이렇게 하면 어떨까요? 일단 전산망을 조작하여 비즈니
스클래스 승객 한 사람을 이코노미 클래스로 강등시킨 다음, 그
자리에 이 대기승객을 채워 넣고, 바로 그 직후에 또 다른 승객에
게 그 좌석 번호로 탑승권을 발권하게 만들고, 또한 예약 완료된
일등석 자리 하나가 애초부터 비어 있도록 전산망을 조작하
고…… 휴, 할 수는 있겠지만, 꼭 이렇게까지 해야 하나요?

미가엘: 자네가 이 방면의 전문가라는 소리를 들었네. 나를 실망시키지
않을 줄 믿네.

이렇게 하여 런던을 무사히 다녀온 지 한 달 정도가 지났다. 이번에
는 아내가 프랑스 파리로 비행을 가게 되었다. 그날 파리행 항공편 역
시 승객들로 거의 꽉 차 있었지만, 완전한 만석은 아니어서 나는 겨우
겨우 좌석을 배정받아 파리로 갈 수 있었다. 파리에서 아내와 함께 일
주일을 잘 보내고, 돌아오는 비행 편을 확인하기 위해 파리 드골공항
에 있는 캐세이퍼시픽 사무실로 전화를 했다.

"혹시 파리에 도착하신 직후, 돌아가는 항공편을 예약해 두셨나
요?" 사무실 직원이 이렇게 묻자 나는 깜짝 놀라서 되물었다. "아니,
대기승객도 예약을 해야 합니까?" 나중에 알고 보니 파리의 드골공항
에서는 특이하게도 대기승객도 예약을 받고, 또한 예약한 순서대로
좌석을 배정한다는 것이었다. 그 말과 함께 항공사 직원은 이렇게 덧
붙였다. "예약을 하지 않았다면 아예 공항에 나오지 마십시오. 오늘
비행 편은 정상요금을 낸 승객의 예약이 완료된 상태인데다, 대기승

객 예약분도 마흔 명이 넘기 때문에 미리 예약을 하지 않았다면 나오실 필요가 없습니다."

나는 눈앞이 아찔해지는 경험을 했다. 홍콩에서라면 대기승객으로 있다가 비행기를 타지 못하더라도 집으로 돌아오면 그만이지만, 외국에서는 전혀 다른 이야기가 되기 때문이었다. 승무원인 아내가 이미 호텔에서 체크아웃을 했기 때문에 비행기를 타지 못하면 다음 비행편이 올 때까지 닷새 가량 '국제미아'가 되어 거리를 헤맬 수밖에 없는 데다가, 이번에는 실수로 홍콩의 집에서 지갑도 가져오지 않았기 때문이다. 더군다나 다음 비행편이 있는 닷새 후에도 좌석이 있다는 보장이 없었다. 그 전 항공편에 탑승하지 못한 승객들이 다시 모두 몰려들게 마련이었으니까.

어쨌든 우리 부부는 파리의 호텔 방에서 간략하지만 진지하게 기도한 후 공항을 향해 출발했다. 공항에 드착해 보니 과연 카운터는 북새통이었다. 항공사 카운터에 올려놓은 대기승객의 항공권만 해도 60장이 넘었다. 나의 항공권은 예약을 하지 않아서 대기승객 항공권 중에서도 밑 부분에 위치해 있었다. 상황은 절망적이었고, 둘러선 사람들이 수군대는 말로는 대기승객은 거의 탈 수 없을 것이라는 말이 들려왔다. 모두들 발을 동동 구르며 초조하게 기다리고 있었다.

그런데 출발 시간이 채 10분도 남지 않은 상태에서 갑자기 카운터의 직원들이 웅성거리기 시작했다. 가만히 눈치를 보니, 어떤 단체 손님들이 탑승권을 모두 발권받아 놓고는 항공기 출발 직전에 피치 못할 사정으로 탑승을 취소했다는 것이었다. 상황이 이렇게 되자 정상 요금을 내겠다고 대기 중이었던 몇몇 승객들은 당연히 좌석을 배정받았고, 그렇게 해도 좌석이 많이 남아서 대기승객이 대거 탑승할 수 있게 되었다. 하지만 그렇다 하더라도 여전히 취소한 단체승객의 수보다 대기승객의 수가 많았기 때문에 카운터의 직원들은 탑승 가능한 대기승객의 항공권을 계수하여 별도로 둔 후, 그 밖의 나머지 항공권은 대기승객들에게 되돌려 주기 시작했다.

기도하는 마음으로 상황을 지켜보는 내 눈에 우연히 들어온 광경은, 탑승 가능한 대기승객들의 항공권 맨 마지막장에 내 항공권이 아슬아슬하게 끼워져 있는 것이었다. 꿈 같은 일이 일어나 좌석을 확보한 대기승객들은 한 명 한 명 차례대로 탑승권을 받아 출국장을 향해 총총히 사라졌다. 항공기 출발 시간 불과 1분 전에 마지막으로 나의 탑승권에 내 이름과 좌석번호가 찍히고 있었고 내 주변에는 한 사람의 대기승객도 없었다. 나는 직감적으로 그것이 그 항공편의 마지막 좌석이라는 것을 알 수 있었다.

바로 그때 저 멀리 떨어진 카운터에 이탈리아 정장을 입은 신사 한 분이 헐레벌떡 달려왔다. 그리고 그곳에 있던 직원은 그 사람과 무엇이라고 말을 주고받더니 무전기를 통해 나의 카운터를 담당한 직원에게 어떤 지시를 내렸다. 프랑스어를 모르는 나로서는 어리둥절할 수밖에 없었다.

"혹시 부칠 짐이 있습니까?" 나를 담당한 직원이 불쑥 나에게 물었다.

"짐이라고는 이 조그마한 손가방 하나가 전부입니다." 손가방을 들어 보이며 내가 대답했다. 그러자 그 직원은 거의 강제로 나의 손가방을 낚아채더니 꼬리표를 달아 컨베이어벨트에 올려놓았다. 그런 다음 나에게 말했다.

"당신은 나에게 감사해야 합니다. 제 상사가 뒤늦게 온 승객에게 마지막 탑승권을 주라고 무선으로 지시했지만 당신의 사정이 꽤나 딱해 보여서 이미 짐을 부쳤다고 상사에게 거짓말을 했습니다. 짐을 다시 찾으려면 상당한 시간이 걸릴 것이므로 상사가 포기했습니다."

이 말을 하면서 그는 나의 손에 탑승권을 쥐어 주며 빨리 달려가라고 손짓을 했다. 나는 달려가면서 하나님께 감사하지 않을 수 없었다. 하나님께서 그 낯선 카운터 직원의 마음을 움직이셔서 한 동양인을 위해 친절을 베풀도록 하신 것이다. 하나님께서 나를 위해 천사를 보내 주신 것이었다. 나는 아직도 그분의 이름을 기억하고 있다. 그분의 이름은 천사라는 의미를 내포한 '엔젤리노(Angelino)'였다! 내가 항공기에 탑승하자마자 문이 닫혔고 항공기는 땅을 박차고 힘차게 이륙했다.

Behind Story

미가엘: 하나님, 전에 우리가 일등석에 태워준 그 사람이 다시금 SOS 기도를 올려왔습니다. 이번에는 파리에서 기도를 했는데 전보다 더 곤란한 지경인가 봅니다. 기도가 조금 더 진지하더라고요.

하나님: 파리의 드골공항은 미리 예약을 허야 하는데 어쩌다가 그런 것도 모르고 실수를 했을까, 쯧쯧쯧……

미가엘: 본인의 실수가 크고 하니 고생 좀 하게 둘까요?

하나님: 아니다, 아무리 실수를 했다고는 하나 내 자녀가 파리에서 유리걸식하게 둘 수야 없지.

미가엘: 그럼 제가 가서 사태를 수습해 보겠습니다. (미가엘이 하나님의 존전을 떠나간다.)

미가엘: 자네가 파리지역 특사로 파견되어 있는 지역 담당 천사인가?

천사 A: 그렇습니다. 세월이 흐를수록 파리가 점점 더 세속화되어가고 있어서 하나님 앞에 송구스럽습니다.

미가엘: 내 특별히 자네에게 부탁할 일이 있네. 조금 지나면 드골공항에
서 만석의 항공기에 탑승하지 못해 곤란한 지경에 처하게 될 한
대기승객을 탑승시켜 줄 수 있겠는가?

천사 A: 그 항공편의 단체 승객의 탑승을 취소시키면 가능은 한데 한 가지
문제가 있습니다. 그 사람이 예약을 하지 않았기 때문에 예약 순서
상 단체승객 취소 후 맨 마지막 좌석이 배정되게 됩니다.

미가엘: 그게 무슨 문제인가? 어쨌든 항공기에 타면 되지 않는가?

천사 A: 제 말씀을 끝까지 들어 보시죠. 모든 좌석 배정이 거의 끝난 항
공기 출발 예정시간 1분 전에 정상요금을 지불하겠다는 이탈리
아 신사 한 사람이 공항 카운터에 나타날 것입니다. 그렇게 되
면 대기승객에게 돌아갈 마지막 탑승권이 회사 규정상 그 승객
에게 돌아가야 합니다.

미가엘: 음, 심각한 상황이군. 그 사람을 막을 수는 없는가?

천사 A: 얼마든지 막을 수 있죠. 가벼운 교통사고를 낼까요?

미가엘: 멀쩡한 사람을 다치게 해서야 되겠는가? 지난번에 이 대기승객
과 관련하여 어쩔 수 없이 이코노미클래스로 떨어뜨려 환불을
하게 한 사람에게도 몹시 미안한 마음이 들던데.

천사 A: 정 그러시다면 좋은 수가 있습니다. 드골공항 캐세이퍼시픽 카
운터에 근무하는 직원들 중에 저희와 동류의식을 느끼는 한 사
람이 있습니다. 일단 그 대기승객을 그 직원에게 붙이겠습니다.
그런 다음 그 직원에게 그 대기승객을 보고 딱하게 여기는 마음
이 샘솟듯 솟아나도록 하겠습니다.

미가엘: 그게 좋겠네. 참, 노파심에서 하는 말인데, 그 대기승객이 빈손으
로 카운터에 나타나지 않도록 하게. 반드시 조그마한 손가방 하

나라도 꼭 챙겨가게 만들게. 그렇지 않으면 자네와 동류의식을 느낀다는 그 사람이 시말서를 쓰게 될 걸세.

천사 A: 그 점 염려하지 마십시오. 제가 다 알아서 처리하겠습니다.

이렇게 해서 파리 비행을 잘 다녀온 한 달쯤 후에 아내가 이번에는 이탈리아의 로마로 비행을 가게 되었다. 나도 아내와 함께 로마 여행을 할 요량으로 함께 공항에 나갔지만, 자리가 완전히 만석이라서 아내가 탄 비행기를 타지 못했다. 그때는 8월경으로 휴가철 성수기의 절정이라서 거의 모든 비행편이 만석이었다. 그래서 일단 아내는 승무원으로 먼저 떠났고, 나는 그 다음날 스위스를 경유하여 로마로 가는 비행 편에 다시 한 번 대기해 보기로 했다. 우리 부부는 헤어지기 전에 각자 하나님께 기도했다.

"하나님, 만약 다시 돌아올 좌석이 없다면 제가(남편이) 아예 홍콩에서 비행기를 타지 못하게 해 주세요."

지난 번 파리에서의 경험도 있고 해서 우리는 단서를 붙여서 하나님께 기도했던 것이다. 그런데 그 다음날 비행 편에는 다행히도 빈 좌석이 있어서 나는 로마행 비행기를 탈 수 있었다. 스위스를 통과하면서 눈 덮인 알프스 산맥을 넘은 것은 아직도 잊지 못할 기억이다. 마치 그림엽서에 나오는 것과 같은 아기자기한 풍경이 항공기 창밖으로 펼쳐져 있었다. 비행기는 스위스를 경유하여 로마에 도착했다. 나는 아내가 머물고 있던 숙소로 찾아갔고, 며칠간 신나는 로마 여행을 즐겼다.

마침내 홍콩으로 돌아갈 시간이 되었다. 그런데 공항의 항공사 카운터로 확인 전화를 해 본 나는 살벌한 소식에 의기소침해질 수밖에 없었다. 카운터 직원의 말인즉 모든 항공사의 항공편이 월말까지 완전히 만석이라서 현재는 정상요금을 주고도 도저히 비행기를 탈 수 없으며, 지난번 비행 때도 대기승객 중 한 사람도 탑승하지 못했다는 것이다. 그러면서 이번 비행은 더욱 혼잡하며 나흘 전 비행 편을 놓친 모든 대기승객이 다시 몰려들 것이므로 탑승은 꿈도 꾸지 말라고 엄포를 놓았다. 그 직원 말대로라면 나는 월말까지 족히 보름은 로마시내를 배회하고 있어야 한다는 것이었다.

우리 부부는 다시 호텔 방에서 기도할 수밖에 없었다. 이번의 기도는 조금 더 간절해졌다. 하지만 길게 하지는 않았다. 우리는 돌아오지 못할 바에는 아예 보내지도 말라고 간구했던 기도를 주장하며 하나님의 자비하신 손길을 구했다. 그런 다음 용감하게 공항을 향해 출발했다.

과연 공항의 사정은 카운터 직원의 말 그대로였다. 수많은 사람들이 현금을 들고 카운터에서 사정하고 있었다. 대기승객 역시 족히 50~60명은 나와 있었다. 그런데 이상하게도 한 사람의 대기승객도 항공권을 카운터에 올려놓지 않았다. 대기승객은 으레 카운터에 항공권을 올려놓고 기다렸기 때문에 나는 항공권을 카운터에 올려놓았다. 카운터 직원들 중 가장 상사인 것처럼 보이는 여자직원이 그 모습을 보고 나에게 말했다.

"손님, 오늘은 탑승 기회가 전혀 없으니 항공권을 올려놓을 필요가 없습니다."

"항공권을 올려놓는 것은 나의 자유이니 계속 올려놓겠습니다."

물에 빠진 사람이 지푸라기라도 잡는 심정으로 나는 물러서지 않았다. 그 여자 직원은 이상한 사람도 다 있다는 표정으로 나의 항공권과 여권을 집어 들더니 유심히 살펴보았다.

보통 혼잡한 비행의 경우 카운터는 출발 1~2분 전까지도 북적거린다. 최후의 순간까지 탑승하고자 하는 대기승객 때문이다. 그런데 그 날만은 전혀 달랐다. 출발이 무려 30분이나 남은 상황에서 카운터 직원이 나에게 항공권을 돌려 주며 탑승수속이 완료되었다고 말했다. 그 말은 정상요금을 지불한 모든 승객들에 대한 좌석배정이 완료되었다는 뜻이었다. 이 말과 함께 직원들은 망연자실한 모든 탑승 희망자들을 뒤로한 채 카운터의 불을 끄고 사라져 버렸다. 불이 꺼져 어둡고 텅 빈 항공사 카운터를 바라보는 나의 마음에 문득 떠오른 것은, '아, 이번에는 하나님도 어찌하실 수 없겠구나.' 라는 생각이었다.

나는 살 길을 궁리하기 시작했다. 곰곰이 생각해 보니 내가 가진 항공권은 '구역 티켓(Zone Ticket)' 이라는 것으로, 유럽 어느 공항에서든지 탑승할 수 있는 것이었다. 이렇게 로마에서 소망 없이 보름 동안 기다리느니, 어딘가 다른 가까운 공항으로 가서 탑승을 시도해 보자는 생각이 들었다. 그래서 공항의 안내 직원에게 이것저것 물어보았다. 그 결과 그날 홍콩행 항공편이 있는 곳은 영국의 런던인데, 그곳 역시 만석이지만 나흘 후에 동일한 항공편이 또 있다는 것을 알게 되었다. 즉 나흘 상간에 두 번 탑승을 시도해 볼 수 있는 상황이었다.

나는 브리티시 항공사 카운터로 가서 로마에서 런던으로 가는 편도 항공권을 구입하기로 했다. 그런데 이상한 것은, 편도 항공권보다 왕복 항공권이 더 저렴하다는 사실이었다. 항공사 직원에게 "저는 편도만 필요하지만 왕복 항공권이 더 저렴하다면 그것으로 주세요. 참, 그리고 이 경우 리턴 티켓은 어떻게 처리해야 하나요?"라고 물었다.

그 직원은 어깨를 으쓱하더니 "찢어 버리세요." 하고 시원스럽게 대답해 주었다.

항공권을 사서 그 자리에서 탑승권을 발급받은 후, 그것을 들고 브리티시 항공의 탑승구를 향해 걸어가던 나에게 마치 번개가 내리치듯 떠오른 생각이 있었다. 그것은 런던에는 국제공항이 시내를 사이에 두고 정 반대편으로 두 곳이 있다는 사실이었다. 브리티시 항공편으로 내가 도착하는 곳은 런던의 히드로 공항이었는데, 만약 도착 예정 시간보다 한 시간 후에 떠나는 홍콩행 캐세이퍼시픽 항공편이 게투윅 공항에서 출발한다면 이 모든 것이 허사가 되고 말 지경이었다.

생각이 여기까지 미치자 이 부분을 확인해야만 하겠다는 마음이 강하게 일어났다. 하지만 런던에서 홍콩으로 떠나는 캐세이퍼시픽 항공편을 로마 공항의 어디서 알아볼 수 있겠는가? 그때 한 가지 아이디어가 떠올랐다. 그것은 항공사의 카운터는 불이 꺼졌고 직원도 사라졌지만, 공항 어딘가에 그 항공사 사무실이 있을 것이라는 생각이었다. 그래서 나는 캐세이퍼시픽 항공사 사무실을 찾기 시작했다.

항공사 사무실은 뜻밖에도 찾기 쉬웠다. 왜냐하면 탑승을 거절당한 수십 명의 대기승객들이 한꺼번에 몰려들어 항의와 간청을 하고 있었기 때문이었다. 모든 직원들이 쏟아져 나와 그들을 달래느라 구슬땀을 흘리고 있었다. 그곳에는 카운터에 항공권을 올려놓지 말라고 하던 가장 높은 직급의 카운터 직원도 있었다. 그런데 그분이 나를 본 순간 갑자기 나에게 다른 사람들은 알아차리지 못하게, 따라오라는 손짓을 하더니 어디론가 뛰다시피 걸어가면서 무전기에 대고 다급하게 말을 하기 시작했다.

나는 혼란스러웠다. ‘저 여자가 지금 나를 보고 손짓한 것이 맞는 것일까?’ 긴가민가하면서 나는 그분을 부지런히 따라가기 시작했다. 그분은 출입국관리소를 포함한 모든 게이트를 무사통과하더니 열려 있는 항공기 문 앞까지 나를 인도했다. 시간은 이미 출발 예정시각을 약간 넘기고 있었다. 그런 다음 그분은 나에게 가볍게 목례를 하면서 항공기 안으로 나를 인도한 후 다시 공항 방향으로 사라졌다. 아마도 그 여자 직원은 나를 태우긴 태워야 하는데 대기승객들이 항의하는 자리에서 나에게 "좌석이 있다."고 말한다면 그야말로 폭동이 일어날 것 같아 이를 방지하기 위해 은밀한 손짓으로 나를 불렀던 것 같았다. 비행기 안으로 들어서며 나는 꿈을 꾸는 것만 같았다. 나중에 비행기 안에서 아내에게 전해 들은 이야기지만, 내가 기어코 그 항공기에 탑 승하게 된 사건의 전말은 다음과 같았다.

객실 승무원 중 가장 높은 직급을 가진 사무장 역시 이번 비행에서 자신의 아내를 대동하고 로마에 왔다고 한다. 하지만 그분의 아내 역 시 10% 요금의 대기승객이었기 때문에 회사 규정을 무시하고 좌석을 배정받을 수는 없었다. 그런데 지금은 미국의 911 테러로 인해 사라진 제도가 되었지만, 당시 일반적으로 대부분의 항공사에는 아주 특별한 경우 이륙 시에만 점프 시트(jump seat)라고 불리는 조종석 뒤의 보 조 의자에 사람을 앉힐 수 있게 하는 규정이 있었다. 그 자리는 보통의 비행 시에는 늘 비워두도록 되어 있었고, 예비 조종사 훈련 때만 주로 사용했지만, 예외적인 경우 조종사가 허락하면 영어로 내려진 지시를 잘 이해하고 따를 수 있는 사람에 한하여 이착륙 시에만 사용할 수도 있는 규정이 있었던 것이다. 물론 이 자리에 앉는 사람은 이착륙 시가 아닌 비행 시에는 조종석 밖으로 나와 스튜어디스들이 사용하는 간이 좌석에 앉든지 해야만 했다.

그 비행편의 객실 사무장은 자신의 아내를 위해 나름대로 머리를 써서 조종사에게 특별히 부탁하여 자신의 아내가 그곳에 앉을 수 있 도록 미리 허락을 받아 두었던 것이다. 그런데 출발 직전 마지막으로 좌석을 점검하던 사무장은 뜻밖의 사실에 깜짝 놀라고 말았다. 공항의 항공사 본부로부터 완전 만석인 것으로 통보받았고, 자신도 당연히 만석으로 알고 있던 항공기에 일등석 좌석 하나가 비어 있는 것이었다. 이것은 참으로 불가사의한 일이었다. 그 사무장은 확인에 확인을 거듭한 결과, 알지 못하는 이유로 일등석 좌석 하나가 빈 채로 항공기가 곧 출발할 것이라는 사실을 최종 확인할 수 있었다. 그 사실을 확인한 그는 당연히 자신의 아내를 그곳에 앉혔다.

아내를 일등석 좌석에 앉히고 돌아서던 그의 머리에는 함께 비행하는 부하 직원의 남편 역시 탑승하지 못했다는 생각이 떠올랐다. 그래서 그는 재빨리 조종사에게 그 사실을 말하고, 자신의 아내 대신 나를 점프 시트에 앉힐 수 있도록 허락을 받은 후, 공항 카운터의 가장 높은 직급의 여자 직원에게 무전을 보냈던 것이다. 그 여자 직원은 내가 자신의 말을 무시하면서 계속해서 카운터에 항공권을 올려놓은 유일한 대기승객이었고, 또 나의 항공권과 여권을 유심히 살폈기 때문에 나의 얼굴을 분명하게 기억할 수 있었다. 하지만 그 넓은 공항 천지에서 어디론가 사라진 나를 그 직원이 어떻게 찾을 수 있었겠는가?

비행기는 불과 1~2분이 지나면 출발해야 하는데…… 그 직원이 무전을 통해 나를 찾는 것이 불가능하다는 답신을 막 보내려고 하던 바로 그 순간에 내가 마치 신기루처럼 그 사람의 눈앞에 불쑥 나타났던 것이다. 런던에서 출발하는 캐세이퍼시픽 항공편의 출발 공항을 알아보기 위해서 말이다. 그때는 이미 출발 시간을 거의 넘길 무렵이었기 때문에 그 직원은 나를 그렇게도 황급히 항공기 문 앞까지 인도했던 것이다.

이런 기막힌 사건의 연속과 타이밍을 거쳐 나는 항공기에 탑승했다. 그 비행은 내 평생 잊을 수 없는 것이 되었는데, 이런 기적적인 사건으로 인해서 잊을 수 없는 비행이 되기도 했지만, 거대한 점보제트기가 로마를 떠나 이륙하고, 백만 불짜리 야경을 자랑하는 홍콩의 화려한 빌딩 숲을 헤치며 아슬아슬하게 착륙하는 장관을 조종사 바로 뒷자리에 앉아서 지켜보는 행운까지 누렸기 때문이다. 이륙이 끝난 후 나는 객실로 나와 승무원들이 사용하는 간이 좌석에 앉았다. 홍콩으로 돌아오는 비행 내내 나는 신약의 마태복음 전체를 읽으며 믿음에 관해 많은 것을 다시 생각해 보았다.

그 시간 나는 참 믿음이란 진실로 눈앞에 펼쳐지는 모든 환경을 초월하여, 하나님의 전능하심을 믿는 것이라는 사실을 다시금 깨달았다. 모든 것이 절망적인 상황으로 흐를 때, 항공사 카운터의 불이 꺼졌을 때, "이래도 너 나를 믿겠니?" 하시는 하나님의 속삭이는 음성에, "예, 하나님!"이라고 조용히 고개를 끄덕일 수 있어야 한다는 말이다. 어쨌든 나는 로마~런던 간 왕복 항공요금이라는 커다란 수업료를 지불하고, 참 믿음이란 어떤 것인가를 조금은 배울 수 있었다. 비행 내내 나는 자녀의 기도에 신실하게 응답하시는 하나님을 찬양했다.

Behind Story

미가엘: 하나님, 이번에는 로마에서 긴급 기도가 올라왔습니다. 그러고 보니 이 사람은 유럽의 유명한 도시는 다 돌아다니네요.

하나님: 내가 보냈으니 돌아다니지, 스스로 갈 수 있었겠느냐?

미가엘: 이번에는 절체절명인 것 같습니다. 기도가 절박합니다.

하나님: 내 사전에 절체절명이라는 단어는 없느니라.

미가엘: 어쨌든 뭔가 극적인 조치를 취해야 합니다. 지난번과는 그 난감

한 상황이 차원이 다릅니다.

하나님: 나는 차원에 예속되지 않느니라. 어쨌든 네가 알아서 처리하도록 하라.

미가엘: (퇴장하면서 혼잣말로 중얼거린다.) 일등석 자리 하나를 비우는 것은 전에 그 전산 담당 천사에게 부탁하면 되겠고, 나머지는 로마 담당 지역 천사에게 일임하면 되겠구나.

모든 사건이 종료된 후

미가엘: 하나님, 일처리가 깔끔하게 되었습니다. 절묘한 타이밍에 저도 손에 땀을 쥐었습니다.

하나님: 천사도 땀을 흘리는가? 어쨌든 나에게는 찰나나 영원이나 다를 바 없으니 어려울 게 없다.

미가엘: 참, 한 가지 궁금한 점이 있습니다. 저는 그 사람이 느닷없이 로마~런던 간 왕복 항공권을 구입할 줄은 몰랐습니다. 그런데 결과를 놓고 보니 그랬기 때문에 절묘한 타이밍의 드라마가 완성될 수 있었네요. 하나님은 인간의 실수까지도 미리 염두에 두시고 드라마를 진행시키시는 것인가요?

하나님: 내 뜻을 벗어나 자기 마음대로 형과 아비를 속여 장자권을 얻으려 했던 야곱의 이야기를 통해서 이미 교훈을 얻지 못했느냐? 인간의 실수까지도 내 장중에서 벗어날 수 없느니라. 그러므로 내가 전능자라는 칭송을 듣는 것이 아니냐.

미가엘: 그렇군요. 그런데 가만히 생각해 보니 하나님께서 전에 이 사람이 홍콩의 백만 불 야경을 포기하고 돌아간 것을 지금 비행기 조종석에서 내려다보는 야경이라는 더 나은 상황으로 보상해 주는 것 아니신가요?

하나님: 허허허, 네가 내 마음을 눈치챘구나. 모세가 약속의 땅에 들어가
기를 그렇게 소원했지만 살아생전에는 그곳에 들어가지 못했던
것을 기억하느냐? 하지만 모세는 네 아들 예수와 함께 감람산에
섰을 때 그 소원을 성취하게 되었느니라. 나는 자녀 마음의 소원
을 성취하도록 돕는 것을 기뻐하는 하나님이니라.
미가엘: (미가엘이 하나님의 존전을 떠나며 혼잣말을 한다.) 하나님의 마음
이 저리도 자상하시니, 까짓것 로마~런던 간 항공료도 결손비로
처리하고 하늘나라 구좌에서 대신 메워 주도록 해야겠다.

사건후기 : 이상하게도 신용카드를 사용하여 환불이 불가능한 조건
으로 저렴하게 구입한 로마~런던 간 왕복 항공권에 대한 지불 청구
서는 끝끝내 날아오지 않았다.

내가 지금까지 겪은 이 모든 항공여행과 관련된 사건들은 나의 영
성에 관해서는 어떤 증거도 될 수 없음을 알고 있다. 오히려 자녀가 어
려움을 당해 드리는 기도에 기꺼이 응답하시는 하나님의 신실하심을
웅변할 따름이다. 독자 여러분도 기가 막힌 웅덩이에 빠졌다고 생각
될 때, 신실하신 하나님만을 바라보기를 권한다. 그분에게는 모든 문
이 열려 있다. 여호와 이레의 하나님을 찬양한다!

"너희가 악한 자라도 좋은 것으로 자식에게 줄 줄 알거든 하물며 하
늘에 계신 너희 아버지께서 구하는 자에게 좋은 것으로 주시지 않겠
느냐"_ 마 7:11

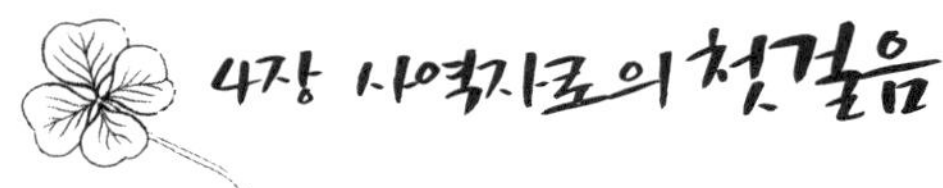

총신대학원 합격

"사람이 마땅히 우리를 그리스도의 일꾼이요 하나님의 비밀을 맡은 자로 여길지어다"_ 고전 4:1

그해 연말에 나는 총신대학원 시험을 치렀고 무난히 합격했다. 영어점수가 뛰어나서인지 M. Div. 과정으로 입학을 허락받았다. 우리는 정든 홍콩 생활을 뒤로 하고 서울에 새로운 보금자리를 얻었다. 신대원의 개학과 함께 나는 기숙사 생활을 시작했다. 한편 아내는 그렇게 사모하던 어린이전도협회 사역자로 헌신하여 어린이 사역을 시작했다. 홍콩 생활 내내 아내는 하루라도 빨리 승무원 생활을 끝내고 사역자의 삶을 살기를 소원했었다. 우리가 한국으로 떠나올 때 아내의 친구들은 이런 말들을 하며 홍콩에 더 머물 것을 권유했다.

"홍콩에서 6년 반을 살았는데, 7년만 채우면 홍콩 영주권을 신청할 수 있으니 6개월만 더 있다 가지 그래?"

"승무원으로 10년을 채우면 평생 10% 항공권으로 다닐 수 있는데 아깝지 않니? 몇 년만 더 비행해서 10년을 채우고 가지 그래?"

하지만 아내는 이런 말들이 귀에 들려와도 전혀 솔깃해 하지 않았다. 아내의 소망은 오직 한시라도 빨리 어린이 사역자가 되는 것이었다.

나 역시 한때 아내가 승무원 생활 10년을 채우고, 가족이 평생 10%의 항공권으로 다닐 수 있다면, 그게 앞으로의 사역에 있어서 경제적으로 커다란 도움이 되지 않을까 하는 생각도 해 본 적이 있다. 하지만 아시아태평양 지역의 각 나라를 다니며 강의를 하는 사역을 하다 보니, 그 생각이 크게 잘못된 것이라는 사실을 깨달았다. 만약 10% 항공권으로 다닐 수 있는 자격이 있다면, 돈이 아까워서 반드시 그것을 사용하려 들었을 테고, 그렇게 되면 필연적으로 언젠가는 강의를 여러 번 펑크낼 수밖에 없는 상황을 맞이했을 것이다. 차라리 그때그때 부요하신 하나님께 여행경비를 구해서 안전하게 다니는 것이 훨씬 나은 것이다.

아내가 어린이 사역자로 첫걸음을 뗀 직후 나도 어린이 사역자의 길을 걸었다. 주중에는 신대원의 기숙사에서 생활하며 학업에 전념했고, 학교 수업이 없는 월요일과 토요일에는 어린이전도협회에 출근을 했다. 게다가 주일에는 신촌소망교회의 주일학교 교육전도사로 사역을 했기 때문에 하루하루가 어떻게 흘러갔는지 알아차리지 못할 정도로 정신없이 한 주가 지나곤 했다. 지금 생각해 보면 어떻게 그 세 가지 일을 모두 감당했는지 신기하기조차 하다.

당시 신학을 하던 나는 하나님께서 주신 한 가지 꿈을 아직도 간직하고 있다. 그 꿈은 현실처럼 매우 생생했다. 꿈속에서 나는 예수님처럼 물 위를 걷고 있었다. 그리고 예수님이 산상수훈을 전하는 것처럼 물 위를 이러저리 걸어다니며 열정적으로 설교를 하고 있었다. 놀랍게도 말씀을 전하는 내 입에서 눈부신 광선 같은 것이 나가고 있었고, 물가에서 말씀을 듣다가 그 광선에 맞은 사람들은 그 자리에서 거꾸

러졌다. 언뜻 눈을 떠 보니 한밤중이었다. 나는 그 자리에서 하나님께 기도했다.

"하나님, 제 입에 능력의 말씀을 주세요. 주님을 위해 외치겠습니다. 제 설교를 듣는 모든 심령마다 주님 앞에 거꾸러지는 역사가 일어나게 하소서."

신대원 생활을 하면서 느낀 것 중 하나가, 일반 평신도들도 신학이라는 학문을 배울 수 있다면 여러 모로 신앙 성장에 도움이 될 것이라는 사실이었다. 물론 평신도가 신학을 한 후에 영적으로 교만해져서 담임목사의 설교에 흠이나 찾으려 든다면 차라리 신학을 하지 않는 편이 낫겠지만, 신학을 통해 우리가 믿는 기독교 신앙에 관한 다양한 지식을 얻고, 교회의 덕을 세우기 위해 이를 사용할 수 있다면 참 좋을 것이라는 생각이 많이 들었다. 그러나 그렇게 되기 위해서는, 안수를 받아 목사가 되려는 목적이 아니라 신앙성장을 위한 목적으로 신학을 해도 이를 이상하게 여기지 않는 분위기를 만들어 주어야 할 것이다.

첫아들을 주신 하나님

"젊은 자의 자식은 장사의 수중의 화살 같으니 이것이 그의 화살통에 가득한 자는 복되도다"_ 시 127:4~5

내가 신대원 2학년에 재학 중이던 1996년 하나님께서는 우리 가정에 커다란 선물을 주셨다. 하나님께서 우리 부부에게 첫 아이를 허락하신 것이다. 아내는 아이를 낳기 직전까지 어린이전도협회에서 근무를 했고, 특히 출산예정일을 불과 서너 주 앞두고 2주간의 합숙훈련인 IOT 강사훈련원에 등록을 했다. 주위에서 모두들 우려하였으나 하나님의 은혜로 별 탈 없이 IOT 과정을 끝낼 수 있었다.

출산이 임박하자 우리 부부는 아이의 이름을 무엇이라고 지을 것인지 고민했다. "하필 성이 라씨라서 적당한 이름이 없어요." 이름에 관해 함께 의견을 주고받던 아내가 푸념을 늘어놓았다. "주씨라면 주영광이나 주사랑, 주반석 등 좋은 이름이 많은데, 라씨 뒤에는 좋은 뜻의 이름을 갖다 붙여도 갑자기 어감이 이상해져요. 라영광이라면 내가 영광을 받는다는 뜻이 되고 말잖아요."

"타고난 성씨를 난들 어떻게 하겠어요? 그나저나 만약 우리가 미국에서 살았다면, 나와 결혼한 당신은 내 성을 따라서 라라라 전도사님이 되어 버렸겠어요." 내가 너스레를 떨었다.

"아무튼 난 포기했으니 당신이 좋은 이름을 하나 골라 보세요."

"그렇다면 '폴레' 로 지으면 어떻겠소?"

"그 이름에 무슨 의미가 있나요?" 아내는 내가 뭔가 그럴듯한 이름을 들고 나온 것으로 생각하고 눈을 반짝거렸다.

"별 의미는 없고, 라폴레로 이름을 지어 놓으면 나이 들어서는 '라폴레옹' 으로 격상될 것 아니오, 하하하."

"아니, 어쩌면 아이 이름을 가지고 농담을 해요?" 아내가 눈을 흘겼다. 결국 우리는 하나님께 구별된 삶을 살라는 의미에서 첫 아이의 이름을 '한별' 이라고 짓기로 했다.

당시 아내의 출산과 관련하여 나에게는 한 가지 고민이 있었다. 그것은 아내가 산달 막바지에 출산을 위해 처가에 머물러 있었는데, 나는 신대원 공부 때문에 주중에는 계속해서 기숙사 생활을 해야 했다는 것이다. 신대원을 마치는 금요일 오후에 차를 타고 대구로 내려가 주말을 함께 보내고 월요일 오후에 서울로 올라오는 생활을 두 주 정도 했다. 따라서 산술적으로는 아이를 낳을 때 남편인 내가 옆에 있어 줄 수 있는 확률은 50%에도 미치지 못했다. "아내가 아이를 낳을 때 남편이 옆에 있어 주지 못하면 이유 여하를 막론하고 평생 약점을 잡히는 것이다."라는 말을 주변에서 하는 것을 들어왔기에, 혹시라도 주중에 아이를 출산하게 되어 '약점이 잡히지나 않을까' 전전긍긍했던 것이다. 하지만 감사하게도 6월 둘째 주 토요일에 아내는 내가 병원에서 기도하는 가운데 건강한 사내아이를 출산했다.

첫아들과 관련하여 신기한 경험이 하나 있어 소개하고자 한다. 아내는 임신 중에 아이의 태교에도 신경을 써서, 좋은 음악을 많이 들었고 뱃속의 아이에게 좋은 책을 많이 읽어 주었다. 특히 아내는 복중의 아이에게 "아주 먼 옛날 하늘에서는 당신을 향한 계획 있었죠~"라고 시작되는 복음성가를 많이 불러 주었다. 그 복음성가를 부를 때면 아내는 태어날 아기에 대한 기대를 담아 기쁨과 감격의 눈물을 많이 흘리면서 부르곤 했다.

그러다가 막상 아들이 태어나자 이상하게도 아이에게 다른 복음성가들은 많이 불러 주었지만 그 복음성가는 한 번도 불러 줄 기회가 없었다고 한다. 그러다가 아들이 세 살 무렵, 아내는 아들을 재우기 위해 불 꺼진 방 침대에 아들과 함께 누워 있었다. "아주 먼 옛날 하늘에서는 한별이를 향한 계획 있었죠~" 아내는 무심결에 임신 중에 감동을 받아 많이 불렀던 그 노래를 불렀다.

그러자 갑자기 아이가 대성통곡을 하면서 울기 시작했다. 그런데 그 울음은 슬픔이나 아픔 등의 부정적인 감정 때문에 생겨난 울음이 아니었다. "한별아, 너 왜 우니?" 깜짝 놀란 아내가 물었다. "몰라요, 엄마. 그냥 가슴이 너무 너무 찡해요." 아들은 자신의 감정이 왜 그런

지 자신도 모르겠다는 투로 말했다. 이 사건을 경험하면서 아내는 태교의 중요성을 다시금 느꼈고, 특히 하나님의 말씀과 찬양으로 태교를 하는 것이 매우 중요함을 절감했다고 한다.

"보라 네 문안하는 소리가 내 귀에 들릴 때에 아이가 내 복중에서 기쁨으로 뛰놀았도다"_ 눅 1:44

농담 반 진담 반 기도

"네 마음의 소원이 무엇이든지 내가 너를 위하여 그것을 이루리라"

_ 삼상 20:4下

2000년 10월, 나는 어린이전도협회 자치국 모임에 참석하기 위해 당시 한국대표였던 강갑중 목사님을 수행하여 태어나서 가장 먼 곳으로 여행을 다녀왔다. 그곳은 한국에서 지구의 거의 반대편에 있는 브라질의 상파울로였다. 한국이 한여름 낮 12시라면 그곳은 한겨울 밤 12시일 정도로 브라질은 한국과는 완전히 정반대의 계절과 시간대를 가지고 있는 나라이다. 지금은 없어졌지만 당시만 하더라도 대한항공에서는 미국의 LA를 거쳐 브라질의 상파울로로 가는 직항편을 운행하고 있었다.

그날 우리가 이용한 항공편인 서울~LA 구간과 LA~상파울로 구간은 모두 만석이었다. 만석인 항공기의 좁은 이코노미 좌석에서 만 24시간 이상을 버티며 상파울로로 날아간 경험은 지금도 지긋지긋하게 지루한 여행의 기억으로 남아 있다. 10시간 이상 소요되는 두 번의 장거리 비행을 연속해서 할 경우, 두 번째 비행의 고통은 첫 번째 비행의 고통의 서너 배나 된다는 것을 온몸으로 터득했다. 나는 이 비행 경험 후, 장거리 비행을 연속으로 해야 할 경우 가급적 하루를 쉬고 떠날 수 있도록 스케줄을 조정한다.

어쨌거나 그나마 다행이었던 것은, 나는 체구가 작아서 같은 이코노미 좌석도 다소 넓게(?) 사용할 수 있었다는 점이다. 옆에서 보니 덩치가 큰 서양 사람들은 정말로 힘들어하는 것을 역력히 느낄 수 있었다. 비행기를 탈 때마다 느끼는 것이지만 이런 경우 체구가 작은 것이 여간 유리한 것이 아니다.

LA 공항 대기시간까지 포함해서 만 30시간 이상을 비행하여 우리 일행은 브라질의 상파울로에 도착했다. 브라질 말이라고는 "따봉" 하나밖에 모르는 우리는, 브라질이 과거 포르투갈의 식민지였기 때문에 브라질의 공식 언어는 '포르투갈어'라는 사실도 모르고 있었다. 상파울로 공항에서 우리가 가져간 미국 달러를 브라질 화폐인 '헤알'로 바꾸었다. 어떤 분들은 브라질 화폐는 '레알'이라고 말씀하시는데, 같은 의미이지만 발음이 다르다. 브라질에서는 'R'이 우리말의 탁한 'ㅎ'으로 발음된다. 그래서 영문으로 적힌 내 이름도 그곳에서는 'Mr. 라(Ra)'가 아니라 'Mr. 하'로 발음되는 바람에 졸지에 성이 바뀌고 말았다!

브라질의 공항에서 알게 된 사실이지만, 브라질 공항의 공항이용료(공항세)는 그야말로 경악할 수준이었다. 미화 34달러인가 해서 당시 환율로는 우리 돈으로 거의 5만 원에 가까웠던 것이다. 두 사람이면 10만 원에 육박하는, 우리에게는 상당한 거금이었다. 그래서 내가 농담 삼아 옆에 계신 강갑중 목사님께 말씀드렸다. "목사님, 우리는 하나님의 일을 하러 이곳에 왔는데, 공항세를 면제받을 수 없나요?"

그러자 강 목사님께서 나의 어깨를 툭 치며 말씀하셨다. "세상에, 공항세를 면제받는 경우가 어디 있나? 대통령 아들도 공항세를 내고 다니네."

나는 고개를 끄덕이면서도, 출국할 때 공항세를 면제해 달라고 하나님께 농담 비슷한 기도를 드렸다.

공항으로 마중 나온 브라질 어린이전도협회 직원의 안내로 우리는 모임이 열리는 장소를 향해 출발했다. 그곳은 상파울로 근교의 산 중턱에 있는 브라질 어린이전도협회 소유의 캠프장이었고, 우리는 귀국하기 바로 전날 오전까지 그곳에서 머물렀다. 그리고 그날 오후에 잠깐 상파울로 시내 관광을 한 다음, 브라질 어린이전도협회 상파울로 지회의 대표 집에서 하룻밤을 유숙하고, 그 다음날 저녁 비행기로 LA를 거쳐 한국으로 돌아올 예정이었다.

귀국예정일 아침에 나는 혹시나 해서 상파울로에 있는 대한항공 사무실에 예약 확인 전화를 해 보았다. 그런데 이게 웬 일인가? 대한항공에서 창사 이래 처음으로 파업이 발생하여, 우리가 타야 할 비행기가 LA까지는 왔지만 파업으로 인해 LA에서 상파울로로 출발하지 못했다는 것이었다. 다시 말해, 우리가 탑승해야 할 비행기가 상파울로로 오지 않고 그냥 LA에 있다는 말이었다. 이런 경우는 항공기가 오지 않았기 때문에 예약이고 뭐고 아무런 소용이 없고, 어떻게든 다른 항공사를 연결하여 다른 항공편으로 돌아가야 한다는 것이었다. 우리는 눈앞이 깜깜해졌다.

다행히도 대한항공 직원이 발 빠르게 움직여 주어 우리는 미국의 마이애미를 거쳐 LA로 가는 미국의 유나이티드 항공편을 배정받았다. 운항 시간이 훨씬 늘어났지만 어쩔 도리가 없었다. 우리가 원래 예정했던 시간과 거의 비슷하게 LA로 가는 브라질의 바리그(Varig)항공편이 있었으나 이미 예약이 초과되어 있었기 때문에 모험을 할 수가 없어서 유나이티드 항공편으로 배정받을 수밖에 없었다. (하지만 만약 바리그 항공편에 탑승할 수만 있다면, LA에 도착하여 몇 시간을 기다리면 한국행 대한항공편을 이용할 수는 있었다.)

우리는 유나이티드 항공사 카운터에 가서 탑승을 위한 모든 수속을 마쳤다. 그런데 우리의 짐을 부치기 직전에 한 가지 문제가 발생했다. 당시 나는 미국 비자를 소지하지 않고 있었던 관계로, 유나이티드 항공사는 내가 미국에 불법체류를 하지 않고 미국을 거쳐 한국으로 반드시 돌아간다는 것을 보장하기 위해 대한항공 측에 서면으로 된 연결 항공편 예약 확인서를 요구했다. 그렇게 하는 것이 정확한 미국연방항공국(FA) 규정이라는 것이었다. 당시 대한항공측은 파업으로 인해 워낙 경황이 없었고, 또 관행으로 그냥 넘어가는 수가 많았던 관계로 미처 그 확인서를 준비하지 못했던 것이다. 그래서 황망하게도 우리는 탑승 직전에 유나이티드 항공으로부터 탑승불가 통보를 받았다.

이제는 정말로 발등에 불이 떨어졌다. 그때가 밤 11시 30분경이었는데, 이제 우리의 유일한 희망은 밤 12시에 LA로 떠나는 브라질의 바리그 항공편뿐이었다. 그 항공편마저 놓치면 그날은 더 이상의 항공편이 없어서 공항에서 발길을 돌릴 수밖에 없는 상황이었다. 비록 예약이 초과되어 있긴 했지만 지푸라기라도 잡는 심정으로 우리는 무작정 바리그 항공사 카운터로 갔다.

"혹시 대기승객이 탑승할 빈 좌석이 있습니까?" 대한항공의 여직원이 물었다. 하지만 바리그 항공의 직원은 가타부타 대답을 회피하면서 무작정 기다리라는 말만 되풀이했다. 답답해진 대한항공 직원은 다른 경로를 통해 좌석 상황을 알아보고 우리에게 귓속말을 했다.

"제가 알아본 결과 지금 이 항공편에는 분명히 세 자리 정도가 비어 있습니다."

"그렇다면 왜 우리를 탑승시키지 않는 것일까요?" 내가 대한항공 여직원에게 물었다.

"모르겠어요. 지금 출발 예정시간 10분 전이고, 대기하는 승객도 두 분과 저쪽에 한 분 외에는 없는데."

"일단 끝까지 기다려 보도록 해요."

"파업과 같은 비상사태가 일어나면 비록 경쟁 항공사라 하더라도 적극적으로 도와주는 것이 업계의 관행인데……"

그 여직원은 이상하다는 듯 연신 고개를 갸웃거렸다. 그러다가 출발 예정시간 3분 전에 바리그 항공의 남자 직원이 느닷없이 우리에게 말했다.

"죄송합니다, 항공기가 이미 이륙했습니다. 돌아가 주십시오."

세상에 이런 헛소리가 어디 있는가? 정시가 되기 전에 출발하는 항공기는 듣도 보도 못한 일이었다. 그 직원은 눈에 빤히 보이는 거짓말을 하고 있었던 것이다. 우리와 함께 있던 대한항공의 여직원 역시 그 직원의 뻔뻔스러움에 참았던 분노가 폭발하고 말았다. 그 여직원은 유니폼의 소매를 걷어붙이더니 항공사 카운터를 뛰어넘어 대판 싸울 것 같은 기세로 그 뻔뻔스러운 직원에게 다가갔다. 그러자 갑자기 놀라운 일이 벌어졌다. '대한의 딸'의 기개어 놀랐는지 그 직원은 순식간에 태도를 싹 바꾸면서 꼬리를 내렸다. 다지막 남은 세 자리가 있으니 대기하는 승객 모두에게 탑승을 허락하겠다는 것이 아닌가!

그런데 문제는 그때가 항공기 출발 시간을 불과 2분 남겨 놓은 시점이었다는 것이다. 게다가 강 목사님은 몸이 불편하셔서 목발을 사용하는 분이셨다. 이제 공은 반대편 코트로 넘어갔고, 다급해진 것은 바리그 항공사였다. 태워 주겠다고 이미 허락을 했기 때문에 그들은 최대한 빠른 시간 내에 우리를 항공기에 탑승시켜야 했다. 그들은 재빨리 어디선가 휠체어를 준비해 왔고, 강 목사님을 태워 밀면서 달려가기 시작했다. 나와 또 한 사람의 대기승객 역시 덩달아 숨이 턱에 차도록 헉헉거리며 달려갔다. 우리는 그 넓은 공항을 가로질러 달려갔고, 출입국관리소에서도 여권을 흔들어 보이면서 단숨에 무사통과했다. 마침내 우리 일행이 비행기에 오르자마자 문이 닫혔고 곧바로 이륙했다.

비행기가 이륙을 했지만 나는 아직도 제대로 숨을 쉬기가 힘들었다. 그때 문득 나의 머리를 스치는 생각이 있어서 강 목사님께 여쭤보았다. "목사님, 이 사람들 왜 공항세를 받지 않았죠?" 강 목사님은 조심스럽게 말씀하셨다. "기다려 봐, 아마 누가 받으러 올 거야." 그러나 비행기가 LA 공항에 도착할 때까지 그 누구도 우리에게 공항세를 받으러 오지 않았다. 바리그 항공사 직원들 역시 상황이 너무 급박하게 돌아가던 탓인지 공항세 징수를 잊어버린 것이었다! 좌석이 나기를 기다리면서 나는 몇 번씩이나 공항세를 미리 주겠다고 바리그 항공사 직원에게 말했지만, 애초부터 우리를 태워 줄 마음이 없었던 항공사 직원은 계속해서 거절로 일관했었다. 그러다가 갑자기 상황이 바뀌니, 자기도 모르게 공항세 징수를 잊어버렸던 것이다. 그러므로 우리는 이 일에 대하여 깨끗한 양심을 가지고 있다.

이렇게 해서 우리는 공항세를 면제받으며 브라질의 상파울로를 다녀왔다. 은혜로우신 나의 하나님은 농담 반 진담 반으로 드린 자녀의 기도마저 잊지 않으시고, 대한항공 창사 이래 발생한 첫 파업과, 동업자 정신을 잊어버린 몰상식한 항공사 직원을 통해 우리의 공항세를 가뿐히 면제해 주시는 멋진 드라마를 연출하셨던 것이다!

Behind Story

미가엘: 하나님, 브라질에서 올라온 이번 기도는 기도인지 아닌지 헷갈립니다.

하나님: 그것은 농담 반 진담 반 기도라고 하는 것이니라. 나에게 정식으로 기도로 요청하기가 다소 쑥스러운 사안에 대하여 내 자녀들이 드리는 기도인데, 나는 이것 역시 기도로 취급하느니라. 언제나 진지한 너희 천사들은 이해하기 힘든 개념일 것이니라.

미가엘: 그렇다면 공항세를 면제받게 해 주어야 하겠네요? 하나님, 무슨 복안이 있으신가요?

하나님: 공항세를 면제받게 하기 위해 가장 중요한 작업은 대한항공이 파업을 하는 것인데, 이를 위해 내가 이 기도가 상달되기 하루 전에 벌써 손을 써 놓았느니라.

미가엘: 예? 하나님은 기도가 하늘나라에 올라오기도 전에 그 내용을 미리 다 알고 계시고, 또 필요하다면 미리 응답하시나요?

하나님: 그러니까 내가 전능자라 하지 않았느냐 나는 시공을 초월하는 하나님이니라.

미가엘: 그 밖에 또 필요하신 부분은 없습니까?

하나님: 개성 넘치는 세 사람의 배우가 필요하니라. 브라질 주재 대한항공에서는 성격이 가장 불 같은 직원을 동원하고, 유나이티드 항공에서는 성격이 가장 까다로운 직원을 동원하고, 바리그 항공에

서는 성격이 가장 못된 직원을 동원하도록 하라.

미가엘: 아하, 대충 밑그림이 그려집니다. 하지만 바리그 항공의 직원이
아무리 성격이 못된 사람이라도 파업 중인 경쟁 항공사의 대기
승객을 고의적으로 거절하지는 않을 것입니다. 이것은 항공업계
의 관례상 있을 수 없는 일입니다.

하나님: 그 부분이 가장 힘들 것이라는 사실을 아노라. 너라면 어떻게 하
겠느냐?

미가엘: 글쎄요, 대한항공의 여직원은 파업으로 인해 이미 신경이 날카로
워져 있을 것이고, 게다가 자기가 책임진 승객이 탑승을 거절당
하면 호텔비를 물어 주어야 할 상황이니 별도로 천사를 동원할
필요는 없을 것 같습니다. 그렇다면 결국 문제는 바리그 항공의
직원인데…… 아하, 이렇게 하면 되겠습니다. 그 사람을 위해 특
별히 과거 애굽 왕 바로의 마음을 강퍅케 했던 그 천사를 불러오
도록 하겠습니다.

하나님: 그렇게 하도록 하라. 오늘 밤 멋진 작품이 기대되는구나.

탑승이 이루어지고 공항세를 면제받게 된 후

미가엘: 말씀하신 대로 잘 마무리 지었습니다. 그런데 하나님, 한 가지
궁금한 점이 있습니다.

하나님: 무엇이냐?

미가엘: 저들과 함께 있던 나머지 한 사람의 대기승객은 공항세를 면제
해 달라고 농담으로도 기도하지 않았습니다. 왜 굳이 그 사람까
지 공항세를 면제해 주셨나요?

하나님: 그것을 이해하려면 너는 한국으로 가서 군대를 다녀와야겠다. 군
대는 줄을 잘 서야 한다는 한국 속담이 있느니라. 그리스도인들

과 함께 줄을 선 사람들은 그들과 더불어 복을 받게 되어 있느니라. 아브라함이 왜 열국에 대하여 복의 근원이 되었겠느냐? 또한 요셉으로 인해 주변 사람들이 복을 받은 것을 기억해 보라.

미가엘: (무릎을 탁 치면서) 아하, 그런 원리가 있었네요.

마음의 고향, 홍콩을 다녀오고 싶어요

"내 이름으로 무엇이든지 내게 구하면 내가 행하리라"_요 14:14

2000년 새해 벽두에 우리 가족은 함께 모여 가정예배를 드리며 새해를 맞아 우리에게 주신 하나님의 말씀을 나누었다. 그런 다음 한 사람씩 돌아가면서 그 해에 이루어지기를 소망하는 개인적인 기도제목을 하나씩 나누었다. 아내는 이런 기도제목을 내어 놓았다.

"저는 올해 홍콩을 다녀오고 싶어요."

나는 아내가 왜 그런 기도제목을 냈는지 짐작할 수 있었다. 홍콩에서의 생활을 정리하고 한국으로 와서 사역을 시작한 이래 만 5년간 변변한 휴가 한 번 없이 사역하다 보니, 아내는 문득 젊은 시절 열정을 쏟아 생활하던 홍콩을 다시금 방문하고 싶은 마음이 들었던 것이다. 사실 아내에게 있어서 홍콩은 제2의 고향이나 다름없었다. 그 기도 제목을 내놓은 후 아내는 이렇게 덧붙였다.

"홍콩에 가서 그리운 사람들도 마음껏 만나고, 얌차(차와 함께 중국식 딤섬을 먹는 식사)도 실컷 먹고, 쇼핑도 좀 하고 싶어요."

나는 속으로 쓴웃음을 지으며 생각했다. '우리 형편에 언감생심 그게 가능하겠는가?'

지금은 조금 나아졌지만 그 당시 우리 가정의 경제적인 형편은 '생활'이 아니라 '생존' 수준이었다. 어린이전도협회 근무를 통해서는 나라에서 정한 법정 최저임금에 훨씬 못 미치는 사례비를 받았고, 교회 사역에서의 사례비 역시 어린이전도협회의 공동관리 구좌로 들어가서 일정 비율만 배분받을 수 있었기 때문이었다. 아울러 외부 강의를 나가서 강사료를 받아도 이 역시 교통비만 실비로 제하고 나머지는 공동구좌로 들어갔다. 따라서 아내와 내가 함께 근무하면서 받은 두 사람 몫의 사례비를 합쳐도 일반 근로자 한 사람의 사례비에도 미치지 못했다. 물론 이런 말을 하는 것이 이와 같은 급여제도에 대하여 불만스러웠다는 뜻은 아니다. 그렇게 사역하면서도 전혀 힘든 줄 몰랐으니까 말이다. 하지만 힘든 줄 몰랐다는 것과 가족의 홍콩 여행비 마련은 전혀 별개의 일이었다.

그 해의 상반기가 지나자 가족 모두가 새해에 소망하며 드렸던 기도 제목을 까맣게 잊어버렸던 것 같다. 우리 가족은 예년이나 다름없이 사역에 몰두하며 지내고 있었다. 그러던 중 9월경에 국제전화가 한 통 걸려왔다. 아내가 전화를 받았다.

전화를 건 분은 아내가 승무원 시절 언니라고 부르며 아주 가까이 지내던 분이었다. 그분 역시 고참 승무원이었고 아내를 동생처럼 아끼며 많이 돌봐 주던 분이었다고 한다.

"나 이번에 결혼하게 되었어."

"정말요? 축하해요 언니. 신랑 되실 분은 누구에요?"

"호주 사람이야. 그래서 호주 퍼스에서 결혼하게 되었어. 네가 꼭 결혼식에 참석해서 신부 들러리를 서 주었으면 좋겠다."

"언니, 말씀은 고맙지만 힘들겠어요. 사역자로 살다 보니 해외여행을 할 만한 경비를 모아 두지 못했어요. 정말 죄송해요."

아내는 풀이 죽은 목소리로 사과를 하고는 이런 저런 대화를 좀 더 하더니 전화를 끊었다.

통화를 끝낸 아내를 통해 들어 보니, 그 자매님의 신랑 되시는 그렉(Greg)이라는 분은 대단한 로맨티스트였다. 그렉은 원래 시드니 출신에다 직장도 시드니에 있고 부모님도 시드니에 사시는데, 어느 날 직장 일로 호주 서부의 중심지인 퍼스(Perth)란 도시로 출장을 가게 되었다고 한다. 퍼스 지역의 환상적인 자연 경관에 매료된 그는 자신의 결혼식을 꼭 퍼스 인근에서 올리겠다고 결심하게 되었다. 그래서 그 자매님의 결혼식은 퍼스 인근의 마가렛 리버(Margaret River)란 소도시에서 열리게 된 것이었다. 이렇다보니 양가의 일가친척은 한국에서, 또 시드니에서 모두 비행기를 타고 퍼스로 집결해야만 하는 상황이 벌어진 것이다. 여기까지 설명한 아내는 못내 아쉬운 듯 입맛을 다셨다. "꼭 결혼식에 참석해서 축하해 주고 싶은 분인데……"

그런데 며칠 후에 그 자매님으로부터 전화가 다시 걸려왔다.

"라라야, 남편이랑 상의해 보았는데…… 남편이 너네 가족들 모두를 결혼식에 초청하고 싶다 하네. 그러니 내가 가족들 항공요금을 부쳐 줄 테니 몸만 와."

아내는 얼떨결에 그러겠다고 대답하고 전화를 끊고 나서도 뜻밖의 제안에 어리둥절한 표정이었다.

"사무실에서 허락할까요?" 아내가 염려스럽게 말했다.

"왜 안 되겠어요? 그동안 장기 휴가를 한 번도 사용하지 않았으니 별 문제 없을 거예요." 내가 말했다.

과연 생각대로 어린이전도협회에서는 우리 부부의 휴가를 흔쾌히 허락해 주었다. 항공편을 예약하기 위해 나는 즉시 여행사에 연락했다.

"호주 퍼스로 가기 원합니다. 어른 두 명에 미취학 아동 한 명입니다. 가장 저렴한 항공편이 어떻게 되나요?"

비록 그 자매님이 항공요금을 전액 지불해 주기로 약속하셨지만, 나는 가급적 가장 싼 항공편을 이용하여 최대한 비용을 아끼기 원했다.

"대한항공은 퍼스 직항이 없고요, 캐세이퍼시픽 항공으로 홍콩을 경유하여 퍼스로 들어가는 것이 가장 저렴합니다."

아무 생각 없이 항공사 직원의 말을 듣고 있던 내 귀에 '홍콩'이라는 단어가 스쳐 지나가자 나는 자신도 모르게 질문을 던졌다.

"그러면 홍콩에 며칠 머물 수도 있나요?"

"물론이에요, 그 항공사가 홍콩에 베이스를 두고 있어요."

"그럼 그 항공사로 예약을 부탁합니다."

전화를 끊은 후 내 마음에는 연초에 아내가 내놓은 기도제목이 번개처럼 스쳐 지나갔다. '아, 하나님은 그 기도제목을 이렇게 응답하시는구나.' 아내에게 호주뿐 아니라 홍콩도 들를 수 있다고 말해 주니 아내는 어린아이처럼 기뻐하며 팔짝팔짝 뛰었다.

우리 가족의 홍콩 나들이는 꿈만 같았다. 아내는 많은 사람들을 만나서 대화하며 옛 정을 나누었고, 그렇게 먹고 싶어 하던 얌차도 실컷 먹었다. 내 기억에는 아마도 홍콩에 도착해서 이틀 후 호주로 떠날 때까지 계속해서 얌차만 먹었던 것 같다.

이제 호주에서의 결혼식을 하루 앞둔 날 밤, 우리 가족은 밤 11시에 홍콩의 국제공항에 도착했다. 원래 우리가 타야 할 퍼스행 비행편의 출발 예정시간은 자정인 밤 12시였는데 밤 11시가 거의 다 되어서야 공항에 도착하여 다소 빠듯한 느낌이 있었다. 그처럼 시간을 빡빡하게 해서 다소 무리를 한 것은, 아내가 조금이라도 더 홍콩 체류 시간을 늘리기 원해서 홍콩에서 최대한 시간을 보내고 가까스로 국제선 비행기를 탈 수 있는 마지노선인 1시간 전에 공항에 도착한 것이다. 우리가 그렇게 한 데는 캐세이퍼시픽 항공이 홍콩에 본부를 둔 항공사라서 모든 수속을 재빨리 처리해 줄 수 있다는 경험적인 노하우도 작용했다. 항공사 카운터에 도착한 나는 항공권과 가족의 여권을 내밀었다. 우리 가족의 여권을 이리저리 살펴보던 항공사 직원이 물었다.

"그런데 호주 비자는 받으셨나요?" 이게 무슨 청천 벽력 같은 소리인가!

"아…… 아니…… 호주도 비자를 받아야 하나요?" 나는 극도의 당황스러움에 말을 더듬으며 물었다.

"그럼요, 미국 시민이 호주를 방문하더라도 비자를 받아야 합니다."

그 순간 호주 비자를 받아야 한다는 사실을 나에게 알려주지 않은 한국의 여행사가 몹시 원망스러웠으나, 이미 엎질러진 물이었다. 온 가족을 이끌고 해외여행을 나선 가장이 비자발급과 같은 가장 기초적인 사항을 등한시했으니, 나는 가장으로서 자격이 없다는 회한이 온몸으로 밀려들었다. 게다가 다른 일반적인 여행 같았으면, 이런 경우 홍콩에서 하루 더 머물며 그 다음날 호주 대사관에 가서 급하게 비자를 받아 그날 밤 비행기를 다시 타면 그만이지만, 이번처럼 결혼식 들러리로 초청받아 그 다음날 있을 결혼식에 참석해야만 하는 경우는 지금 이 비행기를 타지 못하면 모든 것이 물거품이 되고, 우리 가족을 초청한 그 자매님에게는 심한 결례를 하게 되는 셈이었다.

"어떻게 방법이 없겠습니까?" 무너지는 마음을 추스르며 내가 물었다.

"단순한 호주 관광비자는 공항 카운터에서도 전산을 통해 신청하여 발급받을 수 있습니다. 다만 지금은 야심한 시각이고, 게다가 호주 관광비자 발급까지는 통상 1시간 이상 걸립니다.”

절망감이 엄습했다. 항공사 직원과 대화하던 그 시간은 이미 밤 11시 10분을 넘기고 있었기 때문이다. “그럼 시간상으로 불가능하네요!” 속으로 터져 나오는 절규를 참고 내가 말했다. 그러자 그 직원은 공항 로비에 있는 항공기 출발시간을 안내하는 게시판을 가리켰다. 나는 눈으로 우리가 탈 항공편의 번호를 확인했다. 그런데 이게 웬 일인가. 우리가 타야 할 그 항공편의 맨 우측 전광판에 붉은 색 글씨로 “Delayed”란 글씨가 찍혀 있는 것이 아니겠는가! 놀랍게도 그 항공편은 새벽 1시로 연착이 되어 있었다.

초조하게 발을 동동 구르면서 기다리던 우리 가족에게 호주 관광비자와 함께 여권과 탑승권이 건네진 것은 새벽 12시 10분경이었다.

“운이 참 좋으시네요.” 항공사 직원이 여권과 탑승권을 건네주면서 미소 지으며 말했다. 위기상황을 가까스로 벗어난 나는 한숨을 내쉬며 “늘 좋은 편이죠.”라고 대답했다.

“그런데, 여보, 이게 무엇인가요?” 서둘러 출국장을 향해 가면서 탑승권을 확인하던 내가 아내에게 물었다. 탑승권 외에도 이상한 쿠폰이 세 개나 있었기 때문이었다.

“이것은 푸드 바우처(food voucher)란 것인데, 항공사의 사정으로 비행기가 연착하면 승객들에게 미안하다는 표시로 항공사에서 제공하는 것이에요. 공항 내의 식당이나 카페에서 식사나 간식 종류를 여기에 찍힌 금액만큼 구입할 수 있어요.”

아내는 승무원 출신답게 자세히 설명해 주었다. 우리가 연착해 줘서 고맙다고 항공사에 돈을 지불해도 시원찮을 판에 항공사로부터 공짜 식사 쿠폰까지 얻었으니 야릇한 느낌이 들었다. 우리는 출국장을 통과한 후 그 쿠폰을 사용하여 몇 가지 음료수와 아이에게 줄 간식을 구입했다. 이런 우여곡절을 겪으며 무사히 퍼스에 도착한 우리 가족은 결혼식에 참석하여 새롭게 가정을 이룬 자매님 부부를 마음껏 축하해 주었고, 몇 년 만에 처음으로 온 가족이 함께하는 즐거운 휴식의 시간을 누렸다. 그것은 참으로 꿀맛같이 달콤한 휴가였다.

Behind Story

미가엘: 하나님, 큰일 났습니다. 연초에 들어온 기도 중 하나님께서 최근에 응답하신 사안이 하나 있죠? 홍콩을 다녀오게 해 달랬는데 하나님께서 보너스로 호주까지 보내 주신 그 기도 말입니다.

하나님: 그게 어쨌는데 왜 이렇게 호들갑을 떠느냐?

미가엘: 글쎄 그 가장이 또 멍청한 실수를 저질렀습니다. 호주 비자를 발급받지도 않고 온 가족을 이끌고 퍼스행 항공기 출발 1시간 전에 홍콩 공항에 나타났습니다.

하나님: 사람이란 천사와 달리 실수할 수도 있으니 네가 이해하라. 그리고 이 일은 네가 해결하도록 하라. 내가 이 기도에 응답하고자 수년 전에 그렉이 퍼스에서 결혼식을 올릴 것을 마음속으로 작정하게 했으니, 그 가족이 결혼식에 참석하지 못하게 되면 그런 사전공작이 아깝지 않겠느냐?

미가엘: 알겠습니다, 하나님. 아무도 모르는 원인을 발생시켜 항공기를 1시간 정도 살짝 연착시키면 될 것 갈습니다.

하나님: 그렇게 하도록 하라. 그리고 참, 내가 너를 칭찬할 일이 있노라.

미가엘: 예, 무엇 때문에요?

하나님: 네 일처리 방식 덕분에 그 가족이 장거리 비행에 앞서 음료수와

간식을 무료로 제공받게 되었구나.

미가엘: (멋쩍은 듯 웃으며) 하나님은 공중을 나는 참새 한 마리도 입히고 먹이시는 분이니 그 자녀들에게는 오죽하시겠습니까? 제가 하나님의 마음을 좀 알지요. (하나님의 칭찬에 기분이 들뜬 미가엘이 서둘러 하나님의 존전을 떠난다.)

사건후기 : 나는 그날 비행기 안에서 몇몇 승무원들에게 연착 이유를 물어보았으나, 그 누구도 뚜렷한 이유를 말해 주지 못했다. 참고로 나는 지금까지 50회 이상 캐세이퍼시픽 항공을 이용했지만 연착을 경험한 것은 그때 그 밤이 유일한 경우였다.

둘째 아들을 주신 하나님

2001년 늦가을이었다. 그동안 우리 부부는 첫 아이를 키우며 사역에 몰두하느라 미처 둘째를 가지겠다는 생각을 하지 못했다. 그래서 첫아들인 한별이는 어느덧 6살이 되었지만 여전히 독자로 자라고 있었다. 주위에서는 자녀에게 형제가 있는 것이 좋다며, 둘째를 낳을 요량이라면 가급적 빨리 낳는 것이 좋다는 말들을 많이 하였다. 하지만 우리 부부는 선뜻 결정하지 못하고 세월만 보내고 있었다.

그러던 중 우리 부부는 자녀를 하나 더 낳을 것인가를 하나님께 맡겨 드리기로 결정했다. 우리 부부는 하나님께 "하나님 아버지, 만약 저희 부부에게 자녀를 하나 더 주기 원하신다면 올해가 가기 전에 소식이 있게 하소서." 하고 기도를 드렸다. 우리는 이렇게 기도한 후 만약 올해 안에 소식이 있으면 하나님이 자녀를 허락해 주신 것으로 알고 감사함으로 받을 것이며, 올해 안에 소식이 없을 경우에는 하나님이 허락하지 않는 것으로 알고 앞으로도 자녀를 낳지 않겠다고 결심했다.

이렇게 하나님께 기도를 드린 지 한 달 남짓 지난 11월 말 아내가 상기된 얼굴로 나에게 와서 말했다.

"여보, 하나님께서 무척이나 급하셨나 봐요."

"무슨 말이에요?"

"저 임신한 것 같아요."

우리가 자녀를 놓고 기도하자마자 하나님께서 바로 응답해 주신 것으로 보아 하나님이 우리 가정에 보낼 귀한 보석을 미리부터 준비해 두셨던 것이라는 확신이 들었다.

둘째 아들은 2002년 봄에 우리 가정이 홍콩 선교사로 파송된 후 홍콩 현지의 한 병원에서 태어났다. 홍콩의 산부인과에서는 태어날 아기가 남아라는 사실을 우리에게 알려 주었기 때문에 우리는 출산 전에 아들의 이름을 지어 놓기로 했다.

"둘째의 이름은 무엇이라고 할까요?" 내가 물었다.

"찬양과 관련된 것으로 하면 좋겠어요." 아내가 답했다.

"그러면 찬송이나 찬양이?"

"기왕이면 큰 아들인 한별이와 돌림자를 쓰면 좋겠어요."

"그러면 찬별이가 적당하겠네요. '찬양하도록 구별된 자' 라는 뜻이 되겠구려."

"그 이름이 좋겠어요."

이렇게 해서 우리는 하나님이 주신 둘째 아들을 얻게 되었다.

2부» 선교사로 부르신 하나님

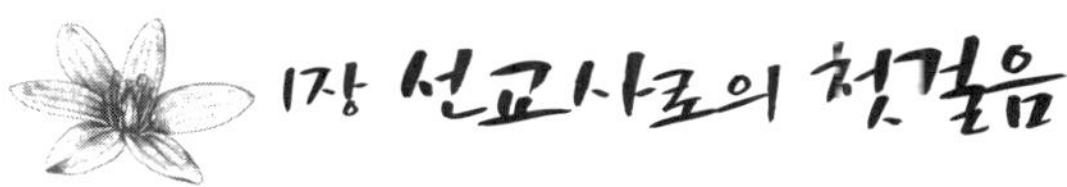

국내에서의 사역

총신대학원 졸업과 함께 나는 본격적으로 어린이전도협회 사역에 뛰어들었다. 1년 내내 이어지는 교사강습회와 3일클럽 훈련, 어린이 새소식 캠프, 외부 강의 등으로 눈코 뜰 새 없이 바쁜 시간들이었다. 또한 동시에 교회에서는 주일학교를 담당하고 있었기 때문에 주말 역시 쉴 틈이 없었다. 하지만 그 당시는 워낙 바쁘게 살았기 때문에 힘든 줄도 모르고 지나갔던 것 같다.

어린이전도협회 파송 선교사들은 이처럼 국내에서 워낙 많은 사역을 감당하기 때문에 선교사로 나간 후 언어연수를 하는 처음 몇 해 동안은 제대로(?) 사역을 하지 못해 몸이 근질거리곤 한다. 아울러 해외 사역 역시 국내 사역의 연장이었기 때문에 별도로 사역에 대한 훈련을 받지 않아도 되었다. 쉽게 말해 어린이전도협회 선교사는 국내 사역에 열심이던 사역자가 사역 장소만 해외로 옮기는 셈이었다.

나 역시 최선을 다해 국내 사역을 감당했고 거리와 가정에서 수많은 어린이들에게 복음을 전했다. 어린이들에게 복음을 전하면 통계적으로 절반 이상이 자신이 죄인인 것을 인정하고 예수님을 영접한다. 하지만 어른의 경우는 이미 죄악된 세상에 물들어 있고 자신만의 가치관이 굳어 있기 때문에 복음을 전해도 결신하는 사람이 현저히 적다. 아마 그렇기 때문에 예수님은 어른들을 향해, "너희가 돌이켜 어린아이들과 같이 되지 아니하면 결단코 천국에 들어가지 못하리라." 고 하신 것이리라.

사역을 하는 가운데 복음을 받아들이고 감격해 하는 어린이들을 보면 힘이 솟았지만, 반대로 매우 안타까운 사연도 많았다. 그중 기억나는 아이가 '장보라' 라는 여자아이이다. 서울의 달동네에서 3일클럽 전도를 하다가 만난 아이인데, 부모님이 이혼하고 할머니와 함께 외롭게 살고 있었다. 이 아이를 길에서 만나 3일클럽에 초청했는데, 한눈에 준비된 영혼인 것을 알 수 있었다. 보라는 모든 활동에 적극적으로 참여했고, 복음에 반응하여 예수님을 영접했다. 그리고 그 다음날 다시 올 것을 약속했다.

하지만 다음 날 보라는 나타나지 않았다. 반드시 올 것이라 여겼던 보라가 오지 않는 것을 궁금하게 여긴 나는 그날의 모든 순서를 마친 후 보라의 집에 가 보았다. 보라는 집 한구석에 외롭게 앉아 있었다. 보라를 본 내가 반갑게 손짓하며 말했다. "보라야, 너 오늘 왜 오지 않았니?" 보라는 겁에 질린 얼굴로 나를 쳐다만 보고 있었다. 그때 할머니가 나타나서 욕을 퍼붓기 시작했다. 알고 보니 보라는 3일클럽에서 받은 선물 때문에 할머니에게 기독교 전도집회에 참석한 것을 들킨 것이었다. 무슨 이유에서인지는 몰라도 기독교를 증오했던 할머니는 보라의 머리채를 잡고 무자비하게 때리고는 다시는 집회에 가지 말라고 엄포를 놓았다. 한바탕 소란을 피우던 할머니가 잠시 자리를 비운 사이 나는 보라를 살짝 불러서 말했다.

"보라야, 정말 미안하다. 선생님이 너를 위해 해 줄 수 있는 게 아무것도 없구나. 하지만 네 마음에 계신 예수님이 너를 지켜 주실 거야.

할머니를 미워하지 말고 할머니를 위해서 기도하렴. 그리고 언젠가 기회가 되면 교회에 나가렴."

나는 보라를 붙들고 눈물을 흘리며 드겁게 기도해 주었다. 그 후 나는 생각이 날 때마다 보라가 주 안에서 진정한 평안을 찾기를 기도했다.

또 언젠가는 이런 일이 있었다. 서울 변두리의 한 동네에서 3일클럽을 통해 몇몇 아이들을 초청하여 프로그램을 통해 복음을 전한 후 구원상담을 하고 있을 때였다. "너 예수님을 지금 마음에 영접하고 싶니?"라는 질문에 한 아이가 단호하게 고개를 가로저으며 대답했다. "아뇨!" 아이가 워낙 단호하게 말하는 바람에 나는 잠시 어리둥절했다. "왜 영접하고 싶지 않니?" 나는 아이에게 이유를 물었다. "우리 집은 바하이교를 믿어요. 그래서 영접할 수 없어요."

아이의 대답을 듣고 나는 몹시 마음이 아팠다. 어린 심령 가운데 이미 다른 종교가 자리 잡고 있었던 것이다. 이 사건을 통해 나는 기독교 전도자들이 주님을 위해 어린 영혼을 추수하지 않으면, 다른 누군가가 그들의 영혼을 추수할 것이라는 사실을 뼈저리게 느낄 수 있었다.

또한 하루는 교회 앞에서 토요 전도를 하고 있을 때였다. 길에서 한 남자아이를 만나 그 다음날인 주일날 교회에 나오라고 초청을 했다. 아이는 순순히 교회에 나오겠다고 말했고, 이름과 전화번호까지 남겼다. 하지만 다음날 아이는 교회에 나타나지 않았다. 초조하게 아이를 기다리던 나는 실망이 컸다. 예배를 마친 후 나는 그 아이가 가르쳐 준 번호로 전화를 했다.

"여보세요?" 어머니로 생각되는 분의 목소리가 수화기를 통해 들렸다. "형진이(가명) 어머니 되시죠? 저는 신촌소망교회 주일학교 전도사입니다. 어제 형진이가 교회에 오기로 저랑 약속했는데 오지 않아서 전화 드렸습니다. 형진이와 통화할 수 있을까요?" 어머니는 형진이를 바꿔 주려 하지 않으셨다. 잠시 머뭇거리시더니 이런 말을 하셨다. "전도사님이라고 하셨죠? 형진이가 주중에 학원을 5곳을 다녀요. 어제도 아이가 학원을 다녀왔는데 피곤한지 코피를 흘리더라고요. 일요일은 쉬게 하고 싶어요." 교회에 보내지 않겠다는 완곡한 거절이었다.

실로 우리의 자녀들은 초등학생 때부터, 아니 심지어 유치원생 시절부터 너무나 바쁘고 힘든 생활을 하고 있다. 너무 바빠서 천국을 생각할 여력도 없을 지경이다. 예수님이 말씀하신 "수고하고 무거운 짐 진 자들"이란, 대한민국의 초등학생들이 아닐까 하는 우울한 생각까지 드는 하루였다.

"네가 죽도록 충성하라 그리하면 내가 생명의 관을 네게 주리라"

_ 계2:10下

다른 사역자의 입술을 통해 깨닫게 하신 하나님

2001년 초겨울 나는 나를 향한 하나님의 더 큰 계획을 깨닫는 한 가지 사건을 경험하였다. 그때는 내가 어린이전도협회 사역을 시작한 지 만 7년 가까이 되어 가던 시점이었다. 7년 전 내가 어린이전도협회 사역을 시작했을 때, 그 단체는 내가 그토록 원했지만 하나님 앞에 내려놓았던 '영어'를 잘하는 사역자가 절실히 필요하던 시점이었다. 왜냐하면 바로 그 당시 어린이전도사역의 활성화를 위해 국제본부에서 교사대학(TCE: Teaching Children Effectively) 과정을 개발했고, 어린이전도협회의 6년 주기 공과를 TCE의 형식에 맞춰 모두 개정하는 작업이 막 시작되던 상황이었기 때문이다.

어린이전도협회 3일클럽 현장

그래서 나는 밤낮으로 공과 번역에 매달렸다. 그 시기에 나의 소원은 잠을 한번 푹 자 보는 것이었다. 왜냐하면 내가 번역하던 공과나 기타 교육 자료는 출판을 위한 마감시한이 있는 것이어서 나는 언제나 마감시한에 쫓기며 번역을 했기 때문이다. 지금 뉴질랜드에서 사역하시는 어린이전도협회 파송 김선혜 선교사님의 표현에 의하면 나는 "미친 듯이 번역해대는" 삶을 살았던 것이다.

게다가 해외 사역과 관련된 모든 서신 업무도 내 소관이었다. 그것뿐 아니라, 3일클럽이나 캠프의 조장, 강습회의 팀장, 대잔치 전도, TCE 강의, 외부 교회요청 강의 등 일반적인 어린이전도협회 사역자들의 사역도 거의 빠뜨리지 않고 참여했다. 하지만 나의 주 사역은 역시 영어와 관련된 것이었으므로, 대부분의 어린이전도협회 사역자들은 내가 영어를 위해 특별히 채용된 직원 정도로 생각하는 경향이 있었다.

그러던 어느 날이었다. 하반기에 들어 부서 인사이동이 있었는데, 지도부에 의해 사역 7년차인 내가 한 부서의 부장으로 지명되었다. 그리고 나와 그 밖의 다른 사역자들의 인사이동 건을 확정하기 위한 부장회의가 열렸다. 물론 나는 그 부장회의가 어떻게 진행되었는지 모른다. 다만 회의에 참석했던 어떤 분이 와서 뜻밖에 나의 임명을 반대하는 몇몇 의견들이 있었다고 나에게 살짝 귀띔해 주었을 뿐이다. 특히 나와 친하게 지내던 한 부장님이 반대의견을 피력했다고 했다. 반대의 이유는 단순 명료했다. "라원준 팀장은 비록 사역 7년차이지만 주로 번역 업무만 담당했기에 어린이전도협회의 고유 사역을 잘 알지 못합니다."

나는 다른 사역자들과 마찬가지로 어린이전도협회의 사역을 대부분 경험해 보았기 때문에 이것은 나의 입장에서는 편견이 섞인 판단이니 억울하다고 말할 수도 있는 일이었다. 하지만 나는 그분의 말에서 하나님의 음성을 들었다. '그래, 그분이 나를 이렇게 보시는 것은 충분히 그럴 수 있는 일이다. 그분의 눈에는 내가 대부분 번역 작업만 하던 사람이었으니까 말이야.'

실제로 나는 이분을 마음 깊이 존경하고 있으며, 이 일 후로도 이분과 매우 좋은 관계로 지내고 있다. 오히려 이분의 말씀으로 인해 나 자신을 정확하게 돌아볼 수 있게 되었으므로 지금은 당시의 그 지적에 대하여 감사하는 마음을 가지고 있다. 아무튼 이를 두고 기도하는 가운데 나는 이 상황이 하나님께서 나에게 주시는 어떤 사인이라는 것을 깨달을 수 있었다. '하나님, 그렇다면 제가 어떻게 해야 하나요? 나는 계속해서 하나님께 여쭈어 보았다. 그랬더니 한 가지 결론이 내 마음속에 떠오르고 있었다.

'그래, 이제 6년 주기의 공과 번역 작업이 모두 끝났으니, 본부에서 번역을 전담하는 사역은 마감할 때가 된 거야. 만약 앞으로도 계속해서 번역만 하고 있으면, 나 자신이 사역의 경험을 쌓으며 지도자로 개발될 기회가 제한될 것이고, 그렇게 도면 나 개인으로도 손해려니와 내가 사랑하여 몸담고 있는 어린이전도협회의 입장에서도 큰 손실이 아닐 수 없겠지. 이제는 본부를 떠나 자리를 옮기는 것이 필요한 시점이야.'

그래서 나는 그해 늦가을부터 하나님께 선교사로 보내 달라고 기도하기 시작했다. 하지만 구체적으로 어떤 나라를 정해서 기도한 것은 아니었다. 왜냐하면 한국어린이전도협회의 실질적인 창립자이자 내가 진심으로 존경하는 존 쿡 선교사님은 늘 입버릇처럼, "선교사는 내가 원하는 곳이 아니라 하나님이 보내시는 곳으로 가는 것이다."라고 말씀하시곤 했기 때문이다. 나는 하나님이 원하시는 곳이 어디인지 기도로 여쭤어 보기 시작했다.

"내가 또 주의 목소리를 들으니 주께서 이르시되 내가 누구를 보내며 누가 우리를 위하여 갈꼬 하시니 그 때에 내가 이르되 내가 여기 있나이다 나를 보내소서" _ 사 6:8

저희를 어디로 보내기 원하시나요?

"예수께서 이르시되 내가 진실로 너희에게 이르노니 나와 복음을 위하여 집이나 형제나 자매나 어머니나 아버지나 자식이나 전토를 버린 자는 현세에 있어 집과 형제와 자매와 어머니와 자식과 전토를

백 배나 받되 박해를 겸하여 받고 내세에 영생을 받지 못할 자가 없느니라” _ 막 10:29~30

그해 연말에 홍콩에서 뜻밖의 전화가 걸려 왔다. 홍콩에 계신 전진휘 선교사님이었다.

“라 목사님, 잘 지내시지요?”

“반갑습니다. 선교사님, 저희는 잘 지내고 있습니다.”

“혹시 이곳 홍콩으로 와서 사역하실 의향이 있으신지요?”

전화 통화를 하던 나는 내심 놀라고 있었다. 하나님께 선교사로 나갈 수 있도록 해 달라고 기도한 지 몇 주 지나지 않았는데 해외 사역에 대한 제안을 받은 것이다.

“홍콩에서 제가 어떤 사역을 하기 원하시나요?”

“저와 함께 이곳 홍콩의 한인교회를 위한 교사강습회와 어린이전도 사역을 하시면서, 동시에 중국 본토사역을 준비하시는 것이 어떻겠습니까?”

“기도해 보겠습니다.”

전화를 끊은 나는 아내에게 전 선교사님의 제안을 전하고 함께 기도하면서 하나님의 뜻을 찾아보자고 했다. 하나님은 말씀을 통해 우리의 기도에 응답해 주셨다.

“너는 복이 될지라.”

하나님은 우리 부부에게 창세기 12장 2절 하반절 말씀을 동시에 주셨다. 이 말씀은 하나님이 아브라함을 부르시면서 주신 말씀이다. 이 말씀을 받은 후 우리는 이 말씀과 선교에 대한 사명이 어떻게 연관되어 있는지 의아했다. 처음 이 말씀을 받았을 때 우리는 이 말씀이 하나님께서 아브라함 개인에게 주신 영광된 축복의 말씀으로만 여겼었다. 하지만 이 말씀을 묵상하면서 성경의 앞뒤 문맥을 살펴보니, 이것은 하나님께서 아브라함을 선교사로 부르시겨서 주신 축복의 말씀인 것을 분명히 알 수 있었다.

우선 하나님께서 이 말씀을 주시기 직전에 주신 말씀인 12장 1절의, "너는 너의 고향과 친척과 아버지의 집을 떠나 내가 네게 보여 줄 땅으로 가라."는 말씀은 표면적으로는 아브라함이 우상의 도시를 떠날 것을 명령하는 것이었지만, 선교적 관점에서 보면 자신의 고국을 떠나 하나님이 지시하는 타국으로 가라는 명령이 분명했다.

또한 이어지는 말씀인, "내가 너로 큰 민족을 이루고 네게 복을 주어 네 이름을 창대하게 하리니."라는 부분 역시 표면적으로는 아브라함이 이스라엘 민족의 조상이 될 것을 예언하는 말씀이지만, 선교적 관점에서 보면 하나님의 나라를 위한 믿음의 자손들을 많이 낳을 것이라는 영적 의미가 담겨 있었다. 결정적으로 12장 3절의 후반부에 나오는, "땅의 모든 족속이 너로 말미암아 복을 얻을 것이라."는 말씀은 선교사의 삶을 통하여 그가 위하여 사역하는 땅의 모든 사람들이 하나님의 복, 즉 복음에 동참하게 될 것을 확증하는 내용이었다.

여기까지 묵상한 우리는 이 말씀이 선교사역으로 우리를 부르시는 하나님의 음성인 것을 확신했다. 그래서 우리 부부는 선교사로 파송되기 원한다는 의향을 어린이전도협회 지드부에 알렸다.

"저희 부부를 선교사로 파송해 주시기 원합니다."

어린이전도협회 지도부는 우리의 결정을 잘 이해하지 못했다. "라 목사님 부부는 한국 내 사역에서 꼭 필요한 분들입니다. 파송해 드릴 수 없습니다."

"아닙니다. 저희들은 이미 결정했습니다."

"이사회에서 절대로 파송을 허락하지 않을 것입니다."

"그렇다면 저희는 사임을 할 수밖에 없습니다."

우리 부부의 뜻이 워낙 완강해서 이사회에서는 결국 파송을 결정해 주었다. 어쨌든 사역자를 잃는 것보다는 선교사로 파송하는 것이 유익했기 때문이었다.

초단기간의 파송준비

파송이 결정되자마자 우리 부부는 파송준비를 하느라 눈코 뜰 새 없이 바쁜 시간을 보냈다. 그때로부터 불과 두 달 남짓 남은 2002년 2월 초까지는 반드시 홍콩으로 들어가야만 했기 때문이었다. 그 이유는 그동안 홍콩동신교회에서 주일학교 사역을 하던 어린이전도협회 파송 선교사인 지광용 선교사님이 건강상의 이유로 갑자기 홍콩을 떠나게 되었기 때문이다. 전진휘 선교사님은 그분의 후임으로 나를 보내겠다고 교회에 약속을 해 둔 상황이었다. 게다가 지광용 선교사님은 2001년 연말부로 교회를 사임할 예정이었으므로 나는 가급적 빨리 홍콩으로 가서 주일학교에 교역자가 없이 예배를 드리는 공백 기간을 줄이기 원했다.

우리가 곧 선교사로 나갈 것이라고 양가의 부모님께 말씀드렸을 때, 그분들의 반응은 이해할 만한 것이었다. 장인어른과 장모님은 깊은 시름에 빠졌다. 그 당시 그분들은 신앙생활을 시작하신 지 얼마 되지 않았기 때문에 아직까지 믿음의 깊이가 깊지 않았던 것이다. 그분들의 자랑이었던 사랑하는 딸이 캐세이퍼시픽 항공사의 승무원이라는 안정된 직장을 버리고 사람이 보기에는 열악한 환경의 어린이 사역자로 헌신한 것만 해도 불만이 많으셨는데, 이제는 그것마저 떠나 확실한 고생길로 나선다고 생각하셨는지 안부전화를 드릴 때마다 연신 우려를 표현하셨다.

한편 나의 부모님은 그동안 신앙생활을 잘하고 계셨지만, 막상 자식이 선교사로 나간다고 하니 원칙적으로는 수긍하지만 속으로는 많이 염려하시는 눈치였다. "홍콩은 물가가 비싼 곳 아니니?" 어머니가 말씀하셨다. "하필 왜 그렇게 잘사는 나라에 가서 고생하려 그러니?" 어머니는 선진국으로 가는 선교사일수록 비싼 물가로 인해 더욱 고생할 것이라는 사실을 알고 계셨다.

"선교사는 자기가 원하는 곳이 아니라 하나님이 보내시는 곳에 가는 것이에요."

"요즘 세상에 누가 선교사를 후원해 주겠냐? 게다가 홍콩이라면 후원이 더 힘들 텐데." 아버지께서 실질적인 문제를 거론하셨다.

"하나님이 보내시는 것이니 하나님이 도와주실 거예요."

말은 그렇게 하면서도 나 역시 이 부분에 대한 깊은 염려를 품고 있었다. 아버지가 지적한 것처럼 홍콩이라는 선진국에 파송되는 것도 후원자 모집이라는 면에서는 문제였지만, 그것보다 더 큰 문제는 출국까지 불과 두 달 남짓한 기간 동안 최저 수준의 생활을 보장해 줄 만큼의 후원자를 모집하기도 벅찰 것이라는 사실이었다. 선교사로 부름을 받은 직후 후원자 문제는 실로 나에게 커다란 고민거리였다.

나는 선천적으로 남에게 아쉬운 소리를 하는 것을 죽기보다 싫어하는 성격을 가지고 있었다. 그래서 나는 세일즈맨이나 보험모집인 등의 직업에 종사하는 분들은 나와 다른 성정을 가진 별세계의 사람으로 생각했다. 나는 굶어죽는 한이 있어도 그런 직업은 내가 감당하지 못할 것으로 생각했다. 그런데 이제 내가 선교사로 나가게 되면 나의 후원자가 될 만한 대상을 찾아다니며 온갖 아쉬운 소리를 해야 할 것이 아닌가!

그 생각은 선교사로 작정하고 첫 발을 내딛는 나의 마음 한구석에 언제나 똬리를 틀고 자리 잡고 있었다. 그러던 어느 날 나는 성경 묵상을 통해 나의 이런 사고가 지극히 세속적인 것이라는 사실을 깨닫게 되었다. 선교사가 후원자를 모집하는 것은 그분들에게 아쉬운 소리를 해서 돈을 얻어내려는 것이 아니라, 하나님의 거룩한 사역에 동참하여, 함께 수고하고, 함께 그 열매를 누리자는 축복으로의 초청이라는 사실을 깨닫게 되었던 것이다.

이러한 올바른 영적 원리에 눈을 뜨게 되자, 후원자들에게 후원을 요청하는 것은 그분들에게 '민폐'를 끼치는 것이라는 그릇된 사고가 싹 사라졌다. 비로소 후원 요청에 대하여 자유하게 된 것이다! 그러나 그것으로 문제가 해결된 것은 아니었다. 그럼에도 불구하고, 나는 사람들을 만나거나 인연이 있는 교회를 찾아다니며 적극적으로 후원 요청을 할 수 없었다. 타고난 내 성격은 단기간에 치료될 수 있는 성질이 아니었던 것이다.

이렇게 여러 날이 지나자 점점 초조한 마음이 들었다. '후원자가 있어야 선교를 가든 말든 하지.' 하루에도 여러 번 이런 생각이 불쑥불쑥 들었다. 하지만 이제 와서 없었던 일로 하기에는 너무 먼 길을 와 버렸다. 나에게는 선택의 여지가 없었던 것이다. 그래서 하루는 하나님께 나의 마음을 쏟아 놓았다.

"하나님, 후원자가 아직 한 사람도 없습니다. 하나님이 저를 보내시는 것 맞나요? 후원자가 있어야 선교지에 나갈 것 아닙니까?"

나는 적극적으로 후원자를 찾지 못하는 나의 성격을 하나님 탓으로 돌리고 있었다.

첫 후원자를 붙여 주시다

"너희는 가만히 있어 내가 하나님 됨을 알지어다" _ 시 46:10上

그 당시 나는 송파구 장지동에 있는 어린이전도협회 본부 건물 가까운 곳에서 전세를 얻어 살고 있었다. 결혼 직후 우리 부부는 홍콩에서 1년을 함께 지낸 후, 나의 신대원 공부와 어린이 사역을 위해 한국으로 와서 내가 직장생활을 하면서 모은 돈과 아내가 보탠 얼마간의 자금을 합쳐서 당시 어린이전도협회 본부가 있던 마포구 공덕동에 전세를 얻어 살았다. 그러다가 우리는 서대문구 연희동으로 이사를 갔다. 그곳에 살고 있는 동안 어린이전도협회 본부가 송파구 장지동으로 옮겨지게 되었다. 우리 역시 그 근처로 이사하는 것을 심각하게 고려하고 있었다.

사역자로 산다는 것은 이사에 익숙해져야만 하는 삶이다. 사역지를 옮길 때마다 으레 이사를 해야 하는 경우가 많다. 오늘날처럼 포장이사 문화가 발달해 있지 않던 시절, 이사는 보통 큰 일이 아니었다. 아니, 그 당시에 포장이사 문화가 있었다 하더라도 달라질 것은 없었을 것이다. 가난한 사역자에게 포장이사는 그림의 떡일 수밖에 없었을 테니까. 하지만 신기한 것은, 체격이 호리호리한 이삿짐센터 직원이 육중한 가구를 자유자재로 옮기는 것처럼, 여러 번 이사를 해 보니 우리 역시 이사에는 전문가가 되어 별로 힘들이지 않고 이사를 다니게 되었다.

생각해 보니 나의 첫 이사는 참으로 간단했다. 내가 서울에 직장을 얻어 상경해야만 하던 바로 그 무렵, 마침 서울로 이사를 갔던 친한 친구가 얼마 동안 대구로 와서 생활할 일이 생겼다. 그래서 우리는 서로 방을 바꾸어 사용하기로 했다. 나는 그 친구의 부모님 댁에서 그 친구가 사용하던 방을 사용하고, 그 친구는 우리 부모님 댁에서 내가 사용하던 방을 사용하기로 했던 것이다. 그래서 나는 간단한 옷가지와 꼭 필요한 서적 등만 챙겨서 친구의 집으로 들어갔다. 그것이 나의 첫 이사였다.

그런 다음 나는 그 친구가 서울로 올라온 후에도 당분간 그 친구와 함께 생활했다. 그러나 결국은 나만의 공간을 찾아 그 친구의 집을 나오게 되었는데, 그때 구한 장소가 그 친구의 집 인근에 있는 한 옥탑방이었다. 그곳에서 나는 총각 시절을 보내고 결혼과 함께 좀 더 나은 환경으로 옮겨가게 되었다.

어느덧 시간이 흘러 예정대로 어린이전도협회 본부가 장지동으로 옮겨갔다. 그리고 우리가 어쩔 수 없이 연희동에서 힘들게 출퇴근하던 어느 날 고향에서 아버지로부터 전화가 왔다.

"너희들 조만간 이사를 해야 한다면서?

"예, 아버지, 사무실을 먼 곳으로 이전해서 그리로 가야 해요."

"그쪽에 전세 얻을 돈이 있느냐?"

"그게 고민이에요. 그쪽은 서울의 강남권이라 많이 비싸요."

"그렇다면 내가 그쪽에 집을 한 채 살 테니 너희들 전세금을 모두 나에게 주고 그리고 들어가서 사는 게 어떻겠니?"

아버지의 뜻밖의 제안에 나는 깜짝 놀랐다. 그래서 내가 되물었다. "아버지께 무슨 돈이 있어서 서울에 집을 사실 수 있어요?"

"너 아주 어렸을 때 살던 집 기억나니?"

"우리 가족이 대구에 처음 왔을 때 살던 집 말씀이세요? 그 집에서 5년 정도 살다가 지금 사시는 아파트로 이사를 갔지요."

"그렇지, 그런데 이번에 그 집에 대한 브상금을 받았단다."

아버지의 이야기를 들어보니 20여 년 전에 구입했던 그 집 근처를 대구시가 풍물거리로 지정하는 바람에 집에 대한 보상금이 나왔다고 하셨다. 당시로는 그곳이 대구의 중심지가 아니었으나 20년이 흐르면서 도시개발과 함께 중심지로 변해 여상보다 많은 보상금이 나왔다고 하셨다. 아버지는 이것을 어디에 투자할까 생각하시다가, 자식 생각을 하시고 서울에 조그마한 빌라를 하나 사서 내게 살 집을 마련해 주기로 결심하신 것이다. 나는 아버지의 사랑에 감사하며 기꺼이 아버지의 제안을 받아들였다. 하지만 당시 나의 전 재산이었던 전세금 4,000만 원 정도를 아버지께 맡겼으므로, 이것은 엄밀히 말해 공짜는 아니고 매우 저렴한 전셋집인 셈이었다.

그런데 우리 가족이 선교사로 나가게 되자 나에게는 세입자를 찾아 그 집을 채워 줄 의무가 생겼다. 이를 위해 나는 인근의 부동산에 세입자를 찾아 줄 것을 부탁했다. 1월의 엄동설한이라 그런지 파송 날짜는 점점 다가오는데 세입자가 들어올 기미가 보이지 않았다. 나와 아내는 점점 초조해지기 시작했다. 그러던 어느 날 부동산에서 전화가 왔다

"그 집에 들어오겠다는 사람이 있습니다. 그런데 그 사람이 한 가지 양해해 달라고 하는 일이 있습니다."

"무엇입니까?"

"6개월만 살고 나가겠다고 합니다."

알고 보니 우리 집에 들어오겠다는 분은 대전에서 이사를 오시는

분으로 우리 집 근처에서 공사 중인 아파트에 당첨되었기 때문에 남아 있는 공사 기간 6개월까지만 세를 살기를 원하셨다. 6개월이란 말을 들은 아내는 나에게 부동산에 연락하여 없던 일로 하라고 종용했다. "6개월 후에 또 다른 세입자를 찾아야 하는데, 외국에 있을 우리가 어떻게 감당하겠어요?" 아내의 말에도 일리가 있었다. 하지만 나는 문득 이것이 하나님으로부터 온 일일 수도 있겠다는 생각이 들었다. 그래서 아내에게 말했다. "무조건 거절하기보다는 일단 한번 만나 보고 결정하는 것이 좋겠어요."

나는 부동산의 소개로 희망 세입자를 만났다.

"안녕하세요? 대전에서 이사 오신다고요?"

"예, 남편이 공직자라 발령이 나서 오게 되었어요."

"그런데 6개월만 살겠다고 하면 집을 구하기 힘드실 텐데요?"

"물론 그렇죠. 그래서 집주인에게 내색하지 않고 이사 들어온 다음 6개월 후에 그냥 나가 버릴까도 생각했지만, 제가 크리스천인데 그렇게 행동하면 안 되겠다 싶어서 정직하게 말씀드렸어요."

"그러세요? 사실 저는 곧 선교사로 나가게 되어 집을 내놓은 거예요. 이것도 하나님께서 허락하신 인연이니 6개월간 사세요. 그때 가서 번거롭더라도 저희가 친척에게 부탁하여 다른 세입자를 찾죠 뭐."

일단 셋집이 허락되자 그분은 내가 선교사로 나가는 사람인 것을 알고 신앙적인 대화를 좀 더 하기 원하셨다.

"대전에서 올 때 세 가지 기도제목이 있었어요."

"어떤 것들이었나요?"

"첫째는 남편이 신앙생활을 잘하게 해 달라는 것이고, 둘째는 새벽기도를 다닐 수 있는 좋은 교회를 연결시켜 달라는 것이고, 셋째는 6

개월 살 셋집을 구해 달라는 것이었어요. 세 번째 기도제목은 이미 응답되었네요."

"제가 섬기는 오륜교회가 참 좋은 교회에요. 그 교회를 소개시켜 드릴게요." 나는 그분에게 오륜교회를 방문해 보도록 권했다.

그때 그분이 불쑥 말씀하셨다. "선교회 사무실이 이 근처인가요?"

"예, 불과 5분 거리에 있습니다."

"제가 한번 방문해 보아도 될까요?"

"물론이지요, 제가 안내해 드릴게요."

그분을 모시고 간 나는 어린이전도협회 사무실 이곳저곳을 안내해 드렸다. 그분은 많은 직원들이 분주하게 일하는 모습을 보고 무엇인가 골똘히 생각을 하시더니 입을 떼셨다. "선교사님, 제가 선교사님께 월 10만 원을 후원하고 싶습니다."

나는 속으로 뛸 듯이 기뻤지만 내색하지 않았다. "혹시 남편분이 신앙이 있으신지요?"

"제 기도제목입니다. 교회만 겨우 나오는 정도입니다."

"저는 온 가족이 신앙 안에서 저의 사역을 후원해 주시기 원합니다."

"하지만 경제권이 제게 있어서 제 임의로 후원해 드릴 수 있습니다."

"집사님, 오늘 집에 가셔서 남편분과 후원에 관해 꼭 상의해 보세요. 그리고 만약 남편분이 싫어하시면 없었던 일로 하셔도 됩니다. 또한 후원액수를 줄이셔도 괜찮습니다. 반드시 남편분과 상의하신 후에 후원 여부를 다시 연락주세요."

"알겠습니다. 그렇게 하겠습니다."

그날 저녁 그 집사님으로부터 집으로 전화가 왔다. "선교사님, 정말 죄송해요. 조금 전에 남편이랑 상의했는데 월 5만 원을 후원해 드릴 수 있을 것 같습니다.”

“그것만 해도 정말 고맙습니다. 조금도 죄송하실 필요 없습니다. 바깥어른께도 감사하다는 말씀 전해 주세요.”

“그럼 이번 달부터 헌금해 드리도록 할게요.”

첫 후원자에게서 온 전화를 끊은 나의 마음에 흥분과 감격이 채 가시기도 전에 하나님께서 내 마음에 속삭이셨다. “후원자 모집은 내가 하는 것이지 네가 하는 것이 아니란다. 나는 세입자가, 세를 주는 주인에게 후원을 하게 할 수도 있단다. 그러니 너는 아무것도 염려하지 말고 나가도록 해라.”

그랬다. 세상의 기준으로 볼 때 세입자가 세를 주는 주인에게 후원금을 준다는 것은 전혀 상식 밖의 일이 아닌가! 그러나 하나님께서 허락하시면 세상의 기준은 여지없이 무너지게 되어 있었다. 이렇게 하나님으로부터 생각하지도 않았던 분을 첫 후원자로 얻은 사건은 파송을 준비하던 나에게 커다란 격려가 되었다. 그리고 그분은 우리 집에서 6개월간 전세를 사신 후에도, 영국으로 발령받은 남편을 따라 한국을 떠나 해외생활을 하시게 될 때까지 2년 이상 신실하게 나의 사역을 후원해 주셨다.

Behind Story

미가엘: 하나님, 저 사람에게 선교사 자격이 있습니까?

하나님: 무엇 때문에 그러느냐?

미가엘: 곧 선교사로 나간다는 사람이 후원자 모집을 저렇게 밖에 못하나요?

하나님: 후원자 모집이 쉬운 줄 아느냐? 네가 가서 해 볼 테냐?

미가엘: 그런 뜻은 아니었어요. 그럼 제가 그에게 후원자 한 사람을 붙여
　　　　줄까요?

하나님: 그리하도록 하라. 그런데 첫 후원자이니만큼 아무나 선택하지 말
　　　　고 각별히 신경을 쓰도록 하라.

미가엘: (다른 천사를 만나) 부탁한 일은 다 처리했는가?

천사 A: 예, 신실한 크리스천 중에 지방에서 올라와서 장지동에서 6개월
　　　　만 세를 살 사람을 찾느라 고생 많이 했습니다. 그런데 왜 이런
　　　　복잡한 조건을 갖춘 사람을 찾아서 후원자로 연결해 주어야 하
　　　　나요?

미가엘: 하나님께서 그에게 주실 격려와 교훈이 있어서 그러하다네. 어쨌
　　　　든 이번 일은 다 끝난 것인가?

천사 A: 아직 돌발 변수가 있습니다.

미가엘: 그게 무엇인가?

천사 A: 제가 알아보니 그 선교사 파송예정자는 부부의 경우 합심해서
　　　　자신을 후원하게 하는 것을 원칙으로 삼고 있습니다. 오늘 연결
　　　　한 집사의 남편이 신앙이 썩 좋지 않아서 걱정이 됩니다.

미가엘: 그렇다면 그 남편이 후원을 하지 말라 하면 우리가 꾸민 일이
　　　　허사가 된다는 뜻인가?

천사 A: 그렇습니다. 하지만 그 남편도 교회는 다니고 있으니 절망적인
　　　　상황은 아닙니다.

미가엘: 진작 알았더라면 부부가 모두 신실한 사람이라는 조건도 덧붙였
　　　　어야 했는데, 끝까지 조마조마하게 되었군.

천사 A: (입술을 삐죽거리며 혼잣말로) 그 조건까지 덧붙였더라면, 그런
　　　　사람은 아예 찾지도 못했을 것입니다.

아, 이제 살았구나!

"여호와여 내가 소리 내어 부르짖을 때에 들으시고 또한 나를 긍휼
히 여기사 응답하소서" _ 시 27:7

이렇게 첫 후원자가 연결된 후 하나님께서는 속속 다른 후원자들도
연결해 주셨다. 후원자 모집 과정을 통해 내가 깨달은 바가 있었다. 그
것은 '이분이라면 꼭 후원해 주실 거야.' 라고 내가 마음속으로 기대했
던 분들은 대부분 후원을 거절했고, 오히려 전혀 기대하지도 않았던
분들을 하나님께서 감동시켜 후원자로 연결해 주시는 경우가 많았다
는 사실이었다. 또한 대부분의 후원자들은 경제적으로 넉넉한 분들이
아니라 오히려 빠듯한 생활 가운데서 믿음으로 하나님께 물질을 먼저
드리는 분들이었다.

한국에서 월드컵이 열리던 해인 2002년 2월 초 우리 가족은 드디
어 홍콩 땅을 밟았다. 물론 아내는 이미 홍콩 생활이 익숙할 대로 익숙
했지만, 승무원으로 생활하던 것과 선교사로 생활하는 것은 전혀 다
른 환경이었으므로 앞으로 펼쳐질 삶과 사역에 대하여 나만큼 긴장하
고 있었다. 공항에 마중 나온 전진휘 선교사님은 앞으로 지낼 숙소로
우리 가족을 인도해 주셨다. 그곳은 어린이전도협회에서 파송되어 홍

콩에서 사역하다가 건강상의 이유로 홍콩을 떠난 지광용 선교사님 가족이 지내던 곳이었다. 감사하게도 그분은 우리 가족을 위해 기본적인 가전제품과 살림도구들을 두고 가셨다. 그래서 우리는 한국에서 이삿짐을 부치지 않고 당장 필요한 옷가지와 세면도구 등만 가지고 홍콩으로 올 수 있었다. 홍콩에 도착한 첫 날 저녁 우리는 하나님 앞에 간단한 감사예배를 드리며 선교사로 살아갈 앞날의 각오를 다짐했다.

예상했던 대로 홍콩에서의 생활은 결코 만만치 않았다. 선교사로 나갈 것을 결심한 후 급하게 출국했기 때문에 후원자를 많이 모집하지 못했던 것도 하나의 원인이었지만, 그것보다는 근본적으로 홍콩의 물가가 원체 비쌌기 때문이었다. 홍콩의 즈거지는 거의 대부분 아파트 형태인데, 우리가 머물던 아파트는 매달 90만 원 정도의 월세를 지불해야 했다. 그만한 거금을 지불했음에도 불구하고 그 아파트는 홍콩에서 가장 흔한 형태인 방 2개짜리 서민 아파트였다.

참고로 홍콩의 아파트는 크기가 작은 것으로 유명하다. 우리가 살던 집 역시 큰방에 침대가 놓여 있었는데, 침대가 놓인 공간이 그 나머지 빈 공간보다 더 큰 면적을 차지할 정도였다. 내가 서재로 사용한 작은 방은 작고 길쭉한 형태였는데, 컴퓨터 척상을 놓고 그 앞에 앉으면 뒤에 있는 옷걸이 때문에 의자를 뒤쪽으로 쭉 뺄 수도 없을 지경이었다. 홍콩의 일반 서민들은 모두 속된 표현으로 '코딱지만큼 작은' 집에 살고 있는 것이다. 후일담이지만 우리 가족이 호주로 선교 베이스를 옮겨 호주에 집을 구해 들어간 첫날 저녁 둘째 아들 찬별이가 우리에게 와서 다리가 아프다고 했을 때, 우리 부부는 아이가 다치지나 않았는지 염려했었다. 그런데 나중에 문득 그 이유를 깨닫고는 서로 얼굴을 마주보며 웃었던 기억이 있다. 홍콩의 작은 집에 적응하며 지내던 찬별이는 홍콩에서는 집 안 어디를 가든지 서너 발자국만 떼면 되었는데, 호주에서는 집 안에서도 한참을 달려가야 했기 때문이었다!

홍콩생활 초기 우리는 시장을 볼 때나 필요한 물품을 구입할 때마다 속으로 우리나라 돈으로 환산해 보고 구매를 결정했다. 물가가 워낙 비싼 곳이라 그런지 환산해 보는 것마다 터무니없이 비싸게 여겨졌다. 우리가 속한 그 땅은 이미 한국이 아님에도 불구하고, 우리의 경제적 사고는 아직도 한국에 머물러 있었던 것이다. 그러다보니 심한 스트레스가 찾아왔다. 무엇 하나 마음 놓고 살 수 없었던 것이다. 이래서는 안 되겠다는 것을 깨닫고 현지 돈은 그냥 현지 돈으로 생각하고 살기로 마음을 바꾼 것은 선교지에 도착한 지 한 달 정도가 지나서였다.

한 달이 지나자 슬슬 가계 재정에 적신호가 켜지기 시작했다. 그러더니 보름이 더 지나자 심각한 상황이 벌어졌다. 한국에서 가져온 돈이 바닥난 것이다! 아직까지 홍콩 현지 은행에 구좌를 개설하지 못했기 때문에 그나마 한국에서 선교비를 송금받을 길도 없었다. 온 가족을 이끌고 선교사로 나온 가장이 불과 한 달 보름 만에 거덜나 버릴 초기 정착금만을 가지고 나올 수 있느냐는 자괴감이 나를 괴롭혔다. 또한 현실적으로 집안에 동전 하나 남김없이 돈이 바닥났기 때문에 당장 돌아오는 주일날 교회에 갈 차비조차 없었다. 이렇게 나는 선교사로 나온 지 한 달 보름 만에 경제적으로 고립무원의 처지가 되고 말았던 것이다!

수중의 모든 돈이 바닥난 그날 나는 하늘이 노랗게 변하는 것을 경험했다. 이것은 한국에서 돈이 떨어졌을 때와는 전혀 다른 종류의 충격이었다. 얼마다 충격이 컸던지 기도할 마음조차 일어나지 않았다. 당장 내일부터 어떻게 해야 할지 갈피를 잡을 수 없었다. 그렇게 그날 하루가 흘러가고 있던 늦은 오후 무렵이었다. 누군가 방문해서 초인종을 울리기에 아내가 나가 보았다.

"어머, 일옥 언니 반가워요, 어서 들어오세요."

우리 집을 찾아온 분은 아내가 승무원으로 근무하던 시절 친하게 지내던 직장 동료였다. 그분은 아내보다 1년 일찍 입사했는데 그 당시 여전히 승무원 생활을 하고 있었다.

"한번 와 본다 했는데 이제야 오게 되었네."

"잘 오셨어요. 저녁이나 함께 드시고 가세요."

이렇게 해서 그 자매님은 우리 가족과 함께 저녁식사를 했다. 다행히 저녁 찬거리는 미리 준비해 둔 것이 있었기 때문에 재정 상태에 대한 아무런 내색을 하지 않고 식사를 준비할 수 있었다. 식사 후 그 자매님은 아내와 함께 이런저런 이야기를 나누다가 밤이 되자 자리에서 일어났다.

"밤이 늦었으니 이제 그만 가 봐야 할 것 같아요."

"언니 또 놀러오세요."

"그래, 고마워. 그리고 별 것 아니지만 이게 도움이 되면 좋겠네."

"아니, 이게 뭐에요, 뭘 이런 것을……"

그 자매님은 거절하는 아내의 손에 봉투를 하나 쥐어 주고 가셨다. 그분이 가신 후에 우리는 떨리는 손으로 봉투를 열어 보았다. 그 안에는 우리 돈으로 약 15만 원 정도 되는 액수의 홍콩 달러가 들어 있었다. 봉투 속의 돈을 확인한 순간, 나는 나도 모르게 참았던 숨을 크게 내쉬며 탄성을 질렀다. "아, 이제 살았구나!" 지금 생각해 보면 부끄럽기 짝이 없는 반응이었다. 명색이 선교사라는 사람이 하나님께서 공급해 주신 물질을 두고 하나님께 먼저 감사기도를 올리지 않고, "아,

살았다!"라고 하는 지극히 원초적인 감정을 표출했으니 말이다. 하지만 그 당시는 나도 모르게 그런 반응이 나올 만큼 절박한 상황이긴 하였다.

우리 가족은 그 돈을 최대한 아껴 쓰며 약 보름을 더 버텼다. 그러던 중 우리 가정에 처음으로 한국에서 손님들이 찾아왔다. 한국에서 나와 함께 어린이전도협회의 지도자훈련 과정을 공부한 자매가 그 후 예수전도단 DTS 훈련을 받고 필리핀에 전도여행을 갔다가 한국으로 귀국하는 길에 홍콩에 들러 우리 집에서 하루를 묵고 가게 된 것이다. 그 자매는 전도여행을 같이 간 다른 세 자매와 함께 우리 집을 방문했다. 나는 자매들을 안내하여 홍콩의 몇몇 장소들을 둘러보았다. 만 개의 각기 다른 형상의 부처상이 모셔져 있다는 홍콩의 유명한 사찰인 만불사에도 들러 구경한 후, 우리는 손을 맞잡고 홍콩의 복음화를 위해 간절히 기도했다.

그런 다음 자매들은 우리 집에서 하룻밤을 유숙하고, 그 다음날 한국으로 출국하기 위해 공항으로 나갔다. 자매들을 배웅하고 돌아온 나의 손에는 봉투가 하나 쥐어져 있었다. 그 자매들이 준 것이었다. "라 선교사님, 홍콩에 머무는 동안 저희들을 잘 보살펴 주셔서 감사합니다. 그리고 이것은 저희들이 이번 전도여행을 하고 남은 경비 전부입니다. 선교사님께 헌금으로 드리고 싶습니다."

봉투를 열어 보니 남은 여행경비가 동전까지 합쳐 미화 100불 정도들어 있었다. 나는 안도의 큰 숨을 내쉬었다. 왜냐하면 자매들에게는 일절 내색하지 않았지만, 사실 그날이 바로 두 번째로 집안의 동전까지 다 떨어져 버린 날이었기 때문이다. 그 자매들의 헌금이 아니었다면 또 다시 하늘이 노래지는 경험을 할 수밖에 없었을 것이다. 부끄럽지만 이 날도 나는 헌금을 확인하자마자 바로 하나님께 감사의 기도를 드리지 못했다. 그만큼 심적으로 많은 압박감을 느끼고 있었던 것이다.

자매들이 헌금한 돈으로 또 보름 정도를 버텼다. 그러나 이번에도 지갑은 점점 얇아져 갔고 결국은 또 다시 모든 돈이 떨어지는 날이 다가오고야 말았다. 이런 일은 아무리 되풀이하여 겪어도 결코 면역이 되지 않는다는 사실을 당해 보니 알 수 있었다. 이번에도 그저 아무런 대책 없이 하루를 보내고 있었고 어느덧 밤이 되었다. 시간을 보니 그 날은 아무도 찾아오지 않을 것만 같았다. 초조해진 나는 스쳐 지나가는 말처럼 불쑥 말을 꺼냈다. "오늘은 왜 아무도 안 오지?"

"그러게 말이에요. 생활비가 다 떨어졌는데." 아내가 맞장구를 쳤다. 앞서 두 번의 경험을 통해 우리 부부는 이번에도 누군가가 올 것이라는 막연한 기대를 품고 있었다.

그때였다. 우리의 기대를 저버리지 않고 초인종이 갑자기 울렸다. 아내가 나가 보니 전에 우리 가족을 호주로 초대했던 바로 그 자매가 문간에 서 있었다.

"아니, 언니가 어쩐 일이에요?" 뜻밖의 방문에 아내가 깜짝 놀라며 말했다.

"응, 나 아직 비행하고 있잖아. 홍콩이랑 호주랑 왔다 갔다 해. 아마 몇 달 후에는 비행을 그만두고 남편을 따라 호주로 이사 갈 거야."

"정말 반가워요. 잘 지내셨죠?" 그 자매는 우리 집에 들어와 잠시 머물다 가셨다. 그리고 대문을 나서며 말없이 아내의 손에 봉투를 하나 쥐어 주셨다. 자매가 돌아간 후 봉투를 확인해 보니 이번에도 우리 돈으로 15만 원 정도 되는 홍콩 달러가 들어 있었다.

그때서야 나는 하나님 앞에 무릎을 꿇고 진심어린 감사기도를 드릴 수 있었다. 돈이 딱 떨어지던 바로 그날 기적적으로 필요한 만큼의 돈을 공급해 주시는 것을 세 번이나 경험하고 나서야 비로소 하나님께서 우리 가족을 보내셨으니 여호와이레의 그 하나님이 우리의 삶을 책임져 주실 것이라는 사실을 확신하게 된 것이다! 그랬다. 나는 아직도 배울 것이 많은 초보 선교사였다.

Behind Story

미가엘: 하나님 보셨죠? 선교사라는 사람이 "아, 살았다!"가 뭡니까?

하나님: 살았으니 살았다고 하는데 나무랄 것까지야 있겠느냐?

미가엘: 그래도 그것은 믿음의 반응이 아니지 않습니까?

하나님: 믿음도 연습이 필요한 법이니라. 그는 이제 막 선교지에 나온 선교사인 것을 기억하라.

미가엘: 좋습니다, 하나님, 세 번까지 지켜보고 세 번째도 살았다는 식으로 반응하면 찍어 버리시지요.

하나님: 그렇게 쉽게 찍어 버리면 선교지에서 남아 날 선교사가 없느니라.

미가엘: 그래도 영 마음에 들지 않습니다. (입맛을 다시며 하나님 존전에서 물러난다.)

AP 총무의 삼고초려

우리 가족이 홍콩에 정착한 지 얼마 지나지 않아 나의 사역에 전혀 계획하지 않았던 커다란 방향전환이 이루어졌다. 그것은 마치 종교개혁자 칼빈이 제네바시 출신인 파렐의 간곡한 청을 수락하여 자신의 기존 계획을 포기하고 그의 요청에 따라 제네바에서 사역을 시작한

탄쳉홧 목사님

것과 유사한 상황이었다.

애초에 나는 전진휘 선교사님을 도와 홍콩의 한인교회를 위한 강습회를 주관하고, 또 중국사역을 준비하기 위해 홍콩으로 파송되어 왔다. 하지만 내가 홍콩으로 파송되어 오자마자 어린이전도협회의 아시아태평양(AP) 지역총무인 탄쳉홧 목사가 나를 만나기 위해 싱가포르에서 비행기를 타고 홍콩을 방문하셨다. 나를 만난 자리에서 그분은 목소리를 높여 말씀하셨다.

"라 목사님, 어떻게 이러실 수가 있습니까? 한국에 계실 때 AP지역 사역을 함께 하자고 두 번이나 간곡히 부탁드렸는데, 이사회에서 놓아 주지 않을 것이라고 말씀하시면서 거절하시더니, 갑자기 선교사로 나오다니요?"

"죄송합니다. 그때는 정말 제가 한국 사역에 꼭 필요한 사람이었습니다."

"그러면 이제라도 AP 사역을 허락하실 수 없겠습니까?"

"저 같은 사람이 자격이 되겠습니까?"

"제가 그동안 라 목사님을 계속 주시해 왔습니다. 충분한 자격이 있다고 확신합니다."

"그럼 기도해 보겠습니다."

"제가 내일 홍콩을 떠나는데, 그 전에 반드시 긍정적인 답을 주셔야 합니다. 그렇지 않으면 홍콩을 떠날 수 없습니다. 미리 말씀드리지만 '노' 라는 답은 수락하지 않겠습니다."

AP 총무와 헤어진 후 나는 그날 밤 하나님께 진지하게 여쭈었다.

"아버지, 어떻게 해야 하나요? 아버지의 뜻과 계획은 무엇인가요?"

사실 답은 이미 나와 있었다. 나는 그 전부터 아시아태평양지역 사역을 하기 원했었고, 그 사역을 위한 마음의 소원을 품고 있었다. 하지만 내가 AP 총무의 청을 두 번이나 거절한 것은 몇 가지 두려움으로 인한 망설임 때문이었다.

그 첫 번째 두려움은 AP 지역 사역은 영어가 주요한 사역도구가 된다는 점이었다. 비록 내게는 영어를 잘한다는 자신감이 있긴 했지만, 영어가 모국어가 아닌 이상 아시아태평양 각 나라의 어린이전도협회 지도자들과 사역자들에게 영어로 하는 강의나 설교를 통해 충만한 은혜를 끼칠 자신이 없었다. 두 번째 두려움은 AP 사역을 하게 되면 정기적으로 가족을 떠나 장기간의 여행을 해야 한다는 점이었다. 짧게는 두 주부터 길게는 한두 달에 이르는, 사역을 위한 여행을 일 년에도 여러 차례를 해야 했기에 이런 부분에 대한 자신감이 없었다. 아울러 재정적인 두려움도 있었다. 어린이전도협회는 창립 시부터 모든 사역자들이 믿음으로 후원자를 모집하여 사역하는(Faith Mission) 단체였기 때문에, 사역을 위한 그 엄청난 항공경비를 모금할 자신감이 도저히 생기지 않았던 것이다.

그날 밤 나는 중대한 결단을 두고 치열하게 씨름했다. 결국 마음의 소원과 비전이 나의 기도를 장악하기 시작했다. 거절할 적당한 이유를 달라던 나의 기도는 새벽 무렵 이렇게 바뀌어 있었다. "하나님, 이

것이 나의 비전이 맞습니다. 그리고 이것이 나를 향한 하나님의 비전이기도 하다면 그대로 이루어지기를 원하나이다."

그 다음날 나는 탄쳉홧 총무를 다시 만나 AP 지역 사역자로 헌신하겠노라고 말씀드렸다. 그분이 홀가분한 마음으로 홍콩을 떠난 것은 두말할 필요가 없다. 물론 나를 홍콩으로 초청한 전진휘 선교사님께는 인간적으로 미안한 마음을 이루 금할 길이 없었다. 이렇게 하여 나는 홍콩의 한인사역과 국지적인 중국사역이 아니라, 아시아태평양 지역 전체를 품고 사역하는 어린이전도협회 AP 지역 사역으로 첫 발을 떼게 된 것이다.

"너희 안에서 행하시는 이는 하나님이시니 자기의 기쁘신 뜻을 위하여 너희에게 소원을 두고 행하게 하시나니"_ 빌 2:13

후원 거절과 함께 얻은 교훈

"믿음을 따라 하지 아니하는 것은 다 죄니라"_ 롬 14:23下

홍콩에서의 몇 달은 정신없이 지나갔다. 세 번의 공급하심 이후에는 또 다른 기적적인 공급은 없었다. 그 이유는 홍콩의 은행에 구좌를 개설하여 비록 넉넉하지는 않았지만 한국에서 정기적으로 선교비를 송금받을 수 있었기 때문이었다. 과연 우리 하나님은 이스라엘 백성의 가나안의 입성과 함께 만나를 중단하시고, 가뭄이 그치자 과부의 기름병의 기름도 함께 그치게 하셨던 정확무오하신 하나님이셨다.

선교지에 온 지 몇 달 정도 지났을 때였던 것 같다. 물건을 살 때마다 홍콩 돈을 한국 돈으로 환산해서 계산하는 버릇은 고쳤지만 재정에 대한 압박감은 여전했다. 특히 마음에 가장 큰 부담으로 다가온 것은 자녀의 교육비 문제였다. 만약 내가 홍콩 자체를 선교 대상국으로 정하고 온 것이라면 당연히 홍콩의 공립학교에 자녀를 보냈을 것이다. 그러나 이제 나는 AP 지역 사역자가 되었으므로 장차 필요에 따라 홍콩을 떠나 다른 나라에 사역 베이스를 두게 될 수도 있었으므로 광동어를 사용하는 공립학교에 자녀를 보낼 수는 없다는 생각이 들었다.

그렇다면 다른 대안 없이 영어를 사용하는 국제학교에 보낼 수밖에 없었는데, 홍콩의 국제학교는 대부분 그 비용이 매달 100만 원 이상 들었다. 이런 상황들을 생각해 보니 가슴이 답답했다. 그러던 어느 날 밤, 갑자기 이런 생각이 들었다. '한국을 떠나올 때 후원해 주실 것 같았지만 침묵을 지키신 분들 중 몇몇 분들에게 다시금 후원을 요청해 보자.' 지금 와서 고백하는 말이지만, 그것은 믿음으로 구하는 후원 요청이 아니라 자녀 교육비라는 커다란 부담감으로 인한 순간적인 욕심이 앞섰던 청원이었다. 어쨌든 나는 몇몇 분들에게 후원을 요청하는 이메일을 보냈다.

그중 한 분이 오륜교회에서 제2청년부를 함께 지도했던 강은혜 전도사님이었다. 그분은 내가 담당했던 제2청년부에서 2년간 멘토로 나와 함께 사역했기에, 선교사로 나올 때 비록 후원에 대한 언급을 일절 하지 않았지만 나는 내심 그분이 정기적인 후원을 해 줄 것을 기대했었다. 하지만 어쩐 일인지 그분은 파송 당시까지 후원을 작정하지 않으셨다. 그래서 지금 이 시점에서 다시금 후원을 요청하는 메일을 보내드린 것이었다. 며칠 후에 그분으로부터 답신이 왔다.

"라 선교사님, 보내 주신 이메일 잘 받았습니다. 그런데 이메일을 받고 저희 부부가 기도해 본 결과 하나님께서 후원을 작정하도록 허락하지 않으시네요. 죄송하게 되었습니다. 평안하세요."

그분에게서 거절 이메일을 받은 나는 정신이 번쩍 들었다. 당연히 조그만 액수라도 후원해 주실 것이라고 기대했던 분이 기도해 본 결과 후원하지 않기로 결정했다는 말을 듣고서, 그때서야 나의 실수를 깨달은 것이다. 그랬다. 나는 이 후원 요청을 믿음으로 하지 않았던 것이고, 평소에 모든 일을 늘 하나님께 기도하며 결정하시던 그 전도사님은 이 부분을 정확하게 분별해 내신 것이었다. 나는 지금도 그분이 나에게 주저함 없이 거절 이메일을 보내 주신 것을 무척 고맙게 생각하고 있다. 인간적인 정 때문이라면 그렇게 하지 못했을 것이지만, 믿음 안에서 결단함으로 말미암아 그분은 초보 선교사인 나에게 커다란 교훈을 주신 것이다.

나는 거절 이메일을 받은 그 밤에 하나님께 크게 회개했다. 선교사가 후원 요청을 할 때는 반드시 기도하는 가운데 믿음으로 해야 한다는 당연한 진리를 실수를 통해 비로소 체득하게 된 것이다. 그 전도사님께 배운 교훈 덕분에 나는 다시는 그런 실수를 되풀이하지 않았다. 아울러 이 사건을 통해 후원을 해주는 쪽에서도 후원 요청이 들어오면 그 후원요청을 승낙할 것인지에 대하여 반드시 기도해 보고 결정해야 한다는 사실도 깨닫게 되었다.

그 후 그 전도사님과 관련된 두 가지 사건이 더 있어서 소개하고자 한다. 그 일 이후 이듬해 봄, 홍콩 사회는 커다란 충격으로 휘청거리고 있었다. 사스라는 괴질이 발생하여 많은 사람들이 입원을 하게 되었고, 입원한 사람들 중 약 1/4 정도가 결국은 회복하지 못하고 죽었던 것이다. 그래서 홍콩 시민 전체가 사스의 두려움으로 인해 크게 두려워하고 있었다. 사스가 기승을 부리는 기간 동안 한인 교민들 중 상당

수가 한국으로 피신했다. 나를 파송한 한국어린이전도협회 선교부에서도 가족 모두 철수하라는 명령을 내렸다. 하지만 나는 가족의 항공요금을 마련하지 못해 홍콩에 계속 머물러 있었다. 그렇게 버텼던 이유는 항공요금도 항공요금이었지만, 사스의 심각성을 직접 피부로 느끼지 못했기에 그랬던 것이다.

그러던 어느 날 드디어 내가 살던 아파트 단지에서 사스 환자가 발생하고 말았다. 그동안 아이들을 집에 가둬 놓고 버티고 있었으나, 막상 내가 거주하는 아파트 건물에서 사스 환자가 발생하자 철수를 심각하게 고려하지 않을 수 없었다. 특히 그때는 둘째 아들인 찬별이가 채 돌이 되지 않았던 시점이었기 때문에 더욱 염려스러웠다. 사스는 어른, 아이를 가리지 않았기 때문이었다. 그런데 항공요금 때문에 고민하던 중에 선교부로부터 연락이 왔다.

"선교사님, 퇴직금이 나와서 연락드려요."

한국어린이전도협회의 사역자가 선교사로 파송될 경우, 그는 한국어린이전도협회를 퇴직하고 선교사라는 새로운 신분을 가지고 어린이전도협회와 관계를 가지도록 규정되어 있었다. 따라서 나 역시 한국어린이전도협회에서는 퇴직을 한 상황이었다. 정관의 규정상 퇴직과 함께 퇴직금을 지불하도록 되어 있었으나, 협회의 재정 사정으로 인해 거의 1년 가까이 퇴직금을 지급하지 못하다가 그때서야 나온 것이었다. 7년간 사역한 나와 아내의 퇴직금을 합해 보니 얼추 가족의 항공요금 정도가 되었다.

그런데 공교롭게도 바로 그날 강은혜 전도사님께 이메일이 왔다.

"선교사님, 그곳에 사스가 기승을 부리는데 왜 한국으로 나오지 않고 있나요? 혹시 항공요금이 없어서 그러신 것이라면, 제가 가족의 항공요금을 다 부담해 드릴 테니 어서 한국으로 나오세요."

우리 가족을 아껴 주시는 따뜻한 아정이 듬뿍 담긴 이메일이었다. 나는 잠시 갈등이 되었다. '이분은 내가 퇴직금을 받은 것을 알지 못하니, 감사하다는 이메일 한 통이면 온 가족의 항공요금이 해결되는데…… 어떻게 할까?' 하지만 나는 오래 망설이지는 않았다. 나는 즉시 이메일을 보냈다.

"강 전도사님, 우리 가족을 이처럼 염려해 주시니 감사합니다. 또 항공요금에 대한 제안에 감사드립니다. 하지만 이번에 제가 퇴직금을 받게 되었는데, 그 액수가 가족의 항공요금 정도가 됩니다. 하나님께서 이 일을 위해 이제야 퇴직금이 나오게 하신 것 같습니다. 어쨌든 고맙고요, 헌금은 이미 받은 것으로 여기겠습니다. 평안하세요."

이메일을 보낸 나는 하나님이 주시는 깊은 위로와 평안을 경험했다. 그랬다. 선교사의 삶은 받아야 할 헌금과 받지 않아야 할 헌금을 정확히 구별할 줄 알아야 하는 삶이었다. 때로는 받아도 되고 받지 않아도 될 애매한 헌금도 있다는 것도 깨달았다. 그러나 중요한 것은, 헌금 제안이 왔을 때 기도해 보고 반드시 받아야 할 헌금만 받아야 한다는 사실이다. 이것을 정확하게 분변하지 못하면 욕심에 이끌리기 쉽고, 또 훗날 그 헌금으로 인해 반드시 갈씀이 일어나게 되어 있었다. 이번 경우만 해도 만약 내가 욕심에 이끌려 그 헌금을 받았더라면, 혹시라도 후에 그분이 퇴직금에 대하여 알게 되셨다면 얼마나 섭섭하게 생각했겠는가! 그러나 이것은 나중에 들통이 나고 혹은 나지 않고의 문제가 아니라, 하나님 앞에서 선교사가 마땅히 준수해야 할 원칙의 문제이다.

그런 다음 내가 호주로 옮겨간 후, 가장 큰 액수의 후원금이 갑자기 중단되어 커다란 어려움을 겪던 시기가 있었다. 그때 강은혜 전도사님으로부터 뜻밖의 메일이 왔다.

"라 선교사님, 지금 많이 힘드시지요? 원래 선교사로 나간 후 2~3년 정도 지나면 기존의 후원자들이 많이 떨어져 나가 어려울 것입니다. 저희 부부는 선교사님이 파송될 때부터 이때쯤 후원해 드리기로 작정하고 있었습니다. 앞으로 2년간 매달 10만 원씩 후원해 드리겠습니다."

이처럼 그분은 가장 힘들 때 정확하게 도움의 손길을 펼쳐 주셨다. 성령의 민감한 음성에 귀를 기울일 줄 아는 귀한 후원자를 주신 하나님께 감사드린다.

하나님께 올린 이상한 서원기도

"세월을 아끼라 때가 악하니라" _ 엡 5:16

당시 나는 한 푼이라도 생활비를 아끼기 위해 최선을 다했다. 아니 최선을 다했다는 것은 점잖은 표현이고, 좀 더 과격하게 표현하자면 악을 썼다. 일례로 내가 살던 구룡반도에서 홍콩 섬의 이민국에 볼일이 있어 갈 경우, 나는 홍콩 돈 10불(약 1,500원) 정도를 아끼기 위해 집 앞에서 직행버스를 타는 대신 일반버스를 타고 선착장까지 나간 다음 페리를 타고 바다를 건너다녔다. 이렇게 하면 돈은 절약되는 대신 왕복 약 2시간 정도가 더 소요되었다.

어느 날인가 이 경로를 통해 홍콩 섬을 다녀오다가 문득 이런 깨달음이 들었다. '시간 낭비도 하나님 앞에서 돈 낭비 못지않은 죄가 아닐까? 과연 내 삶의 두 시간이 1,500원 정도의 가치밖에 없을까?' 잠언 11장 24절은 "과도히 아껴도 가난하게 될 뿐이니라."고 말씀하고 있는데 돌아보니 내가 그 짝이었다. 조은 액수의 돈을 지나치게 아끼다 보니 시간에 대하여 가난하게 된 나를 발견한 것이다.

집에 돌아온 나는 이 문제를 두고 깊이 고민해 보았다. 그랬더니 이런 결론이 났다. 즉, 선교사가 재정문제에 대하여 가질 수 있는 두 가지 근본적인 다른 태도가 있다는 것을 깨달았다. 전자는 끊임없이 재정에 대해 고민하며 아껴 쓰기 위해 발버둥치고 자신의 힘으로 재정문제를 해결하고자 하는 태도이고, 후자는 재정에 관해서는 하나님께 온전히 맡기고 사역에 중점을 두는 태도였다.

물론 자신이 아낄 수 있는 부분은 당연히 아껴야 하고, 후원요청도 부지런히 해야겠지만, 지금 내가 말하고자 하는 것은 재정과 사역에 대한 근본적인 마음의 태도를 뜻한다. 나는 깊이 생각해 본 후 후자를 선택했다. 왜냐하면 재정적인 압박감에 시달리다 보니 정작 사역에는 전적으로 마음을 쏟을 수 없었기 때문이다. 자나 깨나 재정을 고민하는 선교사는 사역을 제대로 할 수 없음을 알게 되었고, 선교사가 재정문제로 너무 고민하는 것은 믿음의 태도가 아니라는 깨달음이 왔던 것이다.

"하나님, 앞으로 돈 문제는 하나님께서 책임져 주세요. 저는 하나님이 하라는 일만 열심히 하고 돈에 대해서는 일절 염려하지 않겠습니다."

그날 나는 하나님 앞에 이런 서원기도를 드렸다. 하지만 나의 서원기도는 거기서 멈추지 않았다. 재정으로 인한 염려를 한순간에 온전히 떨치지는 못했던 것이다. 그래서 나는 서원기도 끝에 이런 단서를 붙인 기도를 또 올려 드렸다.

“그렇지만 하나님, 제가 만약 다른 사람에게 단돈 10원이라도 꾸어야 할 상황이 발생한다면, 이를 하나님의 철수 명령으로 알고 즉시 순종하여 본국으로 돌아가겠습니다.”

지금 생각해 보니 이런 서원기도를 들으신 하나님은 얼마나 황당해하셨을까 쑥스러운 마음을 금할 길 없다. 아무튼 나는 그 이후에 돈 문제로는 일절 염려하지 않았고, 하나님은 한 번도 이 문제로 나를 실망시키지 않으셨다. 그 이유는 내가 실망하는 즉시 한국으로 철수할 것을 아셨기 때문이었으리라.

“마리아는 이 좋은 편을 택하였으니 빼앗기지 아니하리라”_ 눅 10:42下

하나님이 구해 주신 또 다른 후원자

그로부터 세월이 좀 흐른 후의 일이지만 하나님이 구해 주신 또 다른 후원자가 있어서 소개하고자 한다. 언젠가 내가 사역을 위해 한국을 잠깐 방문했을 때, 일산의 한 개척교회에서 간증집회를 인도한 적이 있었다. 당시 나는 몰랐으나 마침 집회 장소에 그 교회 교인이 아닌 몇몇 다른 교회 성도들이 참석하셨는데, 그 중에 일산에서 꽤 큰 교회의 유치부 부장인 K 집사님이라는 분이 있었던 모양이다. K 집사님은 집회를 참석한 후 기도를 할 때마다 내 생각이 자꾸 났다고 한다. K 집사님이 아는 다른 많은 선교사들이 있었지만, 그분들을 위해 기도하고 헌금을 작정하려 할 때마다 자꾸만 어린이전도협회 선교사인 내가 떠올랐다고 한다. 그래서 K 집사님은 평소에 친분이 있던 나의 형을 통해 나에게 연락해 오셨다.

“선교사님, 혹시 다음번에 한국에 나오시면 형님과 함께 초청하여 식사를 한번 대접하고 싶어요."

나는 이분이 후원을 작정하기 원한다는 것을 어렴풋이 느낄 수 있었다. 그래서 가족이 함께 나를 후원하기 원한다는 원칙에 입각하여 K 집사님께 부탁드렸다.

"그러세요? 가급적 온 가족이 함께 나오시면 좋겠습니다."

"그렇게 하지요."

몇 달이 지난 후 나는 다른 사역지에 가는 길에 한국을 들르게 되었다. 그리고 형에게 연락하여 K 집사님과 식사 약속을 잡아 줄 것을 부탁드렸다. K 집사님을 만나러 가는 길에 형은 그분에 관해 아는 바를 나에게 말해 주었다.

"집사님의 남편 되시는 분은 최근에 중고자동차 매매업을 새롭게 시작하셨는데, 사업 초기라 적자가 많이 나고 있는 것 같더라."

"그러면 재정적으로 힘드시겠네요?"

"그렇겠지. 한 달에 천만 원이 넘게 손해를 보고 계신다더구나."

"그런데도 어떻게 후원을 작정할 생각을 하셨을까요?"

"글쎄…… 하나님께 믿음으로 먼저 드린 후에 하나님의 도우심을 기다리고자 하는 것 아닐까?"

이런 이야기를 주고받던 우리는 약속장소에 도착했다. 내가 사는 시드니에도 아웃백 스테이크하우스가 두 곳인가 있긴 하지만 대중적이지는 않다. 하지만 한국의 그곳은 화려한 장식과 함께 가족 손님들로 넘쳐났다. 우리는 입구에서 K 집사님 가족을 만나 간단히 인사를 나눈 후, 잠시 기다렸다가 좌석을 배정받아 자리에 앉았다. 연이어 K 집사님은 우리에게 따로 물어보지 않고 알아서 메뉴판을 보시며 이런 저런 음식들을 주문하셨다. 예상대로 식사 자리에서 K 집사님은 후원에 관해 말을 꺼내셨고, 월 5만 원씩 후원해 주기로 약속하셨다. 내가 전혀 예상하지도 못했던 분을 하나님께서 그 마음에 감동을 주셔서 후원자로 연결시켜 주신 것이었다.

식사가 끝난 후 K 집사님은 홀의 서빙을 보는 분에게 계산서를 요청했다. 그런데 계산서를 건네받아 살피던 K 집사님은 살짝 눈물을 글썽이기 시작하셨다. 옆에서 그 모습을 본 우리는 동시에 물어보았다.

"집사님, 뭐가 잘못되었나요?"

"아니에요, 선교사님. 하나님의 은혜가 감사해서……" 눈시울을 적시던 K 집사님이 대답하셨다. 궁금해진 우리는 자초지종을 들려달라고 부탁드렸다. 그러자 집사님께서 이런 이야기를 해 주셨다.

"사실 몇 달 전에 선교사님과 형님을 초대하긴 했지만, 그때 이후로 남편의 사업이 많이 힘들어서 걱정이 컸어요. 선교사님을 초대해 놓고 막상 오셨을 때 대접할 형편이 못되면 얼마나 실례가 되겠어요. 그런데 우려하던 대로 며칠 전에는 집에 현금이 다 떨어졌어요. 온 가족과 선교사님 그리고 선교사님의 형님이 함께 식사를 해야 하는데 솔직히 돈이 부담이 되었어요."

"저런, 저희들은 몰랐습니다. 진작 말씀하시지 그러셨어요."

"아니에요. 이런 모습을 보여 드리기가 뭣해서…… 그래서 약속한 대로 선교사님께 식사대접을 할 수 있게 해 달라고 하나님께 기도를 드렸어요. 그랬는데 얼마 전에 우연치 않게 인터넷을 검색하던 중에 어떤 사이트에서 슬로건을 모집하는 것을 보고 가벼운 마음으로 응모를 했는데, 뜻밖에도 제가 적어 보낸 것이 채택이 되었고, 어제 아웃백 스테이크하우스 식사권 한 장을 우송받았어요."

"아하, 그래서 저희들을 굳이 이곳으로 초대하셨군요."

"저는 5만 원 정도 될 것이라고 생각하고 봉투를 열어 보았는데, 놀랍게도 식사권은 10만 원짜리였어요."

"하지만 4인 가족과 두 명의 성인이 함께 식사하기에 10만 원으로는 부족할 텐데요?"

"저도 그렇게 생각을 했죠. 아까 주문을 하면서도 많이 떨렸어요. 선교사님께는 미안한 일이지만 의향을 물어보지도 않고 제가 마음대로 시켰던 거예요. 좀 싼 것 위주로 말이에요."

"아니에요, 충분히 배불리 먹었습니다. 그런 말씀 마세요." 우리는 K 집사님을 안심시켰다. 그런 다음 K 집사님께 여쭤 보았다. "그런데 식사비가 얼마나 나왔나요?" 눈에서 물기를 훔치던 K 집사님은 말없이 계산서를 보여 주셨다. 놀랍게도 계산서에 찍힌 액수는 10만 원을 아주 살짝 넘긴 것이었다. "하나님은 정말로 놀라우신 분이에요." 집사님이 감탄하며 말씀하셨다.

"물론입니다. 그 놀라우신 하나님이 집사님의 가정과 사업을 붙들어 주실 것입니다."

형과 나는 K 집사님을 위로하며 용기를 북돋아 주었다. 지금도 신실하게 나를 후원해 주시는 K 집사님께 이 자리를 빌려 감사드린다.

Behind Story

미가엘: 하나님, 저 선교사는 왜 후원 요청을 제대로 못하는지 답답합니다.

하나님: 천성이 그러하니라.

미가엘: 그렇다면 후원자 하나하나 하나님이 챙겨 주셔야 하나요?

하나님: 그게 내 일이 아니겠느냐?

미가엘: 이번에는 어떤 후원자인가요?

하나님: 고난의 길을 통과 중인 후원자이니라.

미가엘: 그런데도 선교 후원을 작정할 수 있을까요?

하나님: 두 부류의 크리스천이 있느니라. 한 부류는 고난이 다가오면 나에게서 멀어지고, 다른 부류는 고난이 심할수록 나에게로 나아오느니라. 이 사람은 두 번째 부류의 크리스천이니라.

미가엘: 참, 본론을 잊었네요. 식사대접 건은 어떻게 처리할까요?

하나님: 아웃백 스테이크하우스로 정하도록 하라.

미가엘: 하지만 그곳에 갈 형편이 안 될 것 같습니다. 지금 그 가족에게 현금이 없거든요.

하나님: 허허, 현금 대신 낼 수 있는 것이 있지 않느냐.

미가엘: 현금 대신이라…… 혹시 식사상품권을 말씀하시는 것인가요?

하나님: 시대가 시대이니만큼 우리도 기도 응답에 인터넷을 한번 이용해 보는 것이 어떻겠느냐?

미가엘: (하나님의 존전을 떠나며) 저렴한 것 위주로 고르도록 영감을 불어넣을 것을 감안하면, 10만 원짜리가 적당할 것 같구나…….

3장 선교 현장 엿보기

이 돌 식탁이 원래 무엇인지 아세요?

어린이전도협회 아시아태평양 지역 사역은 아시아태평양에 속한 각 나라의 어린이전도협회를 돕는 사역으로, 각 국가의 새로운 사역 개척, 국가 지도부에 대한 행정 사역, 문제 발생 시 중재 및 견책 등의 일상적인 사역과 함께 3개월 과정의 어린이사역자훈련학원(CMI: Children's Ministries Institute)에서 강의로 섬기는 것이 포함된다. 따라서 지역 내의 어떤 나라에서 CMI가 열릴 경우, 나는 통상 학원의 마지막 몇 주간 동안 그 나라를 방문하여 지도력, 시간관리, 이사회와의 관계, 타문화사역, 후원요청과 재정관티 등의 과목을 담당했다.

이 사역에 있어서 힘든 점 중 하나는 계속해서 바뀌는 음식과 기후이다. 어떤 한 나라에 정착한 선교사라면 비록 시간은 걸리겠지만 일단 그 나라의 음식과 기후에 적응하고 나면 그 후부터는 그로 인한 문제는 크게 줄어든다. 하지만 나의 경우는 순회사역의 성격을 띤지라 어떤 한 나라의 음식과 기후에 적응한다고 해서 사역의 애로 사항이 곧 해결되는 것은 아니었다. 언젠가는 영하 25도의 중국 오지를 방문한 직후 곧바로 비행기를 타고 강의를 위해 영상 35도의 필리핀으로 날아갔는데 몸이 적응하지 못해 며칠을 고생한 기억이 있다. 급속하게 바뀌는 음식 역시 마찬가지로 몸에 무리를 줄 수 있다.

2003년 8월, 나는 CMI 강의를 위해 피지를 방문했다. 근래에 들어 피지는 신혼여행지로 한국 사람들로부터 각광을 받기 시작한 곳이었으나, 당시 그곳에서 한인 교민은 거의 찾아볼 수 없었다. 홍콩에서 호주 시드니를 거쳐 피지로 들어가는 콴타스 항공을 이용했는데, 시드니부터 피지까지는 에어 퍼시픽이 콴타스 항공과 코드 쉐어로 항공기를 운항하고 있었다. 공항에 도착한 나를 위해 피지 어린이전도협회의 국가대표인 켄 브라이언트(Kent Bryant)라는 미국 선교사가 마중을 나왔다. 그는 공항에서 나를 픽업하자마자 곧바로 CMI가 열리는 장소로 출발하였다. 나의 예상과 달리 훈련은 깊은 산 중턱에 자리 잡은 낡은 캠프장 같은 곳에서 진행되고 있었다. 그곳에서 나는 꼬박 두 주간을 보냈고, 마지막 날 공항으로 내려오면서 바다를 흘낏 본 것이 피지에서 바다를 본 전부였다.

참고로 해외 사역에 있어서 내가 원칙으로 삼는 것 중 하나는 "일부러 시간과 돈을 들여 관광을 하지 않는다."는 것이다. 사역을 위해 방문하는 경우 나는 온전히 사역에 집중하기 위해서 관광에는 일체 관심을 기울이지 않는다. 물론 주변에 유명한 관광지가 있으면 유혹이 없는 것은 아니지만, 그럴 때마다 "천국에 가면 100배나 더 아름다운 곳을 마음껏 가 볼 수 있다."는 생각을 떠올리며 이를 물리친다.

내가 이런 원칙을 세워 두었다고 해서, 사역을 위해 방문한 곳에서 시간을 내어 적극적으로 관광을 즐기는 동료 사역자들을 비난하고 싶은 마음은 추호도 없다. 관광하는 것 자체가 죄는 아니기 때문이다. 사역은 뒷전이고 관광이 우선이라면 비난받아야 하겠으나, 사람마다 취향이 다르므로 사역을 하는 짬짬이 시간을 쪼개 하나님이 만드신 아름다운 자연을 둘러보는 것은 비난받을 일이 절대로 아닌 것이다. 어쩌면 내가 사역지에서 관광을 하지 않는다는 원칙을 세운 것도, 천성적으로 이리저리 구경을 다니며 사진을 찍는 것을 싫어하는 내 성격 때문이 아닌가 싶다.

피지는 피지 원주민과 인도계 이주민의 갈등이 심한 나라였다. 두 인종 간 인구 비율이 거의 대등하다보니 인종 갈등으로 인한 폭동이나 소요사태가 심심찮게 일어났으며 심지어는 이로 인해 과거 몇 차례의 쿠데타도 발생했다. 하지만 CMI 학원에는 원주민과 인도계가 골고루 있었으며, 인근의 솔로몬아일랜드와 통가 등에서 온 학생들도 몇몇이 있었다. 나는 최선을 다해 그들을 가르쳤고, 단순한 지식을 전달하는 차원을 넘어 그들에게 어린이사역에 대한 소명감을 불러일으키고자 애썼다. 학원을 마치고 이들이 어린이사역자로 헌신하여 평생을 자기 나라의 어린이전도를 위해 살아가도록, 기도하는 마음으로 매 시간 가르치고 도전했다.

이런 장기간의 강의사역에 있어서 가장 힘든 것 중의 하나가, 모든 강의를 영어로 진행해야 한다는 부담감이었다. 단순한 대화라면 영어로 해도 별로 부담이 없겠지만, 길게는 하루 8시간까지 혼자서 감당해야 하는 강의를 영어로 진행하면서, 학생들에게 정확한 지식을 전달하고, 감동을 주고, 또 그들에게 영적으로 도전하는 것은 결코 쉬운 일이 아니었다. 모든 강의를 마친 후에도 저녁 시간에는 그 다음날 강의를 준비하느라 몸은 파김치가 되었지만 쉴 틈이 없었다.

또 다른 어려움은 음식으로 인한 것이었다. 강사가 몸이 불편하면 학생들에게 가장 큰 피해를 주게 되기 때문에 현지 음식을 잘못 먹어 탈이 나는 것을 극히 주의해야 했다. 하지만 동시에, 그들이 내놓은 모든 토속 음식을 아주 맛있게 먹는 것이 반드시 요구되었다. 왜냐하면 그들이 먹는 음식을 함께 어울려 아주 맛있게 먹으며, "당신네 나라 음식이 세계에서 가장 맛있다!"라고 약간 과장하여 치켜세워주면 그들은 마음 문을 활짝 열고 강사를 친구이자 지도자로 인정하기 때문이었다. 만약 차려진 식탁에 대하여 조금이라도 꺼리는 눈치를 보이면, 학생들은 대놓고 말은 하지 않지만 벌써 분위기가 좋지 않아진다. 즉 보이지 않는 벽과 거리감이 생기는 것이다. 게다가 다른 간식거리나 먹을거리가 일절 없는 상황에서 정해진 식사 때마다 차려진 현지 음식을 먹지 않으면 체력이 떨어져서 도저히 하루 종일 계속되는 강의를 몇 주간이나 지속할 수 없는 것은 불문가지이다.

선교지에 가서 접하는 음식에 대하여 내가 세워 둔 몇 가지 원칙이 있다. 그것은 첫째, 어떤 음식이 나와도 즐겁게 먹는다. 둘째, 절대로 한국 음식이나 밑반찬은 가져가지 않는다. 셋째, 주변에 혹시 한국식당이 있더라도 이용하지 않는다는 것이다. 첫째 원칙을 세운 이유는 이미 앞에서 설명한 바이고, 둘째 원칙을 세운 이유는 간단하다. 내가 김치나 고추장 등을 가져가서 그들의 음식에 섞어 먹는다면, 나는 이미 행동을 통해 그들의 음식을 거부하는 것이기 때문이다.

세 번째 원칙 역시 같은 원리이다. 실제로 피지는 한국의 신혼부부들이 많이 찾는 관광지라서 한국식 설렁탕집이 근처에 하나 있었지만, 나는 끝까지 참고 그곳에 데려가 달라는 소리를 하지 않았다. 하지만 그곳에 머무는 동안 한국 음식이 얼마나 먹고 싶었던지 강의 마지막 날 아내에게 국제전화를 살짝 걸어, 내가 집에 돌아가면 첫 식사로 설렁탕과 김치깍두기를 준비해 달라고 부탁했던 기억이 난다.

피지에서 CMI가 진행된 장소는 산 중턱의 캠프장 같은 곳이었는데, 널찍한 뜰에는 커다란 돌 식탁이 하나 놓여 있었다. 나는 그 돌 식탁이 마음에 들었다. 그래서 식사 때면 몇몇 학생들과 함께 돌 식탁을 자주 사용했고, 새벽이나 밤에 그 돌 식탁에 앉아 성경을 묵상하거나 다음 시간 강의할 것들을 최종적으로 점검하곤 했다. 그런데 두 주간의 강의를 거의 다 마쳐 갈 무렵 돌 식탁에 앉아서 함께 식사를 하던 한 학생이 불쑥 내게 이런 말을 건넸다.

"목사님, 이 돌 식탁이 원래 무엇인지 아세요?"

"글쎄요, 캠프장 식탁으로 사용하기 위해 만든 것 아니에요?"

그 학생은 입술에 얄궂은 미소를 짓더니 다시 입을 열었다. "이 장소가 원래 어떤 목적으로 사용되었는지 모르시죠?"

"캠프장이 아닌 다른 목적이 있었나요?"

"이 장소는 2차 세계대전 때 일본군의 야전병원이었어요."

그 말을 듣고 보니 캠프장의 숙소가 어쩐지 낡은 병동 같은 느낌이 들었던 것이 얼핏 떠올랐다.

"그렇다면 이 식탁은……" 내가 약간 말을 더듬으며 되물었다.

"그래요, 이 식탁은 야전병원의 야외 수술대였어요. 이 위에서 수많은 일본군 병사들이 죽어 나갔죠."

나는 내심 '뜨악' 하는 심정으로 돌 식탁을 자세히 살펴보았다. 그랬더니 아니나 다를까, 세월의 흐름과 함께 풍화된 돌 식탁의 군데군데에 희미한 핏자국 같은 것들이 아직까지도 남아 있는 것이 눈에 들어왔다. 나는 그것도 모르고 그 자리에서 즐겁게 식사도 하고, 또 늦은 밤에 홀로 그 자리에 앉아있곤 했던 것이다. '아니, 진작 가르쳐 주었어야지 이제 와서 말해 주면 어떡하나?' 그 말을 듣는 순간 나는 속으로 학생들에게 원망스러운 마음이 들었다. 하지만 그 생각은 곧 사라졌다.

문제의 돌식탁

'그래, 내가 이곳에 오자마자 말해 주었으면, 찜찜한 느낌에 이곳을 사용하지 않았을 테고, 그랬다면 여러모로 불편했겠지. 학생들이 나름대로 나를 생각해서 이제야 말해 주었구나.' 이런 생각이 들자 나는 학생들에게 웃으며 농담을 걸 수 있었다.

"사실을 알고 나니 식욕이 더욱 당기네요, 자 빨리 식사를 마저 합시다."

강의 마지막 날, 나는 학생들과 헤어지는 것이 못내 아쉬웠다. 두 주간의 짧은 기간이었지만 학생들도 나와 정이 듬뿍 들어 헤어지는 것을 많이 아쉬워했다. 나는 그들을 격려해 주고 싶었다.

"아쉽지만 우리는 내일 헤어져야 합니다. 하지만 여러분이 어린이 전도협회 사역을 계속하는 한 반드시 다시 만날 수 있을 것입니다." 나는 이런 격려의 말과 함께 학생들 모두에게 식사를 한 끼 대접해 주고 싶었다.

"아쉬움을 달래기 위해 오늘 저녁은 제가 여러분 모두를 맥도널드 식당에 초대하도록 하겠습니다."

이 말이 내 입에서 떨어지자마자 학생들은 온통 책상을 두드리며 환호성을 올렸다. 학생들의 폭발적인 반응으로 인해 말을 꺼낸 내가 오히려 당황스러웠다. 실제로 학생들은 그날 하루 종일 소풍을 가는 학생들처럼 들뜬 마음으로 맥도널드 행을 기다리고 있었다. 나는 나중에 그 이유를 켄 선교사에게 물어보았다. 그분은 이렇게 대답해 주었다.

"이곳 피지에는 맥도널드 식당이 딱 하나 있는데 관광객들이나 이용할 수 있는 고급 식당입니다. 현지인들은 거의 출입하지 않지요. 게다가 통가나 솔로몬아일랜드에서 온 학생들은 자기네 나라에 맥도널드 식당이 없기 때문에 소문으로만 들어서 알고 있지요. 그러니 대부분의 학생들에게 맥도널드 식당 방문은 평생 처음 해 보는 진귀한 경험인 것입니다."

나는 켄 선교사님의 설명을 듣고 나서야 학생들의 반응이 이해되었다.

그날 학생들은 나와 함께 맥도널드 식당에서 매우 즐거운 시간을 가졌다. 각자 원하는 세트 하나씩을 받아 의기양양하게 자기 자리로 가서 삼삼오오 무리를 지어 즐거운 담소와 함께 먹기 시작했다. 식사가 거의 끝날 무렵 나는 학생들에게 지시했다.

"이제 숙소로 떠나야 할 시간입니다. 여러분이 드시고 남은 것들은 각자 매장 내에 있는 휴지통에 비워 주세요."

지시를 마친 나는 몇몇 학생이 프렌치프라이를 담았던 통을 납작하게 찌부러뜨려 곱게 손질하고 있는 모습을 보았다.

맥도널드 식당에서

"그것은 휴지통에 그냥 버리면 됩니다. 찌부러뜨리고 손질할 필요 없어요."

내 말을 들은 그 학생들은 눈이 휘둥그레졌다.

"아니, 이 귀한 기념품을 왜 버리나요? 저희들은 이것을 고향에 가져가서 친구들에게 자랑하려고 해요."

나는 속으로 웃지 않을 수 없었다. 지구의 한쪽에서는 프렌치프라이를 먹다가 반쯤 남기고도 아무렇지도 않게 버리는데, 또 다른 한쪽편에서는 굶주린 듯 프렌치프라이를 먹고, 그 통을 기념품으로 가져가서 친구들에게 자랑하겠다니 말이다.

아이에게 피아노를 가르칠 수 있게 해 주세요

해외에 살면서 느끼는 자녀 교육 문제 중의 하나는 특기 교육이다. 한국에서는 공부 하나만 잘하면 모범생으로 칭찬을 듣지만 해외에서는 악기나 운동 등 학업 외적인 요소 역시 매우 중요하게 생각하고 있으며, 실제로 이것은 상급 학교의 진학에도 상당한 영향을 끼친다. 그래서 우리 부부는 아들인 한별이에게 한 가지 악기를 가르쳐야겠다고 결정했다.

"어떤 악기가 좋을까요?" 나는 내심 아내가 구입하기에 가장 저렴한 악기를 고를 것을 기대했다.

"피아노를 가르치죠. 다른 악기들을 다루는 데 있어서 기초가 되는 악기니 말이에요."

"피아노라……" 나는 고개를 끄덕이면서도 피아노 레슨비가 많이 들 것을 염려하고 있었다. 우리 부부는 아이에게 피아노를 가르치기로 결정한 후 하나님께 기도를 드렸다.

"아버지, 아이에게 피아노를 가르칠 수 있게 해 주세요. 좋은 선생님을 붙여 주세요."

우리는 언감생심 피아노를 달라는 기도는 드리지 못하고, 좋은 선생님을 붙여 주실 것을 기도했다. 물론 우리가 구한 '좋은' 선생님이란 실력이 뛰어난 선생님이라기보다는 우리의 형편을 이해하고 아주 저렴한 레슨비를 받거나 무료로 지도해 줄 피아노 선생님이었다. 기도를 드린 다음 우리는 그런 피아노 선생님이 없는지 우리 주변의 사람들을 살펴보기로 했다.

그 다음날이 주일이라 교회를 출석하여 맡겨진 사역들을 감당했다. 그러던 중 교회 중고등부의 한 선생님이 눈에 띄었다. 그분은 당시 캐세이퍼시픽 항공사 승무원 생활을 하다가 건강상의 이유로 사직하고 일반 직장을 다니던 분이었다. 가만히 보니 피아노를 어느 정도 치시는 것 같았다. 그래서 아내가 그분에게 물었다.

"장정혜 선생님, 혹시 피아노를 가르칠 수 있습니까?"

"아이고, 저는 피아노를 가르칠 만한 실력은 되지 않습니다." 그분은 손사래를 치며 자신은 그 정도 실력이 되지 않는다는 말을 되풀이했다. 그러려니 하고 돌아서려는 아내를 향해 그분이 불쑥 말을 꺼냈다.

"그런데 전도사님, 혹시 피아노가 필요하지 않으세요?"

"아니, 왜요?"

"저한테 중고 피아노가 있는데 필요하다면 가져가세요."

아이에게 피아노를 가르치게 해 달라고 기도한 지 하루 만에 하나님은 우리 가족에게 중고 피아노를 주시려는 것이 아닌가! '피아노 선생도 중요하지만 일단 집에 피아노가 있어야 하지 않겠니?' 하나님께서 우리 귀에 속삭이시는 것 같았다.

"주신다면 감사하게 받겠습니다. 그런데 선생님은 이제 피아노가 필요 없나요?"

"사실은 제가 이사를 가게 되었어요. 승무원 생활을 하다가 그만두고 최근 들어 일반 직장에 나가고 있는데 월급이 거의 절반으로 줄었어요. 그래서 집을 줄여서 이사를 가게 되었어요."

"저런, 어떡하나."

"새로 이사하게 된 집에는 피아노를 들여놓을 공간이 없어서 아는 언니에게 중고로 팔기로 했는데, 그 언니가 사정이 생겨 피아노를 사지 못하겠다고, 미안하다고 사과하는 전화를 어제 해왔어요. 그래서 피아노가 갈 데가 없어진 거예요."

"사정이 딱하게 되었네요. 그럼 저희가 다음 주일 지나고 바로 피아노를 가져가도록 하겠습니다."

아내가 그 자매와 여기까지 대화를 마치고 집으로 돌아오는 길에 이상하게도 내 마음이 몹시 불편했다. '자매가 좋은 직장을 얻어 넓은 집으로 옮겨 가면서 중고 피아노를 처분하고 더 좋은 피아노를 사서 가는 것이 아니라, 집을 줄여 가면서 중고로 팔려고 했던 피아노인데 그나마 사겠다던 사람이 구매를 취소하는 바람에 우리 가족에게 피아노를 주게 되었구나.'

여기까지 생각한 나는 하나님께 기도를 드렸다. '하나님, 제가 이 자매에게 중고 피아노 값을 주기 원합니다. 다음 주일이 지나기 전에 홍콩달러 2,000불(우리 돈 30만 원 상당)을 공급해 주세요.'

나는 좀처럼 기한과 액수를 정해 기도하는 법이 없었는데 그날만은 예외였다. 기도를 드린 후 시간은 속절없이 흘러갔고, 그 다음 주일이 다가왔으나 여전히 기도는 응답되지 않고 있었다. '오늘이 마지막 날이구나.'

하지만 나는 한 가닥 믿는 구석이 있었다. 왜냐하면 내가 정한 기도 응답의 마감시한인 그 주일은 마침 추수감사절이었기 때문이었다. '아무래도 추수감사절에는 성도들이 하나님께 감사할 뿐만 아니라 교역자들에게도 감사할 수 있겠지.' 이것이 내가 믿는 속내였다. 하지만 그 추수감사절 주일에는 오후 예배가 끝나고 거의 모든 성도들이 집으로 돌아간 후에도 일절 아무런 소식이 없었다. 내가 다니던 교회의 성도들 중에 그 누구도 따로 나에게 물질로 감사의 표시를 하지 않았던 것이다. '이럴 리가 없는데. 하나님, 이 방법이 아니라 다른 방법을 계획하신 것인가요?' 나는 속으로 발을 동동 구르며 하나님께 기도를 드렸다.

그때였다. 아직까지 집으로 돌아가지 않고 남아 있던 집사님 한 분이 내게 다가오셨다.

"목사님, 오늘 저녁에 시간이 되시나요?"

"예, 무슨 일인가요?"

"우리 CBMC 회원 중에 추도예배를 드리고자 하는 분이 있는데 목사님이 가서 예배를 인도해 주실 수 있나요?"

그 집사님은 홍콩 기독실업인회(CBMC)의 임원을 맡은 분이었다. 이어지는 이야기를 들어 보니 다음과 같았다.

홍콩 기독실업인회 회원 중에 미국에서 법대를 졸업하고 국제변호사로 활동하시는 분이 있다고 했다. 그분은 최근에 전도를 받아 가족이 교회를 출석하게 되었는데, 마침 그날이 바로 아버지를 여읜 지 백일째 되는 날이었다고 한다. 그분의 아버지는 한국에서 돌아가셨고, 남편을 잃은 어머니는 잠시 홍콩의 아들 집을 들른 상태였다. 믿지 않는 가정이었다면 백 일의 기일을 맞아 제사를 드렸을 것이지만, 이제 교회를 다니게 되어서 제사는 드리지 않기로 했다고 한다. 하지만 그 아들은 신앙이 없는 어머니가 섭섭해하실 것 같아 목사님을 모시고 추도예배를 드리기로 결정했다고 한다. 하지만 문제는 그날이 하필 추수감사절이라 모든 목회자들이 선약이 있어 추도예배를 인도하러 오실 수 없다는 데 있었다. 그래서 결국은 목회를 하지 않는 한가한(?) 나에게 그 부탁을 하게 된 것이다.

'이 방법이구나. 하나님, 이 방법이 맞지요?' 여기까지 설명을 들은 나는 속으로 탄성을 지르며 하나님과 대화했다. 그런 다음 나는 집사님께 말씀드렸다. "예, 집사님, 기꺼이 가서 예배를 인도하겠습니다."

그날 저녁 나는 최선을 다해 추도예배를 인도했고, 이어지는 저녁식사를 함께했다. 식사를 마친 후 우리는 자리에서 일어섰다. 우리를 초청한 그 집의 부부는 대문 앞까지 우리 일행을 배웅해 주셨다. 나는 초조한 마음으로 기다리고 있었다. 마침내 헤어지기 직전에 그분의 아내가 내 손에 봉투를 쥐어 주셨다.

"목사님, 수고 많으셨어요. 약소하지만 교통비로 쓰세요."

그 봉투를 받는 순간 나에게는, '이것이구나, 2,000불이다!' 라는 강한 확신이 왔다.

하지만 내가 그런 확신을 가진 것은 다소 이상한 일이긴 했다. 왜냐하면 담임 목사님도 아닌, 처음 보는 목사가 잠시 와서 추도예배를 인도했는데 그만한 거금을 넣을 분은 없었기 때문이었다. 사실 나 자신도 앞서 하나님께 액수를 정해 놓고 기도하지 않았더라면 고작 500불 정도를 기대했을 것이었다. 하지만 액수를 정해 기도했기 때문에 나는 봉투 안에 반드시 2,000불이 들어 있을 것이라는 강한 확신을 가졌다. 그래서 집으로 돌아오는 길에 봉투를 열어 보지 않았다.

집에 도착한 나는 거실에서 조심스럽게 봉투를 열어 보았다. 봉투 속의 금액을 확인하자마자 나는 마치 하나님께 항의하는 것 같은 목소리로 말씀드렸다. "하나님, 액수가 틀리잖아요!"

놀랍게도 봉투 속에는 2,500불이라는 거금이 들어 있었다. 이것은 정말로 상식을 뛰어넘는 사례비였던 것이다. 하지만 나는 그 당시 봉투 속에 내가 요청했던 바로 그 액수인 2,000불이 아니라, 2,500불이 들어 있다는 것을 발견하고, 이것은 정확한 기도 응답이 아니라는 생각이 들어 하나님께 투정을 부린 것이다. 우습지 않은가? 더 많이 주셔도 항의를 한다니 말이다. 하지만 나는 정확히 2,000불을 기대하고 있었던 것이다.

그날 밤 아내는 자매와 통화를 하는 가운데 피아노를 언제 가져올 것인지 의논했다. 물론 자매가 부담스러워할 것 같아서 2,000불을 지불하겠다는 등의 이야기는 아직 하지 않았다. 전화를 끊은 후 아내는 내게 와서 말했다.

"그런데 피아노를 옮기려면 악기 전문 이삿짐센터를 불러야 해서 돈이 든대요."

"얼마나 든다 하나요?"

"아마 500불 정도 들 거라고 하네요."

아내의 말을 듣고 있을 때, 나는 동시에 내 마음에 속삭이시는 하나님의 음성을 들을 수 있었다. '너는 피아노를 떠메고 오려 했니?' 하나님의 이 음성을 듣는 순간 나는 소름이 끼치도록 세밀하신 하나님 앞에 그만 엎드러지고 말았다. '하나님, 감사해요. 내가 미처 생각지도 못해서 기도하지 않은 피아노 운반비까지 채워 주셨네요.'

며칠 후 우리는 무사히 피아노를 운반해 왔고, 얼마 지나지 않아 하나님은 당시 현대건설이 홍콩에서 발주한 항만공사를 위해 파견된 어떤 직원의 아내 되시는 분을 보내 주셨다. 그분은 피아노를 전공하신 '좋은' 선생님이셨고, 한별이에게 피아노의 기초를 잘 지도해 주셨다. 또한 우리는 피아노를 준 자매에게 2,000불을 건네줄 수 있었다. 그 돈을 한사코 받지 않겠다던 자매에게, 그 돈은 내가 주는 것이 아니라 정확한 액수를 놓고 기도하는 가운데 하나님이 공급해 주신 돈이라고 말하자 그 자매는 기쁨의 눈물을 흘리며 그 돈을 받아 갔다. 역시 하나님의 선한 역사는 관련된 모든 사람에게 기쁨을 주는 법이다.

Behind Story

사건 100일 전

하나님: 이번 임무는 날짜가 중요하니 특별히 차질이 없이 진행하도록
하라.

죽음의 천사: 이유를 물어봐도 되겠습니까?

하나님: 네가 데려올 사람은 임종한 지 100일 후가 반드시 추수감사절
주일이 되는 사람이어야 하느니라.

죽음의 천사: (고개를 갸웃거리며 하나님의 존전을 떠나며 혼잣말을 한
다.) 그게 그렇게도 중요한가?

사건 당일

미가엘: 하나님, 다 처리했습니다. 홍콩의 모든 목사들의 스케줄 조정이
끝났습니다.

하나님: 수고했노라. 가장 중요한 사례비 봉투는 준비되었느냐?

미가엘: 그게 좀…… 추도예배 한 번 인도허 준 데 대하여 그만한 액수
의 사례비를 넣는다는 것이 상식에 어긋나서……

하나님: 그러기에 내가 경제적으로 넉넉한 국제변호사 가정을 선택하지
않았느냐. 게다가 내가 효성이 지극한 부부로 특별히 골랐으니,
네가 조금만 입김을 불어넣으면 주저하지 않고 그만한 액수를
넣을 것이니라.

미가엘: 예, 알겠습니다, 사람들에게 선한 생각을 불어넣는 것이 우리 천
사들의 임무지요. 참, 그가 2,000불을 달라고 기도했었죠?

하나님: 어허, 2,500불이라고 내가 이미 말하지 않았느냐? 2,000불을
넣으면 네가 밤에 가서 피아노를 옮겨야 할 것이니라.

미가엘: (머리를 긁적이며) 우리 천사들은 이삿짐센터 직원이 아닙니다.

사건후기: 우리에게 피아노를 주신 장정혜 집사님과 한별이에게 피아노의 기초를 가르치셨던 함혜진 집사님은 현재 우리 가족의 어린이 전도협회 아시아태평양지역 사역을 위한 기도와 물질의 든든한 동역자이시다. 물론 문제의 그 피아노 역시 지금도 호주에서 우리 아이들을 위해 늠름하게 봉사하고 있다. 피아노 선생님을 달라는 단순한 기도가 이렇게까지 풍성한 결실을 맺을 줄은 몰랐다.

"주라 그리하면 너희에게 줄 것이니 곧 후히 되어 누르고 흔들어 넘치도록 하여 너희에게 안겨 주리라" _ 눅 6:38上

파리 볶음밥

그 무렵 나는 CMI 강의를 위해 미얀마를 방문했다. 미얀마는 군사독재국가인 동시에 철저한 불교 국가이지만, 기독교에 대하여 노골적으로 탄압하지는 않고 있다. 몇 년 전만 해도 미얀마를 방문하는 모든 외국 관광객들은 의무적으로 US 200불을 환전해서 들어가야 했다. 물론 미얀마 정부는 출국 시에 이를 다시 환전해 주지 않았다. 따라서 관광객들은 싫으나 좋으나 US 200불을 국내에서 다 쓰고 출국할 수밖에 없었던 것이다. 이런 치사한 방법을 통해서라도 미얀마 정부는 외환보유고를 늘여야 할 만큼 가난에 허덕이고 있었다. 하지만 내가 미얀마를 방문하기 직전에 이 제도가 폐지되어 나는 환전을 하지 않고 미얀마에 입국할 수 있었다.

그런데 미얀마에는 자국을 방문하는 외국인에 대한 또 다른 제약이 있었다. 그것은 미얀마를 방문하는 모든 외국인들은 의무적으로 호텔에 머물러야 하고, 자국인의 집 혹은 그들이 제공하는 무료 숙소를 사

미얀마 지도자 학원 학생들과 함께

용하지 못하도록 하는 법이었다. 이런 시대에 뒤떨어진 법이 엄연히 존재하는 이유는 아마도 외환보유고를 늘이려는 목적과 함께 자국인에 대한 종교적, 이념적 접근을 최대한 막아 보려는 목적 때문이 아닌가 싶었다. 따라서 나도 열흘 동안 어쩔 수 없이 공항 근처 호텔에 여장을 풀고 아침마다 강의 장소로 이동해야만 했다. 마지막 날 조식과 석식을 포함한 열흘간의 호텔 숙박비를 정산하면서, '우리나라 특급호텔 하루 숙박비구나.' 라는 생각을 했던 것으로 보아 아마도 US 300불 정도를 지불한 것으로 기억된다.

미얀마 CMI에는 15명 정도의 학생들이 등록해 있었다. 그들은 미얀마 각 지역에서 온 어린이 사역자들로 학원을 마치고는 자신들의 지역으로 돌아가 미얀마 어린이전도협회 사역자들로 헌신할 그리스도인들이었다. 학원에서 가르치던 중 내가 그들의 출신 종족을 물어보니 학생들 대부분이 제각기 출신 종족이 달라서 내심 놀랐던 것이 기억난다. 실제로 어린이전도협회 미얀마 대표 부부 역시 출신 종족이 서로 달랐는데, 남편의 경우 우리 귀에 익숙한 카렌족이었다. 미얀마의 카렌족은 대부분 그리스도인으로 구성된 소수민족으로, 기독교인이라는 이유로 심한 사회적 차별을 당하고 있다고 한다.

미얀마 사역 중 가장 힘들었던 부분은 식사 문제였다. 아시아태평양 각국의 어린이전도협회 사역자들은 대개 사회의 저소득층에 속한 사람들이다. 따라서 평소에도 그렇지만 특히 그들은 CMI 훈련을 진행하는 동안에는 자신들의 토속적인 방식으로 식사를 준비하여 모든 학생들과 강사들이 함께 식사를 하곤 했다. 미얀마에서도 그런 방식으로 식사를 했다. 하지만 강의를 잠시 쉬는 휴식시간에 식당 근처를 지나다가, 파리와 온갖 벌레들이 들끓는 식사준비 광경을 보면 솔직히 밥맛이 달아나곤 했다.

어느 날인가는 다 함께 미얀마식 볶음밥을 먹게 되었는데, 하필 나에게 할당된 볶음밥 안에 커다란 파리 몇 마리가 다른 재료들과 함께 볶아져 있는 것을 보고 몰래 그것을 버리느라 진땀을 뺀 적이 있다. 강사인 내 밥그릇에 파리가 볶아져 나왔다는 것을 알면 그들이 무안해할까 봐 그랬던 것이다. 그리고 그들이 눈치채지 못하게 하기 위해 아무 일 없다는 듯 파리를 몰래 버리고 남은 볶음밥을 열심히 먹었다. 하지만 먹다 보니 자꾸만 비위가 상해 결국 다 먹지는 못하고 조금 남기고 말았다. 이것이 지금까지 내가 선교지에서 현지 음식을 남긴 유일한 경우였다. (그런데 재미있는 것은 내가 파리 볶음밥을 먹은 경험을 다른 선교사에게 했더니, 음식에 살아 있는 파리가 앉는 것이 문제이지 이미 볶아진 파리는 위생적으로는 아무 문제가 없다는 것이었다. 그의 설명을 듣고 보니 그 말도 그럴듯했다.)

한 주간의 강의를 마친 후 나는 현지 사역자의 안내로 양곤 시내 이곳저곳을 둘러보았다. 특히 벼룩시장이 열리는 곳이 흥미로웠다. 그곳에는 그림과 공예품, 가방, 옷가지, 옛날 화폐 등등 없는 것이 없었다. 특히 인상 깊었던 것은 동일한 유화 그림을 수십 점씩 여러 종류를 팔던 길거리 화랑이었다. 언뜻 보기에는 똑같은 그림들이었지만 분명히 직접 손으로 그린 유화였고 자세히 보니 세밀한 부분은 조금씩 다른 것이, 아마도 화가들이 각자 한 종류씩 주제를 정해 그 그림만 수십, 수백 장을 그려내는 것 같았다. 이런 현상 역시 인건비가 턱없이 싸기 때문에 생긴 것으로 짐작을 했다.

벼룩시장의 한쪽 구석에서는 온갖 길거리 간식을 팔고 있었다. 나의 눈에 비교적 친숙한 것도 있었고, 미얀마 특산물인 것처럼 보이는 생소한 것들도 많았다. 간식들을 둘러보던 중 나의 시선이 고정된 곳이 있었다. 그것은 분명히 내 눈에는 꽤 커다란 바퀴벌레로 보이는 곤충을 튀겨서 양푼에 가득 담아 파는 가게였다. 호기심이 발동한 나는 현지 사역자에게 물어보았다.

"저건 바퀴벌레(cockroach) 아니에요?"

"예, 뭐라고요?" 현지 사역자는 바퀴벌레라는 영어단어를 잘 알아듣지 못했는지 고개를 갸웃거렸다.

"저것은 먹는 것인가요?"

"예, 맛있는 간식이에요."

나는 그날 이후 미얀마를 떠나는 날까지 혹시라도 그 '간식'이 공동식사의 식탁에 오르지 않을까 전전긍긍했다.

"하나님께서 지으신 모든 것이 선하매 감사함으로 받으면 버릴 것이 없나니" _ 딤전 4:4

새벽안개를 뚫고

미얀마 선교여행 이후 나는 J국을 방문하게 되었다. 한국에서 J국에 파송된 어린이전도협회 선교사(비밀명칭: 꿀벌선교사)와 연결되어 몇몇 도시를 방문했고, 기존 사역자에 대한 격려 및 교사교육 사역을 주로 진행했다. 일정 중에 우리는 중부에 있는 H시를 방문하여 그곳에서 여름성경학교강습회를 인도하기로 했다. 물론 그 나라에서 주일학교 사역은 불법이었기 때문에 여름성경학교라는 말은 공식적으로 사용할 수 없었다. 특히 어린이에 대한 전도와 종교교육이 엄격히 금지되어 있었고, 외국인이 자국인을 가르치는 것 역시 엄격히 금지되어 있었으므로, 나와 같은 어린이 사역자들이 현지 교사들을 훈련시키는 것은 이중으로 그 나라의 법을 어기는 셈이었다.

그래서 우리는 마치 간첩처럼 매우 은밀하게 행동했다. 꿀벌 선교사님이 우리가 방문할 교회의 장로님과 그 도시의 기차역 근처에 미리 접선 장소를 정해 놓았다. 우리는 밤새 달리는 심야기차를 이용했고, 새벽 6시경에 약속된 장소에서 그 장로님을 만났다. 그분은 낡은 승합차 한 대를 몰고 나오셨다. 나와 꿀벌선교사님을 태운 승합차는 새벽길을 달리기 시작했다. 승합차가 달리기 시작하자 갑자기 피로감이 몰려와 나는 그만 잠시 눈을 붙였던 것 같다.

몇 분이나 잠이 들었는지 모르겠지만, 얼마가 지나 잠결에 살짝 눈을 떠 보니 창밖에 펼쳐지는 풍경이 매우 익숙해 보였다. 착륙 직전 비행기가 구름 속을 날아가는 그 광경 말이다. 이제 막 해가 뜨기 시작했지만, 창밖은 빽빽한 안개로 인해 불과 30cm 앞도 보이지 않았다. 갑자기 정신이 번쩍 든 나는 운전석 쪽을 바라보았다. 차는 여전히 시속 60km 이상으로 달리고 있었다. 그때서야 나는 이 광경이 익숙한 비행기 안이 아니라 질주하는 승합차 안에서 바라보는 광경이라는 사실을 깨닫고 오금이 저려 옴을 느꼈다.

"선교사님, 이러다 사고 나겠어요. 장로님께 속도를 좀 줄이라고 말씀드려 보세요."

꿀벌선교사님은 장로님과 몇 마디를 나누시더니 "장로님은 선교사님이 오셔서 하나님께서 연막을 쳐 주셨으니 할렐루야라고 하시네요. 안개가 걷히기 전 도착해야 마을 사람들 눈에 띄지 않기 때문에 속도를 늦출 수 없답니다."라고 말씀해 주셨다.

그 상황에서 또 속도를 줄이라고 하면 '믿음이 없는' 선교사가 되어 버릴 것이 분명했다. 그래서 나는 어쩔 수 없이 사고가 나지 않기만을 속으로 간절히 기도할 수밖에 없었다.

얼마를 달렸을까, 승합차는 드디어 강의를 진행할 교회에 도착했다.

"피곤하실 텐데 아침 식사 전까지 잠시 눈을 붙이시죠."

장로님은 우리를 숙소로 안내해 주셨다. 하지만 말이 숙소지 그곳은 사방에 덩그러니 벽만 있는 사무실 같은 공간이었다. 한겨울의 살을 에는 날씨에 온기 한 점 없는 텅 빈 숙소에서 우리는 덜덜 떨면서 입고 간 파카에 의지하여 잠시 눈을 붙였다.

"선교사님, 일어나세요." 꿀벌선교사님이 나를 흔들어 깨웠다.

"아침 식사가 준비되었다고 오시래요."

솔직히 아침식사고 뭐고 나는 조금 더 눈을 붙이고 싶었지만, 선교지에서는 내 몸이 나의 것이 아님을 잘 알고 있었기에 밖으로 나갔다. 장로님은 우리를 부엌으로 안내하셨다. 부엌에 들어가 보니 커다란 가마솥이 걸린 농촌 식 부엌 바닥에 허름한 상을 펴 놓고, 나무로 만든 낚시의자 비슷한 작은 의자를 권하며 그곳에 앉아 식사를 하자고 하셨다. 주위를 둘러보니 궁핍한 그곳 환경이 한눈에 들어왔다. 나는 속으로 혀를 끌끌 찼다.

'어쩌면 이다지도 궁상맞게 해 놓고 살까?' 내가 이런 생각을 하고 있는 사이, 장로님의 품에서 전화벨 소리가 울렸다. 장로님이 핸드폰을 꺼내 통화를 하기 시작하셨다. 그 모습을 보던 나는 깜짝 놀라고 말았다. 왜냐하면 장로님의 핸드폰은 내가 가진 것보다 훨씬 좋은 것이었기 때문이다. 당시 나는 흑백화면의 싸구려 핸드폰을 가지고 있었는데, 장로님은 컬러화면의 최신 핸드폰을 가지고 계셨기 때문이었다. 나는 속으로 고소를 지었다. '누가 누구를 궁상맞다고 하는 것인가?'

식사를 하던 꿀벌선교사님이 만면에 환한 미소를 지으며 나에게 우리말로 말을 걸어 오셨다.

"이 국수는 내가 제일 싫어하는 국수인데……"

꿀벌선교사님은 자신이 싫어하는 음식이 나오자, 미소를 띤 채 나에게 약간 투정을 부린 것이었다. 나 역시 백 번 공감이 갔다. 무엇인지 모를 재료들이 잔뜩 들어 있는 이상한 국수는 아침 식사로 먹기에는 매우 부담스러웠다.

"사실은 저도 그래요."

나도 우리말로 대답했다. 그런 대화를 주고받은 우리는 세상에 이런 맛있는 음식이 없는 것처럼 후루룩거리며 국수를 먹었다.

식사가 끝나자 본격적인 강의가 시작되었다. 그 교회뿐만 아니라 인근의 많은 교회에서 입소문을 통해 교사들이 찾아와서 강의실은 30명 정도의 교사들로 인해 거의 꽉 찼다. 아침 8시부터 오후 5시까지 5분씩 잠시 쉬는 시간 외에는 강의가 계속해서 진행되었다. 나는 그들의 배우고자 하는 열정에 감동하고 말았다. 강의를 하지 않을 때 나는 교회 주변을 둘러보았다. 그때 한 무리의 사람들이 나를 불러 세웠다. 알고 보니 그 교회의 교인들이었다. 그들은 교회가 설립된 이래 최초로 목사가 자신들의 교회를 방문했다고 흥분해 있었다. 그러면서 나에게 안수기도를 해 달라고 부탁했다. 나는 곤혹스러웠다. 말도 잘 통하지 않는 상황에서 어떻게 기도를 해 준단 말인가? 하지만 나는 꿀벌선교사님의 통역을 통해 한 사람 한 사람 정성으로 안수해 주었고, 그들은 눈물을 흘리며 감사했다.

사실 그것은 그 교회에서 열린 두 번째 여름성경학교강습회였다. 꿀벌선교사님이 한 해 전에 이미 그곳에서 첫 번째 여름성경학교 강습회를 여셨던 것이다. 첫 번째 여름성경학교 강습회 이후 그 교회에서는 암암리에 인근 동네의 아이들을 모아 여름성경학교를 진행했다고 한다. 약 300명 이상의 어린이들이 도여들었고, 아이들이 상담을 통해 예수님을 영접하고, 헌신을 결단하는 등 여름성경학교는 대성공을 거두었다. 중간에 위기도 있었다고 한다. 아이들이 교회에 많이 모여 있는 것을 보고 누군가 비밀경찰에 신고를 했던 것이다.

다행히도 비밀경찰의 높은 지위에 있는 관리가 그 교회 장로님의 어릴 적 친구라서 장로님께 미리 전화로 단속반의 출동 사실을 연락해 주었다고 한다. 그 상황에서 모든 아이들을 피신시키면 더욱 의심을 살 수 있으므로, 장로님은 고학년 아이들은 모두 피신시키고 저학년 아이들 위주로 50명 정도를 모아 학교공부를 보충해 주는 것처럼 꾸며서 비밀경찰이 들이닥쳤을 때 무사히 넘어갈 수 있었다고 한다. 이렇게 여름성경학교를 통해 어린이 사역에 재미를 본 교회 측에서 여름성경학교 강습회를 다시 열어 달라고 요청을 해 왔던 것이다.

장로님은 강의를 끝내고 돌아가는 우리를 역까지 배웅해 주셨다. 마지막 인사를 하며 장로님은 품에서 꼬깃꼬깃 접은 돈을 꺼내 꿀벌선교사님께 전해 주었다. "얼마 안 되지만 여비로 보태 쓰세요." 그 광경을 본 나는 그들의 궁색한 살림이 생각나 마음이 아팠다. 그래서 돌아오는 기차 안에서 꿀벌선교사님께 물어보았다.

"선교사님, 어째서 그것을 받으셨나요? 저는 오히려 그분들에게 돈을 주고 오고 싶던데."

"아닙니다, 라 선교사님." 꿀벌선교사님은 정색을 하고 나에게 말씀하셨다.

"지금까지 한국은 돈을 퍼 주는 선교만 하다가 그만 이 나라의 신자들을 많이 버려 놓았습니다. 돈으로 선교하려 하면 안 됩니다. 나는 절대로 돈을 주지 않습니다. 그들이 강의를 요청해 오면, 반드시 숙식을 제공할 것과 가능하다면 강사료를 책정해 줄 것을 요청합니다. 그렇게 해야 그들에게 올바른 물질관이 생깁니다."

나는 고개를 끄덕이며 나의 경솔한 생각을 탓했다. 그랬다. 가난하고 불쌍하게 보인다고 무조건 돈을 주는 것만이 진정한 사랑이자 선교는 아닌 것이다.

실제로 꿀벌선교사님은 이 부분에 대한 정확한 원칙을 세워 두고 계셨다. 그분은 J국의 새소식반 어린이들에게, 다른 나라의 어린이들을 위해 헌금할 것을 강조하며 가르치셨다. 이에 새소식반 어린이들은 얼마 안 되는 물질이지만 새소식반을 할 때마다 해외선교를 위해 헌금을 했다고 한다. 이것은 J국 신자들의 특성상 기적이라 할 만한 일이었다. 내가 J국을 방문했을 때, 꿀벌선교사님은 J국 최초로 새소식반 어린이들이 모은 헌금을 나에게 전달해 주었다. 나는 떨리는 손

J국 Y시 방문

으로 그 헌금을 받아들었다. 비록 액수는 10만 원에도 미치지 못하는 헌금이었지만, 지금까지 받은 그 어떤 헌금보다 더욱 감격스러웠다. 아직도 나는 내가 J국의 새소식반 어린이들로부터 최초로 헌금을 받은 선교사라는 사실을 그 어떤 훈장보다 자랑스럽게 내 마음속에 간직하고 있다.

H시의 사역을 끝낸 후 우리는 Y시를 방문했다. 그곳에서는 꿀벌선교사님과 연결되어 비밀리에 탈북 어린이 사역을 하는 사역자가 있었다. 그는 다른 생업을 하는 것처럼 꾸민 후 실상은 전적으로 탈북 어린이들을 모아 그들을 돌봐 주는 사역을 감당하고 있었다. 그러나 안타깝게도 탈북 어린이들은 학교는커녕 비밀아지트 외부 출입은 꿈도 꿀 수 없는 상황이었다. 그곳에서 그들은 하루 종일 성경을 배우고 그 밖에 영어나 컴퓨터 등 다른 기술들을 배우고 있었다. 하지만 그 배운 것들을 그들이 과연 사용할 수 있을지는 그 누구도 알 수 없는 상황이었다.

내가 그들을 처음 방문했을 때 일이다. 십여 명의 탈북 어린이들과 이런저런 대화를 하던 나는 무심코 그들에게 가장 마음에 와 닿는 성경 구절이 무엇인가를 물어보았다. 놀랍게도 그 아이들 중 2/3가량이 "내 부모는 나를 버렸으나 여호와는 나를 영접하시리이다."라는 시편 27편 10절 말씀을 인용했다. 그들의 반응을 통해 나는 그 아이들의 처절한 아픔을 읽을 수 있었다. 그들은 자신의 부모가 당원이나 고위직 관리가 아니라서 자신이 이렇게 험한 고생을 겪는다고 생각하고 있었던 것이다. 그들은 은연중에 부모를 원망하고 있었다. 하지만 그 가운데서도 신앙이 조금 자라난 아이들은 우리가 흔히 좋아하는 다른 은혜로운 구절들을 인용했다. 이 모습을 보며 나는 그들의 신앙이 속히 자라나 마음속의 모든 원망과 증오가 주의 은혜로 녹아 없어질 것을 기도했다.

"또 네가 많은 증인 앞에서 내게 들은 바를 충성된 사람들에게 부탁하라 그들이 또 다른 사람들을 가르칠 수 있으리라" _ 딤후 2:2

호주로의 부르심

이 무렵 아시아태평양 지역의 총무인 탄쳉홧 목사님으로부터 전화가 왔다.

"데이빗, 혹시 호주로 사역 베이스를 옮길 의향이 없습니까?"

데이빗은 나의 영어 이름이다. 나는 되물었다.

"호주를 권하시는 이유가 무엇입니까?"

"아시아태평양 지역 중 태평양 지역을 더욱 효과적으로 섬기려면 아무래도 홍콩보다는 호주가 나을 듯합니다."

사실이 그랬다. 아시아 지역은 홍콩이 그 중심지라 할 수 있었지만, 태평양 지역을 방문하기에는 홍콩은 너무나 먼 곳에 떨어져 있는 셈이었다. 탄쳉홧 목사님은 내가 호주에 자리 잡고 태평양 지역에 대한 사역을 좀 더 효율적으로 진행하기를 원하셨던 것이다. 물론 그렇게 되면 아시아 지역과는 다소 멀어지겠지만, 어차피 시드니에서는 아시아 지역 주요 도시를 연결하는 직항편이 있기 때문에 그렇게 많이 불편하지는 않을 것이었다.

"글쎄요, 한 번도 생각해 본 적이 없는 일이라……"

"게다가 앞으로 자녀교육을 생각하면 그곳이 훨씬 낫습니다."

그분의 지적은 맞는 말이었다. 자녀를 호주의 공립학교에 보내면 별도의 비용 없이 국제학교를 보내는 효과를 누릴 수 있는 것이다.

"기도해 보겠습니다."

나는 전화를 끊었다. 그 후 며칠간 많은 고민을 하면서 기도해 보았다. 하지만 좀처럼 결단을 내릴 수 없었다.

호주로 선교 베이스를 옮기는 데 있어서 나를 가장 주저하게 만든 것은 온 가족을 이끌고 해외로 나와 이제 막 정착단계에 접어들었는데, 또 다시 뿌리를 뽑아 호주로 옮겨 간다는 것이 엄두가 나지 않아서였다. 나는 이런 고민을 누구와도 상의할 수 없었다. 홍콩에 사는 교민들은 내가 이런 고민을 슬쩍 비치기라도 하면 이렇게 말했다.

"저런 선교사님, 축하해요. 망설이지 말고 가세요."

그들에게 있어서 호주는 축복의 땅이었다. 하지만 나에게는 전혀 그렇지 않았다. 왜냐하면 호주에서의 생활에 자신이 없었기 때문이었다. 우선, 호주로 가게 되면 신규 후원자들을 모집하기 힘들고, 기존의 후원자들마저 줄어들 것만 같았다. 일반적으로 호주는 선교지라는 생각을 하지 않기 때문에, 호주 선교사를 새롭게 후원해 줄 후원자를 구한다는 것은 쉽지 않은 일이라는 생각이 들었다. 또한 호주는 상사주재원이 많은 홍콩과 달리 대부분의 교민들이 육체노동을 통한 빠듯한 생활을 하시는 분들이라, 호주 내에서 후원자를 찾기가 거의 불가능할 것이라는 느낌을 가지고 있었다.

이렇다 보니 나는 탄쳉홧 목사님께 가부간 답을 드리지 못하고 계속 고민만 하고 있었다. 그 사이 탄쳉홧 목사님은 호주 어린이전도협회에 부탁하여 우리 가족을 위한 호주 종교비자를 신청하게 하셨다. 그래서 나는 탄 목사님과 전화 통화를 한 지 서너 달 후, 호주 이민성으로부터 호주 어린이전도협회의 나에 대한 스폰서십을 인정한다는 편지를 받게 되었다. 이제 나는 호주 이민성의 편지를 가지고 홍콩의 호주 영사관에 가서 종교비자를 받으면 되는 상황이었다. 하지만 앞서 언급한 고민으로 인해 나는 호주 이민성의 편지를 받은 후에도 거의 10개월 동안 결단을 내리지 못하고 시간만 끌고 있었다.

뉴질랜드에서 내린 결단

그러던 차에 2004년 10월에 뉴질랜드에서 아시아태평양 지역대회가 열렸다. AP 대회라고 불리는 이 지역대회는 3년에 한 번씩 아시아태평양 각국을 돌아가며 열리는 대회토 어린이전도협회 모든 사역자들과 관계자들이 함께 모여 교제하며 비전을 나누는 대규모 축제였다. 이 대회는 AP 지역 사무실이 주관하는 것이었기에 나는 이를 위해 기도하며 준비를 했다. AP 대회 참가 준비를 하는 동안 나는 호주로 사역 베이스를 옮기지 말아야겠다는 결심이 굳게 섰다. 나는 AP 대회를 위해 홍콩을 출국하기 직전 아내에게 나의 결심을 털어놓았다.

"이번 AP 대회를 참석해서 탄쳉홧 목사님과 호주 어린이전도협회 이사장을 만나면 호주로 옮겨 가지 않겠다고 최종적으로 말씀드릴 예정이에요."

"그분들이 섭섭해 하지 않으실까요?"

"그렇겠죠. 특히 호주에서는 비용과 시간을 들여 스폰서십 비자까지 다 만들어 주었는데 말이에요." 나는 한숨을 쉬며 대답했다.

그런데 이상한 일이 생겼다. 다른 선교 여행의 경우엔, 후원자들에게 보내는 기도편지를 통해 대부분 출발 며칠 전까지는 약 80%의 경비가 충당되곤 했다. 물론 한 분이 고정적으로 후원해 주시는 것이 아

뉴질랜드 AP 대회 참석 기념 사진

니라, 그때그때 서로 다른 후원자들이 각기 다른 액수의 헌금을 보내
주시곤 했는데, 이것이 절묘하게도 중복되지 않고 대략 당시의 여행
경비만큼 모이곤 했던 것이다. 하지만 AP 대회를 불과 이틀 앞두고
통장을 확인해 보니 이상하게도 그때만은 필요한 경비의 20%도 모금
되지 않은 상태였다. 조금씩 불안한 마음이 들 무렵 이메일을 한 통 받
게 되었다. 그 이메일은 뉴질랜드에서 사역하시는 어린이전도협회 파
송 김성렬 선교사님으로부터 온 것이었다.

이메일에는 뜻밖의 내용이 담겨 있었다.

"라 선교사님, 평안하시죠? AP대회 준비로 많이 바쁘실 것입니다.
이곳에 저희가 아는 한 유학생 부부가 있는데, 그분들은 형편은 넉넉
하지 않아도 일정 기간 헌금을 모은 후 이를 한 번씩 선교헌금으로 드
리곤 합니다. 이번에 그분들이 저희에게 선교헌금을 드릴 적당한 곳

이 없는지 문의해 왔는데, 저희 마음에 A² 지역을 위해 수고하시는 라 선교사님이 생각나서 추천했더니 그분들이 라 선교사님께 헌금을 드리기 원한다고 합니다.”

놀랍게도 그 헌금은 US 1,000불로 정확히 부족한 80%에 해당하는 액수였다!

이렇게 해서 나는 또 다시 하나님의 공급하심을 경험하며 AP 대회를 참가하게 되었다. AP 대회를 진행하던 중 나는 호주 어린이전도협회 이사인 브루스(Bruce)를 만났다. 그분은 이사장을 대신하여 대회에 참석한 것이었다. 브루스는 나를 보자마자 다가와서 물었다.

“데이빗, 이제야 보게 되었군요.”

“안녕하세요?”

“도대체 호주로 올 것입니까 말 것입니까?”

“아직 결정을 못했습니다.”

“내일 아침까지 확답을 주세요. 이사회에 보고를 해야 합니다.”

나는 그 다음날 아침이라는 최후통첩을 받고 그 밤에 잰 존슨(Jan Johnson) 선교사를 찾아갔다. 잰 선교사는 미국 출신 어린이전도협회 선교사로 AP 지역의 교육담당자였다. 그분은 1년 중 11달은 AP 지역 각국을 다니며 현지 사역자들에게 어린이전도협회 훈련과정을 가르치셨고, 나머지 1달은 미국의 고향에서 휴가를 가지는 분이었다. 내가 그분을 찾아간 것은 호주로 옮기는 것을 거절하기 위한 정당한 명분을 찾기 위해서였다. 나는 내심 그분이 나의 결정을 지지해 줄 것을 바라고 있었다.

“데이빗, 어서 오세요.”

“호주로 옮기는 것에 관해 의논을 드리고 싶어서요.”

잰 존슨 선교사

"잘 생각하셔야 합니다. 지금 호주 어린이전도협회는 데이빗이 올 것을 기대하고 사무실에 데이빗의 책상까지 마련해 두고 있습니다. 만약 거절할 생각이라면 지혜롭게 말을 잘해야 할 것입니다."

"잰 선교사님은 이 부분에 대해 어떻게 생각하세요?"

"저는 데이빗이 호주로 가는 것을 찬성합니다."

혹 떼러 갔다가 혹 붙이고 온다는 속담처럼 나는 잰 선교사님의 말씀에 화들짝 놀랐다. "어째서 그것을 찬성하시나요?"

"데이빗은 한국에서 번역 업무를 주로 하셨고, 본부 사역 경험은 있지만 지회 경험이 없습니다. 따라서 호주로 가서 개척 사역을 한번 경험해 보는 것이 지도자로 성장하는 데 도움이 될 것입니다."

그분의 말을 듣고 보니 이해가 갔다. 여러 가지 어려움을 이기면서 개척 사역을 해 보아야만 다른 사역자들에게 경험에서 우러나온 실제적인 도움을 줄 수 있겠다 싶었다. 하지만 잰 선교사님의 말 한마디만으로 내 결심이 바뀔 수는 없었다. 그래서 나는 뉴질랜드에서 사역하시는 김성렬 선교사님 부부의 숙소를 방문하여 그분들과 거의 밤을 새며 깊은 대화를 해 보았다. 아무래도 누질랜드에서의 사역은 호주에서의 사역과 대동소이할 것이라는 생각에, 나는 그분들에게서 뉴질랜드 사역에 대해 자세히 들어보고 싶었던 것이다. 대화의 한 토막을 소개해 본다.

"뉴질랜드 한인사역이 비교적 활발하게 잘되고 있다고 들었습니다."

"지금은 그렇죠. 하지만 초창기 2~3년간은 정말 힘들었습니다. 강습회를 열었는데 몇 달 간 참석자들이 거의 없었어요. 강습회 날 저녁이면 우리 아이들이 목을 빼며 기다리다가 차 한 대가 지나갈 때마다 혹시 누가 오는지 내다보곤 했어요."

"재정적으로는 어떤가요?"

"재정적으로는 여전히 어렵습니다. 교민들이 힘들게 생활하시는 분이 많아서 아직도 강습회는 무료로 진행하고 있습니다. 저희들은 한국의 후원자들을 통해 생활비와 사역비를 충당하고 있습니다. 이곳은 퍼 주는 사역입니다."

"그렇다면 할 일은 많은가요?"

"그럼요. 할 일은 참 많습니다. 교회가 영세하여 교민 자녀들이 주일학교 교육을 제대로 받지 못하고 거의 방치되어 있습니다. 어린이 전도협회 사역이 꼭 필요한 곳입니다."

대화를 하는 가운데 나는 부끄러움으로 인해 몸이 확확 달아올랐다.

'선교사라는 사람이 재정 문제가 겁이 나서 도망치려 하다니. 재정이 풍족해도 할 일이 없다면 호주로 갈 필요가 없겠지만, 할 일이 많다는데 어찌 도망칠 수 있겠나? 재정적으로 아무리 힘들다 하더라도 할 일이 많다는데 도망치는 것은 선교사의 태도가 아니다. 호주로 간다면 후원자의 수가 줄어들 것을 염려하는 것 역시 믿음의 태도가 아니다. 선교사가 어느 나라에서 사는가 하는 것보다는 어떤 일을 하며 사는가가 훨씬 중요하지 않겠는가.'

그날 밤 나는 김성렬 선교사님 부부와의 대화를 통해 결심을 바꾸었다. 호주로 옮겨 가기로 최종 결정을 내린 것이다. 다음날 아침 나는 이 결정을 탄쳉홧 목사님과 브루스에게 통보했다.

AP 대회를 마치고 홍콩으로 돌아온 나는 즉시 홍콩의 호주 영사관을 찾아가서 스폰서십 편지를 내밀었다. 영사관 직원은 편지를 확인하더니 깜짝 놀라면서 내게 말했다. "며칠만 지나면 유효기간이 끝나네요!" 그 편지의 유효기간은 1년이었는데, 레터를 받고도 나는 1년 가까이 결정을 하지 못하고 끌었던 것이다.

"기한 내에 비자를 받을 수 있겠습니까?"

"급히 서둘러야 합니다. 우선 신체검사를 받아 오시고요……."

영사관 직원은 자기 일처럼 서둘러서 일사천리로 일을 처리하여 며칠 만에 호주 비자 스탬프를 찍어 주었다. 이렇게 하여 우리 가족은 홍콩 생활 만 3년 만에 호주로 옮겨 가게 된 것이다.

호주 정착 초기

홍콩을 떠난 우리 가족은 2005년 4월 13일 시드니의 킹스포드 국제공항에 도착했다. 홍콩에서 배로 이삿짐을 부쳤기 때문에 우리는 당장 입을 옷가지와 간단한 살림살이만 챙겨서 호주 땅에 도착했다. 막상 호주로 왔지만 미리 셋집을 구해 놓지 않았기 때문에 우리 가족

에드가(왼쪽에서 세 번째)와 브루스(맨 왼쪽)

이 들어가 살 집을 구해야만 했다. 그래서 우리는 집을 구할 때까지 며칠간 시드니주안교회 선교센터를 이용해야 했다. 가족이 선교센터에 여장을 푼 후 나는 당일로 셋집을 구하러 돌아다녔다. 그런데 뜻밖에도 셋집을 구하기가 여간 힘든 것이 아니었다. 당시 시드니 전역이 '월세대란'을 겪고 있었던 것이다. 외부에서 인구가 유입되는 데 비하여 주택의 공급이 따라 주지 않아서 셋집 하나가 나면 스무 명 이상의 지원자가 몰리는 것은 예사였다. 나는 가급적 호주 어린이전도협회 사무실 근처에 집을 얻기 원했다. 하지만 며칠이 지나도록 적당한 집을 찾지 못했다.

집을 구하지 못하고 날짜만 자꾸 흐르자, 당시 내가 집을 구하는 것을 도와주던 호주어린이전도협회 대표였던 에드가(Edgar)가 나에게 제안했다. "꼭 사무실 근처를 고집하지 마시고 사무실에서 자동차로

5분 정도 떨어진 곳도 알아보면 어떻겠습니까?”

“그렇죠. 사무실 근처에는 도무지 집이 없네요.”

그래서 우리는 사무실에서 약간 떨어진 동네로 집을 알아보러 다녔다. 하지만 그곳도 사정은 마찬가지였다. 도무지 집을 구할 수 있을 기미가 보이지 않았다. 이처럼 집을 구하기 어려웠던 이유는 우리가 구하는 셋집에 특별한 조건을 붙였기 때문이다. 당시 나는 집을 구하자마자 곧바로 1달간 선교여행을 떠나야 했기 때문에 우리가 구할 집은 아내와 아이들이 자동차가 없이도 생활할 수 있는 장소여야 했다. 따라서 우리는 기차역과 쇼핑센터를 걸어서 갈 수 있는 곳에 위치한 집을 구해야만 했던 것이다. 아무 곳에나 집을 구하는 것도 어려운데, 두 가지 조건이 더 붙어 있어서 집을 구하기가 더더욱 어려웠던 것이다.

그러던 중에 우리는 어번(Auburn)이라는 지역을 들르게 되었다. 그곳은 사무실에서 자동차로 5분 정도 떨어진 곳이었다. 어번의 기차역 앞에는 비교적 커다란 쇼핑센터가 있었고 인근에 마침 대규모 연립주택이 건설 중이었다. 나는 속으로 생각했다. ‘저 연립주택이 적당하겠는데.’ 하지만 그것은 희망사항에 불과했다. 왜냐하면 바깥에 아직 공사 자재가 쌓여 있는 것으로 보아 공사가 끝나지 않은 것 같았고, 실제로 입주한 사람이 한 사람도 없는 것처럼 보였기 때문이었다. 게다가 우리 가정의 이삿짐이 곧 도착하기 때문에 그 주간 안에 반드시 집을 구해야만 하는 상황이었다.

이런 생각을 하고 있을 때 에드가가 말했다.

“저기 연립주택단지 입구에 부동산 중개소가 있네요. 혹시 모르니 내가 한번 가보죠.”

이 말과 함께 에드가는 부동산 중개소 쪽으로 걸음을 옮겼다. 잠시 후 돌아온 에드가가 말했다.

"생각대로 이 연립주택단지는 아직 완공이 되지 않았네요. 3주 후에 준공검사가 떨어지고 입주할 수 있다고 합니다."

"아깝군요. 위치가 딱 좋은데."

"그러게 말이에요. 어쨌든 혹시 몰라서 부동산 업자에게 제 연락처를 남겨 두고 왔어요."

선교센터로 돌아온 나는 그날 저녁 하나님께 기도를 드렸다. "아버지, 그 연립주택에 들어갈 수는 없겠습니까?" 기도를 하면서도 나는 그것이 불가능하리라는 생각을 떨칠 수 없었다. 그런데 놀라운 일이 벌어졌다. 그 다음날 아침 에드가에게서 전화가 왔다.

"데이빗, 조금 전에 부동산 업자에게 전화가 왔습니다."

"무슨 일로요?"

"어제 우리가 집을 보고 돌아간 직후 즌공검사 합격통지서가 왔답니다. 그래서 내일이라도 입주할 수 있다고 합니다."

그랬다. 통상 3주 후에나 가능할 것으로 여겨졌던 준공검사 합격통지가 느닷없이 3주나 앞당겨져 온 것이다. 이것은 매사에 돌다리도 두드려 보고 건넌다는 깐깐한 호주 사회에서 거의 기적에 가까운 일이라고 했다. 게다가 예정보다 빠른 준공검사 합격으로 인해 그 연립주택에 대한 세입 경쟁자가 전무했기에, 나의 지원서가 그대로 승낙된 것은 두말할 나위도 없었다. 이렇게 해서 우리 가족은 100여 세대로 구성된 신축 연립주택의 첫 번째 입주자가 되었다. 실제로 이사 당일 이삿짐을 나르는 이삿짐센터 직원들은 현관 입구와 실내 계단이 아직 포장도 되지 않은 거친 콘크리트 상타 그대로라면서 어떻게 이런 곳이 준공검사가 났냐고 투덜거렸다. 그들의 불평에 나는 빙긋이 미소를 지었다. 그 이유를 나는 잘 알고 있었기 때문이다.

셋집을 얻은 우리 가족에게 가장 시급한 일은 한별이가 다닐 학교를 알아보는 것이었다. 그래서 내가 한 달간의 선교여행을 다녀오자마자 우리 부부는 아이의 학교를 알아보기 위해 인근의 공립학교를 방문했다. 학교 방문을 마치고 돌아오는 길에 우리 마음은 착잡하기만 했다. 그 이유는 호주의 공립학교에 자녀를 보내더라도 영주권자가 아니면 학비 일부를 부담해야 한다는 사실을 알게 되었기 때문이다. 전에는 종교비자 소유자의 경우 그 자녀는 무료로 공립학교를 다닐 수 있었는데, 우리가 호주로 오기 몇 년 전부터 제도가 바뀌었다고 한다. 비록 일부라 해도 그것은 매달 35만 원 정도로, 우리에게는 결코 작은 돈이 아니었다.

게다가 우리가 급히 정착하느라 자세히 알아보지 못했지만, 어번 지역은 시드니 인근에서 꽤 악명 높은 우범지대였다. 주로 레바논과 터키 계통의 이민자들이 밀집되어 사는 지역으로, 신문이나 TV에서 사건 사고를 말할 때마다 자주 거론되는 지역이었다. 언젠가 나 역시도 아이를 학교로 데려가는 길에 간밤의 총기사고로 숨진 사람들이 있는 집 앞에 경찰 통제선이 쳐진 것을 보았던 적이 있다. 또한 우리 집 인근의 차도에서 수단 난민 한 사람이 한밤중에 폭도들에게 맞아 죽는 사건도 있었다. 심지어는 대낮에 기차역 앞 사람들이 붐비는 정육점에 강도가 침입하여 주인을 찔러 중상을 입히고 도망가는 사건도 있었다. 훗날의 일이지만 이 지역을 떠나 다른 지역으로 이사한 내가 자동차 보험회사에 전화를 걸어 주소 이전을 통보하니, 연간 보험료의 절반을 나에게 환불해 주는 것을 보고, 내가 그동안 얼마나 위험한 지역에서 살았던가를 절감할 수 있었다.

아무튼 이런 험악한 일들은 내가 스스로 조심하면 그나마 피해갈 수 있다 하더라도, 아이의 학교 문제는 조금 달랐다. 학교를 방문하여 알아본 결과 어번 지역의 초등학교 학생은 90%가 무슬림이라고 했다. 이는 어번이 무슬림 밀집 지역이니 당연한 일이었다. 사실 우리가 살던 집 바로 옆집의 이웃 역시 무슬림이었다. 나는 1년 이상 살면서도 그 집 안주인의 얼굴을 보지 못했다. 왜냐하면 그녀는 언제나 눈만 내놓은 차도르를 쓰고 있었기 때문이다.

우리 부부는 이런 상황을 두고 상의를 했다. "아이를 공립학교에 보내야 하나요?" 아내가 물었다.

"아무래도 안 될 것 같아요. 학비도 문제려니와 아이의 친구들이 모두 무슬림이면 신앙교육에 도움이 되지 않을 것 같아요."

내가 대답했다. 나는 아이의 신앙이 형성되는 초기에 무슬림 친구들을 많이 사귀는 것을 원치 않았던 것이다. 물론 신앙이 완전히 성숙한 어른이라면 무슬림을 사귀어 그들을 친구로 삼고 또 그들에게 전도할 수도 있겠으나, 아이의 경우는 가급적 신앙의 성장 시기에는 이를 피하는 것이 좋겠다는 판단을 내렸던 것이다.

"그러면 어떻게 하나요? 학교를 보내긴 해야 하는데."

"분명히 근처에 크리스천 사립학교가 있을 거예요. 그곳을 알아보죠."

우리가 알아본 결과 집에서 자동차로 약 10분 정도 떨어진 곳에 조그마한 크리스천 사립학교가 있었다. 학교 자체가 워낙 작아 1~2학년과 3~4학년, 5~6학년 등 두 학년을 한반으로 통합하여 운영하는 학교였다. 즉, 학교 전체가 3개의 반으로 구성된 초미니 학교였던 것이다. 그러나 우리는 다른 대안이 없었으므로 그 학교를 선택했다. 감사한 것은 내가 선교사라는 특수 신분을 인정받아 학비의 50%를 감면받을 수 있었던 것이다. 그래서 월 5만 원 정도의 저렴한 학비로 아이를 학교에 보낼 수 있게 되었다.

아이를 크리스천 학교에 보낸 우리 부부는 내심 크게 안도했다. 왜냐하면 호주 사회는 이미 기독교 정신이 퇴색된 지 오래였기 때문에, 그나마 크리스천 학교에서 기독교 정신에 입각한 교육을 받을 수 있다는 것에 마음이 놓인 것이다. 현재 호주 어린이들 중 정기적으로 주일학교를 출석하는 어린이는 불과 3%에 지나지 않는다. 이는 거의 미전도 종족 수준이다. 대부분의 호주 교회는 노인들만 남아 썰렁한 분위기를 연출하고 있다. 노인 신자들이 하나둘씩 소천하면 교세가 급속히 기울어지고 교회는 재정적인 압박을 받게 된다. 그나마 호주 예배당이 매각되어 다른 목적으로 사용되는 일이 드문 것은 한인을 비롯한 아시아 계통 크리스천 이민자 집단이 호주 예배당을 인수하고 있기 때문이다.

한번은 성탄절 직후 호주 어린이 선교단체장 모임에 나갔을 때 어떤 선교단체의 장으로부터 이런 이야기를 들었다.

"한 어린이가 집에 와서 부모에게 크리스마스의 유래를 알게 되었다고 말했어요."

"예수 탄생 이야기는 대부분의 어린이들이 알고 있는 것 아닌가요?"

"아닙니다. 호주 사회에서는 이를 전혀 모르는 아이들이 태반입니다."

"그래서요?"

"그 아이는 새로 알게 된 사실을 신나게 부모에게 말해 주었습니다."

"그런데 무엇이 문제인가요?"

"이야기 끝에 그 아이는 이렇게 말했다 합니다. '그런데, 엄마. 나는 왜 마리아와 요셉이 하필이면 아기 이름을 욕하는 말(swear word)로 지었는지 모르겠어요.'"

그 어린이에게 있어서 예수(Jesus)란 이름은 사람들이 욕을 하면서 내뱉는 단어일 뿐이었다. 이 이야기를 듣던 모든 어린이 선교단체 장들은 고개를 흔들며 개탄했다. 이처럼 호주 기독교의 앞날은 밝지 않다.

어느 무슬림 처녀의 회심

"예수께서 이르시되 내가 곧 길이요 진리요 생명이니 나로 말미암지 않고는 아버지께로 올 자가 없느니라" _ 요 14:6

이 시기에 우리 집 근처에서 있었던 한 가지 사건을 소개하고자 한다. 한 무슬림 처녀가 어번의 노천카페에 앉아있는데, 어떤 크리스천이 그녀에게 다가가 이런저런 말을 주고받다가 성경을 건네주었다. 물론 그 크리스천은 무슬림을 전도할 목적으로 그녀에게 성경을 준 것이었다. 성경을 받아 든 무슬림 처녀는 그것을 집으로 가져가서 고이 모셔 두었다. 회심을 경험한 후 그녀는 훗날 이 사건에 관해 나에게 이런 말을 해 주었다.

"무슬림을 전도할 때 무조건 성경책을 안겨 주는 것도 하나의 좋은 방법입니다."

"왜 그런가요?"

"무슬림들은 성경책 역시 신의 거룩한 책이라고 생각하므로 함부로 버리거나 가볍게 취급하지 않습니다."

"그렇다면 성경책을 실제로 읽는다는 말입니까?"

"충분히 그럴 수 있습니다. 특히 성령께서 역사하시면, 집에 모셔

둔 성경책을 읽고 싶은 마음이 생길 수 있습니다.”

“그렇군요.”

“무슬림들이 가장 이해하기 힘든 일 중 하나는, 크리스천의 집을 방문했을 때 화장실에 놓아 둔 성경을 발견하는 것입니다. 거룩한 책을 화장실에 두는 것은 무슬림에게는 상상도 할 수 없는 일입니다.”

그녀의 말대로 성령께서 그녀의 마음에 역사하셔서, 그녀는 조금씩 성경을 읽기 시작했다. 그러다가 더 많은 호기심과 의문이 생겨 자기에게 성경책을 준 사람이 남긴 연락처로 전화를 걸어 기독교 신앙에 관해 자신이 품고 있는 의문에 관해 물어보았다. 이런 생활이 계속되자 점점 그녀는 혼란스러워지는 자신을 발견하게 되었다. ‘도대체 무엇이 진리란 말인가? 기독교의 하나님이 창조주이신가 알라신이 창조주이신가?’ 그녀는 수많은 날을 고민하며 몸부림쳤다. 그러던 어느 날 밤 그녀는 현실처럼 생생한 꿈을 꾸게 되었다. 꿈속에서 그녀는 눈부신 광채를 발하는 인자한 한 분의 음성을 들었다.

“네 마음을 나에게 달라.”

“당신은 누구십니까?”

“나는 길이요 진리이니라.”

이런 대화와 함께 그녀는 잠을 깨었다. 꿈이 너무나 생생하여 그녀는 꿈속에 나타난 그분이 누군지 궁금하기 짝이 없었다. 그녀의 생각에 그분은 예수 그리스도인 것 같았다. 그러나 그녀는 확신할 수 없었다. 왜냐하면 꿈속에서 그분은 이름을 밝히지 않았기 때문이었다. 그녀는 곰곰이 생각해 보기 시작했다.

‘코란에는 그 어디에도 자신이 진리라고 말하는 사람은 없어. 만약 내 꿈에 나타난 그분이 예수 그리스도라면 그분은 분명 성경에서 자신을 길과 진리라고 말씀하셨을 거야.' 그래서 그녀는 즉시 하나님께 기도했다. "하나님, 만약 내 꿈에 나타나셨던 그분이 예수 그리스도라면, 성경에서 그분이 자신을 길과 진리라고 선포하는 부분이 있겠죠. 그 부분을 보여 주세요."

떨리는 손으로 신약을 짚어 가며 읽던 그녀의 눈에 마침내 요한복음 14장 6절 말씀이 들어왔다. "예수께서 이르시되 내가 곧 길이요 진리요 생명이니 나로 말미암지 않고는 아버지께로 올 자가 없느니라." 이 말씀을 보는 순간 그녀의 모든 의심은 사라졌다. 그녀는 그 자리에서 무릎을 꿇고 예수 그리스도를 자신의 구주로 영접했다. 하나님의 나라에 무슬림 출신의 새로운 한 자녀가 입성하는 순간이었다.

호주에서 이사하기

어번에서 1년 정도 살았을 때 학교를 다녀온 한별이가 엄마에게 말했다.

"엄마, 나 학교 옮겨 주면 안 돼요?"

"왜? 학교가 마음에 안 드니?"

"그건 아닌데요, 학교가 너무 작아서 공부할 마음이 안 들어요."

한별이의 말을 들어보니 문제가 있긴 했다. 아들은 워낙 학교가 작아서 전혀 공부를 하지 않아도 항상 반에서 1등을 한다고 했다. 물론 이것은 호주의 초등학생들이 공부를 거의 하지 않기 때문이기도 했지만, 엄마 입장에서는 아이가 공부를 하지도 않고 항상 1등을 한다는 것은 썩 바람직한 현상이 아니라는 생각이 들었다. 그래서 아내는 자녀의 학업을 위해서라도 좀 더 큰 학교로 옮겨 주어야겠다고 마음을 먹게 되었다. 그런데 문제는 우리가 어번에 사는 한, 무슬림 학생들이 많이 다니는 그 지역의 공립학교를 피할 수 없다는 데 있었다. 그래서 아내는 맹모삼천지교라는 격언처럼 자녀의 학업을 위해 이사를 해야 겠다는 결심을 굳히게 되었다.

일단 결심이 서자 아내는 주저하는 나를 몰아붙였다.

"우리 이사해요."

"여기가 좋사오니, 그냥 이 초막에 거하겠습니다."

"농담이 아니에요."

"그럼 어디로 가야 한단 말이오?"

"제가 알아본 지역이 있어요. 비교적 평판이 좋은 초등학교들이 있는 지역이에요."

"거기가 어딘데요?"

"시드니 북부의 힐스(Hills) 지역이에요."

시드니 북부에는 고지대로 이루어진 동네가 있는데 이를 통상 힐스 지역이라고 불렀다. 그곳은 이민자보다는 호주 현지인들이 많이 사는 곳으로, 아내는 그 지역으로 가기 원했다. 아내의 성화에 마지못해 이 사를 승낙하긴 했지만, 막상 집을 옮기려 하니 애로사항이 한두 가지 가 아니었다. 우선, 이사할 지역이 현재 살고 있는 곳에서 상당히 멀리 떨어져 있어서 현실적으로 집을 보러 다니기가 곤란했다. 그래서 우 리는 한두 번만 방문하고도 바로 셋집을 구할 수 있게 해 달라고 기도 했다. 그런 후 인터넷을 통해 그 지역에 있는 몇 곳의 부동산 업체에 인스펙션(inspection) 의향서를 보냈다.

호주에서 셋집을 구하는 방법은 한국과는 많이 달랐다. 우선 전세 라는 개념은 전혀 없었고, 대부분 주당 얼마씩 지불하는 주세(週貰) 개 념이었다. 셋집을 구하기 원하는 사람들이 부동산 업체에 인스펙션을 원한다는 의향을 전달하면, 부동산 업치가 날짜와 시간을 정한 후 셋집을 원하는 사람들에게 이를 통보한다. 그러면 해당 날짜와 시간에 모든 지원자들이 와서 한꺼번에 그 집을 둘러본 후, 집이 마음에 드는 사람은 바로 그 자리에서 부동산 업체에 지원서를 내는 형식이었다.

한 가지 특이한 사항은, 호주에서는 한국처럼 선착순으로 세입자를 정하는 것이 아니라, 며칠에 걸쳐 일단 모든 지원서를 취합한 후 부동산 업체와 집주인이 이를 살펴보고 가장 믿음직한 지원자를 낙점하는 방식이었다. 따라서 우리 가족처럼 시민권자나 영주권자가 아니라 임시비자 소유자는 아무래도 상대적으로 더욱 불리했다. 또한 선교비로 생활하다 보니 급여증명을 할 수 없는 것 역시 불리함에 커다란 일조를 했다. 이런 불리한 조건 때문에, 한번은 지원서에 제시되어 있는 액수보다 세액을 조금 더 올려서 지원서를 쓰면 어떨까 하는 지극히 한국적인 생각도 해 보았다. 하지만 지원서 하단에 붉은 글씨로, "제시된 금액보다 더 많은 금액을 제시하는 것은 사절합니다."라는 문장이 기록되어 있는 것을 보고, 이곳은 한국이 아니라는 사실을 절감했다.

기도하면서 집을 찾는 가운데, 어떤 부동산 업체로부터 인스펙션을 하니 참가하라는 통보가 왔다. 우리 가족은 자동차를 이용하여 시간에 맞춰 그 집을 찾아갔다. 우리가 도착해 보니 이미 십여 명의 다른 지원자들이 와 있었다. 집을 둘러본 우리는 비교적 마음에 든다는 결론을 내렸고, 바로 그 자리에서 지원서를 제출하고 돌아왔다. 하지만 소식이 없어서 며칠 후 부동산 업체에 연락해 보니, 그 집은 다른 사람이 이미 계약을 했다는 말을 듣게 되었다. 실망감이 엄습했다. 아울러 이런 방식으로는 도무지 집을 구하지 못할 것이라는 두려움도 엄습했다. 그래서 우리는 절박한 심정으로 하나님께 기도드렸다.

"아버지, 도무지 집을 구할 수 없어요. 아버지께서 직접 구해 주셔야 하겠습니다."

우리가 이처럼 절박했던 데는 이유가 있었다. 우리가 살던 집을 관리하는 부동산 업체에 이미 계약 종료를 통보해 놓았기 때문이었다. 우리는 얼마 지나지 않아 집을 비워 주어야 할 처지에 있었던 것이다.

그로부터 며칠이 지난 주말이었다. 또 다른 부동산 업체에서 집을 보러 오라는 연락이 왔다. 우리는 다시 한 번 기도한 후 집을 보러 나섰다. 그 집 역시 스무 명에 가까운 지원자들이 와 있었다. 집을 둘러본 우리 부부는 한쪽 구석으로 가서 나지막한 목소리로 대화를 했다.

"집이 마음에 들지요?" 내가 말했다.

"그러게 말이에요. 가격에 비해 집이 많이 넓네요. 특히 거실이 넓어요." 아내가 말했다.

거실이 넓어야 한다는 것은 우리가 얻을 셋집을 위해 내건 기도 제목 중 매우 중요한 항목이었다. 왜냐하면 우리는 동네 아이들을 모아 복음을 전하는 새소식반을 우리 집에서 열기 원했기 때문이었다. 그러자면 널찍한 거실은 필수였다.

"뭔가 숨겨진 문제가 있는 집 아닐까요?"

"글쎄요? 어쨌든 집 상태에 비해 주세가 많이 저렴하니, 여기 모인 사람들이 모두 지원서를 낼 것 같아요."

우리는 한숨을 내쉬었다. 또 다시 우선순위에서 밀릴 것이 불을 보듯 뻔했기 때문이다. 그때였다. 모여 있던 사람들 중 한 사람이 부동산 업체에서 나온 직원에게 물었다.

"집이 마음에 드는데, 지원서를 주시면 써서 내고 가겠습니다."

"지원서는 지금 제게 없습니다. 지원서를 작성하고 싶은 분들은 칼

링포드(Carlingford)에 있는 사무실로 직접 와 주시기 바랍니다.”

직원의 입에서 이 말이 떨어지자 모여 있던 사람들의 입에서 한꺼번에 불평의 탄성이 터졌다. 참으로 이상했다. 통상 부동산 업체에서는 인스펙션을 하는 바로 그 장소에서 지원서를 나눠 주고, 원하는 사람은 지원서를 써서 그 자리에서 곧바로 브동산 업체 직원에게 제출하는 것이 관행인데, 이 부동산 업체는 굳이 사무실로 와서 지원서를 쓰라고 하는 것이 아닌가! 게다가 알고 보니 사무실은 그 집에서 차로 20분 정도 떨어진 먼 곳에 있는 것이었다. 흔히 셋집은 같은 동네에 있는 부동산이 관리하는 법이니, 이 점도 비정상적인 셈이었다.

사람들이 투덜거리며 발걸음을 돌리기 시작했다. 사무실까지 가야 한다는 말에 대부분 포기하기로 결심한 것처럼 보였다. 하지만 나는 이것이 하나님이 주시는 사인인 것이라고 느껴져서 재빨리 온 가족을 차에 태우고 지도를 찾아 그 사무실을 향해 달렸다. 마침내 사무실에 도착한 나는 지원서를 작성했다. 지원서를 접수하려 하자 사무실 직원이 물었다.

“보증금은 가져오셨나요?”

“예? 지원서를 내는데도 보증금이 필요한가요?”

“그렇습니다. 50불을 내셔야 지원서를 받아 줍니다.”

그 사무실은 지원서만 내놓고 막상 계약을 하자 하면 무책임하게 연락을 끊는 사람들을 방지하기 위해 지원서를 낼 때도 보증금을 받고 있었다.

“50불 여기 있습니다.”

“현금은 받지 않습니다.”

점입가경이었다. 호주 사회에서 현금은 찬밥 신세였다. 특히 부동산 사무실 같은 곳은 강도사건을 방지하기 위해 아예 현금은 취급을 하지 않는 것이 원칙이었다.

"그러면 어떻게 해야 하나요?"

"일단 가접수를 하시고, 내일까지 수표를 끊어오세요."

"알겠습니다."

보통 귀찮은 일이 아니었다. 하지만 어쩔 수 없이 그 다음날 나는 50달러짜리 수표를 끊어 오전에 부동산 사무실을 다시 찾았다.

"어제 인스펙션을 한 캐슬힐(Castle Hill)의 셋집에 대한 지원서 보증금을 가지고 왔습니다."

"그 집에 대한 지원서는 이미 접수 완료되었습니다."

그 말을 듣는 순간 나는 어깨가 축 쳐진 채 쓸쓸히 발걸음을 돌려 부동산 업체의 문을 열고 나왔다.

차로 돌아오는데 성령께서 내 마음에 속삭이셨다.

"다시 가 보거라."

나는 잠시 망설였다. 이미 접수가 완료되었다는데, 다시 가서 기웃거리면 더욱 처량하게 보일 것이 분명했다.

"왜 다시 가야 하나요?"

"이유는 묻지 말고 다시 가 보거라."

성령께서 주시는 느낌이 워낙 강했기에, 나는 어쩔 수 없이 다시 사무실 문을 열고 들어섰다.

"잠깐만요, 제가 어제 가접수를 했는데 어떻게 된 일입니까?"

사무실 직원은 잠시 서류뭉치를 뒤적이더니 말했다. "당신이 데이빗입니까"

"예."

"당신은 접수가 되었습니다. 보증금을 주시지요."

직원은 미소 지으며 말했다.

보증금을 건네며 내가 물었다. "저어게 기회가 있습니까?"

직원은 나를 빤히 보더니 입을 떼었다.

"우리 부동산 사무실은 다른 곳과 달리 셋집에 대한 지원서를 선착순으로 세 사람만 접수합니다." 그 부동산 업체는 호주의 대부분의 다른 부동산 업체와는 전혀 다른 기준으로 세입자를 선별하고 있었다. 부동산 직원의 설명이 이어졌다. "그런 다음 맨 처음 지원자를 검토하여 별 이상이 없으면 그 사람과 계약을 합니다."

"이상이 있으면요?"

"그러면 그 다음 지원자를 검토합니다. 하지만 통상 맨 처음 지원자가 계약을 하는 편이고, 첫 번째 지원자에게 문제가 있는 경우는 거의 없습니다."

"저는 몇 번째 지원자입니까?"

"당신은 두 번째 지원자입니다."

한숨이 나왔다. 그렇게 숨이 턱에 차도록 달려왔지만, 지도를 보면서 길을 찾아오느라 일등으로 도착하지 못했던 것이다.

"그런데 뜻밖의 사건이 일어났습니다. 어제 당신보다 앞서 온 지원자가 보증금까지 다 걸어놓고 갔는데, 글쎄 오늘 아침 사무실 문이 열리자마자 와서는 지원서를 철회하고 보증금을 다시 받아갔습니다!"

"와우! 그러면 제가 첫 번째 지원자가 되었나요?"

"그렇습니다. 특별한 결격사유가 없으면 당신과 계약을 하게 될 것 같습니다"

부동산 사무실의 문을 닫고 길가로 나온 나는 마치 꿈을 꾸는 것만

하나님이 주신 집에서 실시한 새소식반 전도

같았다. 나는 하나님께서 숨겨 놓은 셋집 하나를 꼭 집어서 우리에게 주시는 모습을 생생히 그려 볼 수 있었다. 결국 우리는 그 집을 얻었다. 그 집 인근의 상세한 지리에 대한 아무런 정보 없이 덮어놓고 집을 얻고 난 후 하나씩 짚어 보니, 그 집은 우리가 미처 상상하지도 못했던 온갖 좋은 조건을 두루 갖추고 있었다. 거실과 방이 터무니없이(?) 넓었을 뿐만 아니라, 아이들이 다닐 공립학교가 걸어서 10분 거리에 위치해 있었고, 집 바로 앞 5분 거리에 호주 최대의 쇼핑센터가 있었다.

게다가 도서관과 우체국, 병원, 은행, 극장 등 모든 편의시설이 걸어서 5분 이내의 거리에 있었고, 해외 생활에서 꼭 필요한 한국식품점 역시 걸어서 5분 이내의 거리에 있었다. 심지어 내가 자주 거래하는 홍콩-상하이 은행의 호주 지점마저 걸어서 5분 이내의 거리에 있었다. 마지막으로, 아내가 젊은 시절 그토록 즐겨했던 홍콩 식 얌차 레스토랑 하나가 걸어서 3분 거리에 위치한 것을 발견한 순간, 아내는 기쁨의 환호성을 질렀다! 한마디로, 그 집은 우리 형편에서 바랄 수 있는 최상의 셋집이었던 것이다. 물론 하나님이 주신 그 집에는 숨겨진 문제 따위는 전혀 없었다!

Behind Story

셋집을 계약하기 며칠 전

미가엘: 하나님, 왜 그 집을 허락하지 않으셨나요? 그 가족의 사정이 딱하게 되었던데요?

하나님: 너는 그 집이 마음에 들었느냐?

미가엘: 그만하면 쓸 만하지 않던가요? 그 가족도 분명 마음에 든다고 했고요.

하나님: 거절하는 것도 기도의 응답이니라. (혼잣말로) 그 집은 거실이 너무 작지 않더냐……

셋집 계약을 한 후

미가엘: (감탄하면서) 하나님, 놀랐습니다. 언제 저런 집을 봐 두셨나요?

하나님: 호주에서 보기 드문 원칙으로 운영하는 부동산 업체가 관리하도록 연결할 때부터였느니라.

미가엘: 그런데 왜 그가 맨 먼저 부동산 사무실에 도착하도록 간단하게 손을 쓰지 않고, 먼저 온 지원자가 마음을 바꾸도록 하는 까다로운 방법을 택하셨나요?

하나님: (미가엘에게 윙크를 하시며) 그게 더 스릴이 있지 않느냐?

미가엘: 그러다가 그가 사무실 직원의 말만 듣고 실망하여 가 버렸더라면 어떻게 하려 하셨나요?

하나님: 내게 속한 사람은 내 음성을 듣느니라.

사건후기: 그 집에 입주한 후 이웃과 잠시 대화를 나눌 기회가 있었다. 우리 집은 세 채의 동일한 구조의 집이 연속해서 붙어 있는 타운하우스라는 형태의 집이었고, 우리 양편 옆집에는 인도인들이 살고 있었다. 우리 집도 원래 인도인이 세를 들어 살고 있었다고 한다. 우리 집에 원래 살던 인도인이 왜 이사를 나갔느냐는 말에 이웃 집 주인이 말했다. "우리도 그게 궁금합니다. 그 사람은 이사 나갈 생각이 전혀 없던 사람이었는데……"

나중에 알고 보니 그 인도인은 뜻하지 않은 갑작스러운 사업 실패와 함께 주세를 낼 수 없게 되자 어쩔 수 없이 그 집을 비워 주고 떠나야 했다고 한다. 덧붙여서, 나중에 안 사실이지만 우리가 앞서 거주하던 어번의 집은 우리 가족이 이사를 한 직후에 매매가 되었다고 한다. 만약 우리가 이사를 하지 않고 그 집에 계속 머물러 있었다면, 얼마 못가 강제로 내쫓기듯 집을 비워 주고 나와야만 했을 것이다!

"야곱이여 네 장막들이, 이스라엘이여 네 거처들이 어찌 그리 아름다운고" _ 민 24:5

학비면제 청원

집을 구해 새롭게 이사한 우리 가족에게 가장 시급한 일은 한별이를 그 동네의 공립학교에 입학시키는 것이었다. 우리가 이사를 온 캐슬힐 지역의 초등학교에 가서 알아보니, 한인 자녀가 학교 전체에서 불과 다섯 명도 되지 않을 정도로 당시 캐슬힐은 한인들이 드문 지역이었다. 그리고 학비도 또한 여전히 걸림돌이었다. 우리는 이사를 오기 전부터 이 문제로 많은 고민을 했다. 아마도 이 문제를 해결할 가능성이 없었다면, 우리는 결코 어번의 작은 크리스천 학교를 떠나지 못했을 것이다.

이사를 오기 전 아이의 학비 문제를 두고 고민하던 어느 날, 나는 평소에 알고 지내던 목사님과 대화를 나누게 되었다.

"이사는 해야겠는데 아이의 학비 띠문에 어떻게 해야 할지 모르겠습니다."

"학비면제 신청을 하시죠?"

"예? 그런 것이 있습니까?"

"예, 호주 교육청에 학비면제 신청을 할 수가 있습니다."

그 목사님은 우리에게 매우 귀중한 정보를 주셨다. 임시비자 소유자 중에 특별한 사정으로 인해 자녀의 공립학교 학비를 감당할 수 없을 경우, 호주 교육청에 학비면제 신청을 할 수 있다고 했다. 물론 신청하는 모든 사람에게 학비면제가 허락되는 것은 아니었고, 까다로운 심사를 거쳐 결정이 내려진다고 했다. 따라서 결코 쉬운 일은 아니었다. 한 가지 좋은 점은 이렇게 한번 학비면제 청원이 받아들여지면 그 학생은 비자조건이 바뀌지 않는 한 계속해서 학비면제를 연장할 수 있고, 그 형제까지도 동일한 혜택을 누릴 수 있다는 것이었다.

하늘이 무너져도 솟아날 구멍이 있다고 했던가. 우리는 실낱같은 희망에 매달리기로 했다. 학비면제 청원은 학교가 정해져야 가능했기에, 일단 이사를 한 후에 하나님께 기도하면서 믿음으로 학비면제 청원을 하기로 결정했다. 교육청에 보낼 신청서를 쓰기 위해 컴퓨터 앞에 앉은 후 나는 간절하게 기도했다.

"아버지, 이 청원서는 반드시 받아들여져야 합니다. 도와주세요."

그런 다음 나는 선교단체에 속한 목사로 전적인 해외 후원비로 생활하기 때문에 학비를 감당할 여력이 없음을 호소했다. 내가 특히 강조했던 부분은, 호주 정부가 도와주지 않으면 두 아이들을 학교에 보내지 못하게 될 것이며, 그렇게 되면 아이들은 적절한 교육을 받지 못하고 성장하게 될지도 모른다는 반 협박조의 문구였다. 나는 호주정부가 인도적 차원에서 아이들이 교육을 받지 못하는 사태는 어떻게든 막고자 할 것이라는 생각에 이런 협박(?) 문구를 넣은 것이었다.

서신을 보낸 후 온 가족이 함께 기도하며 기다렸다. 특히 당사자인 한별이가 마음을 졸이며 기도했다. 마침내 교육청으로부터 온 서신이 우편함에 도착했다. 나는 가족을 모이게 한 후 떨리는 손으로 서신을 개봉했다. 서신에는 이렇게 기록되어 있었다.

"친애하는 라 목사님, 우리 교육청에서는 귀하의 사정을 검토한 결과 귀하에게 학비면제 혜택을 드리기로 결정했습니다……."

서신을 읽던 우리 가족은 모두 한 목소리로 "할렐루야!"를 외쳐댔다. 특히 한별이의 기쁨이 컸다. 한별이는 그 다음날부터 학교를 다닐 수 있었다. 우리 가족은 학비면제라는 소중한 목표를 달성했을 뿐만 아니라, 온 가족이 합심하여 기도한 기도제목이 응답되는 감격을 함께 누릴 수 있었다. 나의 두 자녀는 지금도 학비를 면제받으며 공립학교를 다니고 있다.

3부» 지도자로 부르신 해너님

하나님의 치료를 경험하다

"나는 너희를 치료하는 여호와임이라"_ 출 15:26下

홍콩을 떠나 호주로 정착하기 직전의 일이었다. 어느 날부터인가 고관절이 있는 양쪽 사타구니가 몹시 아프기 시작했다. 처음에는 며칠 지나면 낫겠지 했지만 며칠이 몇 주로 바뀌어도 여전히 통증은 지속되었다. 통증이 계속되니 거동하기가 불편한 것은 말할 것도 없었고, 아픔으로 인해 사역에 집중하기도 힘들었다. 뭔가 몸에 이상이 있는 것이 분명했지만 원인을 알 수 없었다. 그래서 호주로 옮겨 가기 전에 한국에 두 달간 머무는 동안 원인을 찾아 치료를 받고 가기로 결심했다.

한국에 도착하자 나는 시간을 내어 강남의 척추전문 정형외과를 찾았다. 사타구니 부위가 아프다는 나의 말에 의사는 다짜고짜 이렇게 말했다.

"허리디스크입니다. 지금 허리의 신경이 눌려서 아래쪽에서 살려 달라고 비명을 지르는 셈입니다. MRI를 찍어 보면 정확한 진단이 나올 것입니다."

MRI라는 말에 겁이 덜컥 나면서 나는 속으로 생각했다.

'MRI 진단은 비용이 많이 나올 텐데……'

하지만 의사의 태도가 워낙 확신에 차 있어 어쩔 수 없었다. 나는 의사가 지정해 주는 MRI 촬영기가 있는 병원으로 가서 30만 원 정도의 돈을 내고 MRI를 찍었다. 평생 처음 찍어 보는 것이라 윙윙거리는 기계 안에서 나는 다소 겁이 나기도 했고 신기하기도 했다. MRI 촬영 사진을 받아 다시 의사에게로 가지고 갔다. 잠시 후에 진찰실로 나를 부른 의사의 표정에는 당황하는 빛이 역력했다.

"허리디스크가 아니네. MRI 상으로 아무 문제가 없어요."

"그럼 고관절 통증의 원인이 무엇인가요?"

"글쎄요……" 의사는 말꼬리를 흐렸다.

"혹시 고관절에 이상이 있는 것은 아닐까요?"

"선생님은 술, 담배를 안 하시니 그런 원인은 아닐 듯합니다."

의사는 빨리 그 자리를 모면하고 싶었는지 나에게 원인을 알 수 없다는 말만 되풀이했다. 결국 나는 아무런 소득도 없이 병원 문을 나서야 했다.

숙소에 와서 생각하니 기가 찼다. 원인을 알 수 없다는 한 마디 말을 듣기 위해 MRI 촬영비와 병원 진료비를 날린 셈이었다. 하지만 최소한 허리디스크가 아니라는 진단 하나는 건진 것이라고 스스로를 위로하며 쓰린 속을 달랬다. 그때 내 마음에 드는 생각이 있었다.

'그래, 그리스도인들에게 원인을 알 수 없는 통증이나 질병은 영적 싸움일 수 있겠구나.'

이런 생각이 스치자 신유집회에 참석해 보고 싶은 마음의 소원이 일어났다. 그때 마침 선교사로 떠나기 전에 내가 섬겼던 오륜교회에서 그 주간 수요예배에서 신유 은사를 가진 해외의 유명한 강사를 모시고 신유집회를 연다는 소식을 듣게 되었다. 그래서 나는 이틀간 기도로 준비했다.

"아버지, 이 상태로 호주로 그냥 갈 순 없잖아요. 이번 집회를 통해 꼭 낫게 해 주세요."

집회장인 오륜교회에 도착해 보니 이미 많은 사람들이 자리를 가득 메우고 있었다. 오륜교회의 교인들과 외부 참석자들의 비율이 비슷한 것 같았다. 나는 집회가 끝날 때 강사 목사님께 따로 안수를 받게 해 달라고 담임목사인 김은호 목사님께 부탁해 볼까 생각했지만, 그만두 기로 했다. 하나님께서 치유해 주신다면 굳이 따로 안수를 받을 필요 가 없을 것이라는 믿음이 있었기 때문이다. 집회는 은혜롭게 진행되 었다. 그리고 강사 목사님은 예정대로 집회의 후반부에는 신유사역을 시작하셨다.

"하나님께서 당뇨로 고생하던 다섯 분에게 오늘 이 시간 치유를 선 언하십니다."

"귀에 소리가 들리는 이명증을 가진 세 분이 고침을 받았습니다."

"간암으로 소망이 끊어진 분이 있습니까? 하나님이 고치신다고 합 니다."

집회가 무르익어 갈수록 나는 조금씩 초조해지기 시작했다.

'어떡하나? 이제 곧 집회가 끝날 텐데……. 그 많은 증상들 중에 과 연 강사는 내가 가진 증상을 언급할까? 하나님 도와주세요.'

이런 생각을 하며 하나님께 기도하고 있을 때였다.

"허리 아랫부분에 통증을 가진 분 있습니까? 하나님께서 지금 만져 주십니다."

나는 귀가 번쩍 뜨였다. 그리고 속으로 뜨겁게 외쳤다.

'할렐루야! 하나님 감사합니다.'

신기한 일이었다. 바로 그 순간 통증이 씻은 듯 사라지는 것을 느꼈다. 몇 달간 나를 괴롭히던 통증이 한순간에 사라지는 순간 나 자신도 그것을 믿을 수 없었다. 집회를 마치고 집으로 돌아오는 길은 마치 구름 위를 걷는 것 같은 기분이었다. 하나님이 고치신 것이다! 나는 하나님의 치유에는 재발이 없다는 것을 믿는다. 왜냐하면 그 일이 있은 지 3년이 넘었지만 다시는 그 통증이 나를 찾아오지 않았기 때문이다.

홍콩에서의 후원금이 끊어지다

"여호와는 선하시며 환난 날에 산성이시라 그는 자기에게 피하는 자들을 아시느니라"_ 나 1:7

호주에 정착한 후 나는 하나님께서 왜 굳이 우리 가족을 한국에서 호주로 곧바로 보내지 않고 홍콩을 거쳐서 보내셨는지를 생각해 보았다. 호주로 오기 전에는 그 이유를 잘 몰랐는데, 호주에 와 보니 비로소 그 이유를 분명하게 알 수 있었다. 하나님은 우리 가족에게 좋은 후원자들과 후원교회를 연결시켜 주시기 원했던 것이다. 지금도 그러하지만, 만약 홍콩에서의 후원이 없었더라면 재정적인 어려움으로 인해 우리 가족은 도저히 호주에서 버티지 못했을 것이 분명하다. 그만큼 홍콩에서의 후원은 나의 사역과 생활에 이루 말할 수 없는 도움이 되고 있다.

홍콩을 떠나기 직전의 일이었다. 나는 3년간 협동목사로 섬기던 홍콩동신교회에 우리 가족의 호주 정착을 위해 교회의 후원을 부탁 드렸고, 감사하게도 교회는 당회를 통해 매월 US 500불씩 2년간 나에게 헌금을 해 주시기로 결정했다. 사실 나는 내심 US 300불 정도를 기대했었는데, 교회는 분에 넘치는 사랑을 베풀어 주신 것이다. 홍콩 동신교회가 책정한 후원금은 우리 가족이 호주에 정착한 2005년 하반기부터 지급되었고, 호주로 옮겨 오는 과정에서 몇몇 후원자들이 후원을 중단한 부분을 충분히 메워 주는 든든한 버팀목이 되어 주었다.

그러던 동안 해가 바뀌어 2006년이 되었고, 1월이 다 지나도록 홍콩에서는 후원금이 오지 않았다. 나는 신년이 되어 교회의 송금 담당자가 바뀌어 업무에 차질이 생긴 것이라고 생각하고 2월의 후원금 송금일을 기다렸다. 하지만 2월이 지나도 후원금은 감감 무소식이었다. 이런 상태로 3월 중순이 지나자 불안한 마음이 들기 시작했다. 교회에 무슨 사정이 생긴 것이 분명했다. 그래서 나는 학생부 교사로 나와 함께 수고했던 이지용 선생님께 이메일을 보냈다.

"이지용 선생님, 평안하시죠? 아이들은 잘 지내고요? 한 가지 문의할 일이 있어서 이메일을 보냅니다. 혹시 교회에서 왜 저에게 후원금을 보내지 않는지 알아봐 주실 수 있겠습니까?"

며칠 후에 "목사님, 정말 죄송합니다. 제가 알아보니 교회의 선교부에서 작년 연말부로 목사님께 대한 후원을 중단했다고 합니다. 거듭 죄송합니다."라는 답신이 왔다.

이메일을 확인하던 나는 눈앞이 캄캄해지는 것을 느꼈다. 왜 그랬는지는 모르겠으나, 당시 그 교회의 선교부장으로 섬기던 모 장로님이 나에 대한 후원을 못마땅하게 생각하셨던 것 같았다. 그래서 당회에서 결정한 사안을 당신의 독자적인 권한으로 취소시킨 듯했다. 정황이 어찌되었건, 우리 가족에게 있어서 US 500불이라는 상당한 액수의 후원금이 갑자기 비게 된다는 것은 감당하기 힘든 커다란 타격이었다. 매사에 비교적 낙천적인 성격인 나였지만, 그 순간만은 매우 당혹해 했던 것으로 기억한다. 동시에, 아무런 사전 통보 없이 후원금을 중단한 교회에 대하여 섭섭하다는 감정이 솟아올랐다. 하지만 나는 이런 감정이 더 이상 나를 지배하지 못하게 하기 위해 곧바로 무릎을 꿇고 하나님께 나아갔다.

"아버지, 홍콩동신교회에 대하여 섭섭한 마음이 들지 않게 해 주세요. 사실 제가 생각하지도 않았던 커다란 액수의 후원금을 지금까지 6개월 이상 보내 주신 것만 해도 너무나 감사합니다. 아마도 교회의 재정이 힘들어져서 어쩔 수 없이 결단을 내린 것 같습니다. 제가 홍콩동신교회를 주님의 이름으로 축복합니다. 앞으로 교회의 재정이 더욱 풍성해져서 중단된 후원이 다시 회복되게 하소서."

기도를 마친 내 마음에는 평안이 찾아왔다. 기도한 후부터는 그 교회를 생각할 때면 섭섭한 마음보다는 그동안 베풀어 주신 은혜에 대하여 감사하다는 마음이 훨씬 크게 느껴졌다.

그러나 현실은 냉정했다. 홍콩에서의 후원금이 끊어진 채로 3월이 지나고 4월 중순이 되자 드디어 가계 재정에 적신호가 켜졌다. 한국에서 보내올 수 있는 선교비를 몽땅 송금받았지만, 4월의 어느 날 은행의 잔고는 드디어 바닥을 가리키고 있었다. 집에도, 호주머니에도 지폐란 지폐는 모두 증발해 버리고 없었다. 그런 상태로 자동차를 몰고 어딘가를 가는데, 연료가 다 떨어진 것을 알리는 붉은 등이 계기판에 들어왔다. 연료를 넣고 가야만 했기에 나는 일단 주유소에 들어가 차를 세웠다. 그런 다음 자동차의 콘솔 박스를 뒤져 보니 동전이 한 움큼 정도 있었다. 그 액수에 맞춰 주유를 하면서 나는 속으로 생각했다.

'어쩌면 이것이 호주에서의 마지막 주유가 될 수도 있겠구나. 오늘내로 하나님께서 기적적으로 재정을 채워 주시지 않는 한 이곳에서 더 이상 버틸 수 없을 것 같아.' 주유를 마친 나는 신기한 듯 나를 바라보는 주유소 직원에게 동전을 잔뜩 안겨 주고 차를 몰고 나왔다.

집에 돌아온 후 얼마 지나지 않아 전화가 울렸다. 나는 수화기를 집어 들었다. "선교사님, 안녕하세요?" 평소에 나를 후원해 주시는 충남 서산의 한 개척교회 사모님의 목소리가 수화기를 통해 들려왔다.

"언니가 지금 저의 집에 와 있는데, 선교사님과 통화를 하고 싶다 하네요."

"그러신가요? 언니가 무슨 일이신지요?" 나는 그 사모님의 언니에 관해서는 전혀 아는 바가 없었다. 잠시 말소리가 들리지 않는 것으로 보아 사모님은 언니에게 전화를 바꾸어 주신 듯했다.

"선교사님, 제가 선교사님께 남편의 퇴직금에 대한 십일조 헌금을 드리고 싶습니다."

전화를 바꾸자마자 사모님의 언니 되시는 분은 나에게 전혀 뜻밖의 제안을 하셨다. "퇴직금의 십일조 헌금"이란 말을 들은 나는 마음이 매우 흔들리는 것을 느꼈지만, 곧바로 마음을 진정시키고 차분한 목소리로 그분께 말씀드렸다.

"제안에 감사드리지만, 저는 십일조 헌금은 받지 않는 것을 원칙으로 하고 있습니다. 제 동생이 월급의 십일조 헌금을 저에게 주겠다고 제안했지만, 저는 십일조 헌금은 본 교회에 드려야 한다고 말하고 거절했습니다. 어쨌거나 저희 가정을 생각해 주셔서 감사합니다."

나는 이 말과 함께 적당히 대화를 마무리하고 전화를 끊으려 했다. 하지만 내가 전화를 끊으려 하자 그분은 다급한 목소리로 말씀하셨다.

"그게 아니고요, 선교사님. 제 말을 좀 들어보세요. 저는 십일조를 드릴 본 교회가 없어요."

이어지는 그분의 이야기는 참으로 놀라운 것이었다.

"저는 처녀 시절까지만 해도 하나님을 잘 믿고 교회를 열심히 다녔어요. 하지만 결혼과 함께 하나님을 떠나 거의 20년을 불신자처럼 살았지요. 그러다가 얼마 전에 우연히 선교집회에 참석하게 되었고, 그곳에서 하나님은 저에게 은혜를 회복시켜 주시고 저를 다시 만나 주셨어요. 그래서 앞으로 교회를 정해 다니며 신앙생활을 잘하기로 결심했고요. 그런데 마침 이번에 남편이 퇴직을 하게 되어 우리 가정에 퇴직금이 생겼는데, 하나님께 이 퇴직금에 대한 온전한 십일조를 드림으로써 신앙의 결단을 표현하고 싶은 마음의 소원이 생겼답니다."

"그렇습니까?" 나는 다소 놀라면서 물었다.

그분의 이야기가 계속되었다. "이런 생각을 품고 있는 가운데 서산의 동생 집을 방문하여 이런저런 이야기를 나누다가 집으로 돌아가기 위해 기차역에 갔습니다. 하지만 불과 몇 분 차이로 기차를 놓쳤어요. 그 다음 기차는 몇 시간 후에나 있었기 때문에 할 수 없이 다시 동생 집에 왔지요. 그런데 기차를 놓치고 동생 집에 와서 다른 이야기들을 하다가 우연히 십일조 헌금에 대한 생각을 동생에게 말했더니, 동생이 호주에 계신 선교사님을 추천해 주었어요. 동생의 이야기를 들어보니 어린이전도협회 선교사시라면서요? 제가 은혜를 회복했던 그 선교집회에서 말씀을 전하신 분도 어린이 선교사였어요. 그래서 저는 어린이 선교사에게 은혜를 받았기 때문에 어린이 선교사에게 헌금을 드리고 싶은 것이에요."

여기까지 말을 듣고 보니 하나님의 역사하심이 분명했다. 나는 십일조는 본 교회에 드리는 것을 원칙으로 하고 있었기 때문에 거절하려 했으나, 그분은 십일조를 드릴 본 교회가 없었던 것이다! 나는 그분께 말씀드렸다. "그러시다면, 감사히 받겠습니다."

그날 오후, 본국에 있는 나의 선교후원계좌로 600만 원이라는 거금이 들어왔다. 이것은 내가 지금까지 받아 본 가장 큰 액수의 헌금이었다. 불과 5분 전까지만 해도 목이 졸려 서서히 질식하는 사람마냥 '끽' 소리 한번 내지 못하고 한국으로 철수할 것을 심각하게 고민하던 사람이, 전화 한 통화에 콧노래를 부르게 되었던 것이다.

이 사건을 통해 나는 하나의 커다란 깨달음을 얻었다. 그것은 내가 하고 있는 '사람을 세우는 사역'이 얼마나 귀한 것인가 하는 깨달음이었다. 하나님의 일을 하는 데 있어서 재정은 하나님께서 언제든지 공급하실 수 있다는 사실을 확신하게 되었다. 이번 경우처럼, 필요하다면 하나님은 전혀 모르는 분을 연결시켜서도 얼마든지 재정을 채워주실 수 있다. 하지만 사람은 다르다. 사람은 하나님께서도 어쩔 수 없는 부분인 것이다. 우리가 하나님의 사람들을 훈련시켜 세워 놓지 않으면, 대개의 경우 하나님은 그분의 일을 하실 수 없다. 하나님은 헌신된 그리스도인들을 통하지 않고는 좀처럼 그분의 일을 하시지 않는다. 이런 깨달음이 오자, 아시아태평양 지역 각국을 다니며 그곳 현지 그리스도인들을 불러 그 나라 어린이 사역의 지도자로 세우는 나의 사명이 참으로 귀중한 것임을 다시금 확신하게 되었다.

Behind Story

미가엘: 하나님, 홍콩에서 '이상한 서원기도'를 올린 선교사가 서원한 대로 움직이게 생겼습니다.

하나님: 그런 서원기도에는 응답할 수 없노라. 네가 이 문제를 해결하도록 하라.

미가엘: 그런데 지금 상황은 통상적인 소액 헌금으로는 감당이 안 됩니다.

하나님: 그렇다면 다소 많은 액수의 헌금을 보내야겠구나.

미가엘: 아시다시피 한꺼번에 많은 액수를 보내려면 십일조 헌금이 가장 좋습니다.

하나님: 알겠노라. 적당한 사람을 찾아서 그에게 십일조 헌금을 하게 하라.

하나님의 존전을 떠난 미가엘이 천사들의 원탁회의를 소집한다.

미가엘: (천사 A에게) 내가 지시한 대로 시행할 수 있겠소?

천사 A: 잠깐만요, 문제가 있습니다. 저 선교사는 십일조 헌금은 본 교회에 드려야 한다는 원칙을 세워 두고 있습니다.

미가엘: 저런, 그에게는 왜 그렇게 재정과 후원에 관한 원칙이 많은가? 전에는 부부가 함께 후원해야 한다는 원칙 때문에 골치를 아프게 하더니.

천사 A: 어쨌든 십일조를 보내도 받지 않을 텐데 어떡할까요?

미가엘: 그렇다면 본 교회에 헌금할 수 없는 상황의 십일조가 있는지 알아보시오.

천사 A: 아니, 교회를 다니지도 않는 사람이 무슨 십일조를 내겠습니까?

미가엘: 지금은 교회를 다니지 않지만 과거의 은혜를 회복시키면 십일조를 드릴 만한 사람이 있지 않겠는가?

천사 A: 찾아보면 물론 있겠지요.

천사 B: (대화를 듣고 있다가) 그런데 문제가 있습니다. 은혜가 회복된다고 당장 고액의 십일조 헌금을 할 수 있는 것은 아니니, 은혜의 회복과 동시에 남편이 퇴직을 한다든지 해서 실제로 십일조 헌금을 마련할 수 있는 사람을 찾아야 합니다.

천사 C: 그것뿐만 아닙니다. 은혜를 회복하고 동시에 십일조 헌금을 할 수입이 생긴다 하더라도, 그 사람은 반드시 그 선교사와 어떻게든 연관이 있어야만 합니다. 그렇지 않으면 어떻게 그 선교사의 필요를 알고 헌금을 하겠습니까?

천사 D: (조심스럽게 끼어들며) 제 생각에는 하나님의 은혜를 회복시킬 때 어린이 선교사가 그 역할을 담당하는 것이 좋을 것 같습니다.

미가엘: (머리를 감싸 쥐며) 으아, 너무나 까다롭구나. 이번 건은 근래에 보기 드물게 복잡한 시나리오를 가진 작품이 되겠구나.

사건이 완료된 후에

미가엘: 모두들 수고했소. 헌금자로 하여금 그 선교사를 후원하는 동생을 만나러 가게 한 것은 탁월한 아이디어였소.

천사 C: (손을 내저으며) 아이고 미가엘님, 말도 마십시오. 억지로 멍석을 깔아 주었는데도 그이가 십일조 헌금에 관해서는 일언반구도 없이 집으로 돌아가겠다고 동생 집에서 일어섰을 때 간이 떨어질 뻔했습니다.

미가엘: 그래서 어떻게 했는가?

천사 C: 재빨리 서산을 책임진 천사에게 연락하여 간발의 차이로 기차를 놓치게 했죠.

미가엘: (안도의 숨을 내쉬며) 잘 했소. (혼잣말로) 저 사람의 기도 응답은 날이 갈수록 손에 땀을 쥐게 하는군.

사건후기: 가만히 계산해 보니 600만 원의 헌금은 홍콩으로부터 끊어진 후원금 1년치에 해당되었다. 그 후 약 1년 정도가 지나 나는 홍콩 동신교회를 다시 방문하여 말씀을 나눌 기회가 있었고, 그 방문 직후 교회에서는 나에 대한 후원을 재개하기로 결정해 주셨다. 그렇게 결

정한 데는 교회의 재정 형편이 나아졌기 때문이라는 느낌도 조금은 있었다. 후원금이 끊어졌을 때 교회의 재정을 위해 축복하며 기도한 바 있기에, 그런 느낌이 들자 나는 어깨가 으쓱해졌다.

폭탄이 설치된 장난감(?)

호주 정착 초기에 무슬림들이 많이 사는 어번 지역에 살 때였다. 앞서 말한 것처럼 나의 이웃집 사람들 역시 무슬림이었다. 우리보다 두 주 정도 후에 입주한 옆집의 아저씨와 인사를 나누었는데, 인상이 다소 날카롭기는 했지만 마음씨는 따뜻한 것 같았다. 하지만 텁수룩한 턱수염을 보니 자꾸만 무슬림 테러리스트가 떠오르는 것은 어쩔 수 없었다. 미국의 911 사태 이후 TV에서는 은연중에 '무슬림=테러리스트'라는 등식을 자꾸만 조장하는 것 같았다. 어쩌면 나도 이런 선입관에서 자유롭지 못했던 듯하다.

하지만 내가 그런 생각을 떠올린 데는 또 다른 연유가 있었다. 매주 금요일 저녁 이웃집에서 서른 명 정도의 무슬림들이 모여 집회를 열어 왔던 것이다. 안에서 무엇을 하는지 늘 궁금하던 차에, 한번은 옆집의 문이 조금 열려 있기에 살짝 안을 들여다 보니 교회의 구역예배 비슷한 느낌의 모임이 진행되고 있었다. 이런 모습을 아내에게 전하자 아내가 걱정스럽게 말했다.

"그 사람들 혹시 신분을 속이고 있는 테러리스트들이 아닐까요?"

"설마 그렇기야 하겠어요? 아마도 이슬람 집회를 하는 것이겠죠."

"그렇다면 옆집 아저씨가 이슬람 성직자나 그 비슷한 사람인가 봐요." 우리는 이런 대화를 주고받았다.

나는 그 동네에 사는 동안 옆집 안주인의 얼굴을 한 번도 보지 못했다. 아니 딱 한 번 잠깐 얼굴을 보았는데, 자신의 집을 방문한 친척을 배웅하기 위해 현관문을 살며시 열고 작별인사를 할 때, 마침 내가 외출하기 위해 집을 나서다가 차도르를 쓰지 않은 옆집 안주인의 맨얼굴을 살짝 보게 된 적이 있었다. 그때 나는 그 안주인이 상당한 미인이었다고 기억한다.

그녀는 언젠가 한 번 내 도움을 요청한 일이 있었다. 아내와 함께 집에 있는데 문을 두드리는 소리에 나가 보니 차도르를 쓴 그녀가 나에게 자기 집에 출현한 커다란 독거미를 잡아 달라고 부탁했다. 나의 아내 역시 거미라면 질겁하기 때문에 할 수 없이 내가 나서서 그 집에 가서 독거미를 잡아 주었다. 그랬더니 그 다음날 자기네 전통 방식으로 만든 부침개를 가져와서 고맙다는 인사를 했다. 훗날 내가 선교대회에 참석하여 이 이야기를 이슬람 전문가에게 전하자 그분이 나에게 말씀하셨다.

"상당히 위험한 일을 하셨군요."

"왜 그런가요?"

"만약 남편이 그 시간에 갑자기 귀가하여 단 둘이 집에 있는 것을 발견했다면 큰 곤경에 처할 뻔했습니다."

"제가 말입니까?"

"아뇨, 그 안주인이 말입니다. 그럴 경우 그녀는 심하게 매를 맞을 수도 있습니다."

"그러면 다음에 그런 부탁을 받으면 어떻게 해야 하나요?"

"형제님의 아내와 함께 그 집을 방문하십시오."

이렇게 이슬람 문화와 아시아 문화 그리고 유럽 문화가 외줄타기를 하듯 아슬아슬하게 공존하던 어느 날이었다. 시드니 근교의 크로눌라

(Cronulla) 지역에서 인종 폭동이 일어났다. 사건의 발단은 중동계 청년들이 호주 백인들의 텃밭인 크로눌라 해변에 놀러왔다가 호주 백인 인명구조원들을 폭행한 데서 시작되었다. 호주 청년들은 그동안 자신들의 전유물처럼 생각하고 누려 온 해변에 중동계 청년들이 놀러온 것만 해도 썩 기분이 좋지 않았는데, 이들이 호주 청소년들의 우상이라고까지 여겨지는 인명구조원들에게 폭행을 가했다는 사실에 분노하고 만 것이었다. 모바일(mobile: 핸드폰)의 문자메시지와 인터넷을 통해 이 사건이 알려지자 호주 청년들 수천 명이 삽시간에 그 지역에 모여들어, 거리에서 눈에 띄는 모든 소수민족 사람들을 위협했고 심지어는 심하게 폭행을 한 것이 그 사건의 전모이다. 비록 경찰이 신속히 개입했으나 며칠간 지속된 소요사태는 쉽게 가라앉지 않고 오히려 호주 사회 내의 인종과 종교문제로까지 비화되었다.

이처럼 사건이 일파만파로 퍼져 나가자 호주 사회 전역이 술렁거렸다. 내가 살던 어번 지역도 예외가 아니어서 폭동사태 며칠 후에는 우리 집 인근의 침례교회 교육관이 방화로 추정되는 화재로 인해 하룻밤 사이에 잿더미로 변하는 사건이 일어났다. 경찰이 인근의 집을 탐문수사하면서 목격자를 찾았으나 범인은 잡히지 않았다. 이를 두고 동네 사람들은 이번 사태로 격앙한 중동계 무슬림 청년들이 호주 가치관의 근간이 되는 기독교 교회 건물을 공격한 것이라고 수군거렸다. 폭동과 그에 따른 교회 방화사건으로 인해 기독교 목사인 나는 자연히 행동이 조심스러워졌고, 작은 일에도 이웃의 눈치를 살피게 되었다. 특히 내가 기독교 목사인 것을 이웃 사람들이 모두 알고 있었기 때문에 더욱 조심스러웠다.

폭동이 계속 진행되던 어느 날 오전, 아이들을 학교에 바래다주고 귀가한 나는 문 앞에 자그마한 상자 하나가 놓여 있는 것을 보았다. 무엇인지 궁금하여 상자를 집어 들어 살펴보니 그것은 모형 장난감 자동차였다. 하지만 누가 뜬금없이 그것을 우리 집 문 앞에 두고 갔는지 도무지 짐작할 수 없었다. 장난감 상자 외에는 그 어떤 단서도 없었기 때문이었다. 장난감 상자를 가지고 들어와 현관 옆에 놓아 두고 거실로 들어선 나는 아내에게 말했다. "여보, 수상한 자동차 모형 장난감 상자가 집 현관문 앞에 놓여 있네요.

"그래요? 누가 갖다 놓은 것일까요?"

"모르겠어요. 혹시 옆집 사람들이 아닐까요?"

"옆집 사람들이라면 직접 찾아와서 주겠지 현관문 앞에 살짝 두고 가지는 않겠죠?"

"그럼 도대체 누가 갖다 놓은 것일까?"

나는 몹시 궁금했다. 둘째 아들인 찬별이가 토마스 기차와 자동차를 유달리 좋아하기에, 누가 갖다 놓았는지는 몰라도 찬별이에게는 정말 멋진 선물이 아닐 수 없었다. 선교사로 늘 재정적인 압박감에 시달렸기 때문에 아이에게 변변한 장난감 하나 사 주기 힘들었던 때라 그것은 더욱 매력적인 선물로 보였다. 하지만 나는 포장을 뜯을 용기가 없었다.

나는 아내에게 말했다. "이거 혹시 무슬림 테러리스트들이 내가 목사인 것을 알고 갖다 놓은 폭탄 아닐까요?"

아내는 내 말이 농담인지 진담인지 헷갈려 하는 것 같았다. 하지만 최근의 교회 방화사건 등을 생각했는지 심각한 얼굴로 동의했다. "만에 하나 그럴 수도 있겠네요."

"그렇다면 장난감을 어떻게 할까요?"

"그냥 버리는 것이 좋겠어요."

"하지만 누가 선물로 준 것이라면 아깝잖아요."

우리는 결정을 하지 못하고 장난감을 그냥 현관에 두었다. 오후에 학교를 다녀온 찬별이가 장난감을 보고는 눈을 반짝였다.

"아빠 이게 뭐예요?"

"뭐긴 뭐야, 자동차 모형이지."

"아빠가 나 주려고 사신 거예요?"

나는 일순 대답을 할 수 없었다. 잠시 침묵이 흐른 다음 내가 아내에게 말했다. "여보, 결심했어요. 장난감 상자를 뜯어 보겠어요."

"혹시 폭탄이면 어떡하려고 그래요?"

"이걸 가지고 집 앞 공터로 가서 풀어 보겠어요. 혹시 폭탄이면 나 혼자 순교해야죠."

아내의 걱정스러운 얼굴을 뒤로 하고 집 앞 공터로 간 나는 부들부들 떨리는 손으로 상자를 열어 자동차를 꺼냈다. 하지만 다행히도 폭발은 일어나지 않았다. 모형 자동차를 이리저리 만져 보고, 열 수 있는 문을 다 열어 본 후에 나는 그것이 폭탄이 아니라는 결론을 내렸다. 자동차를 집으로 가져가자 찬별이는 몇날 며칠을 그 자동차를 가지고 놀며 행복해 했다. 지금도 나는 누가 왜 그 자동차를 우리 집 현관문 앞에 두고 갔는지 궁금하다.

"나도…… 규례를 어기고…… 나아가리니 죽으면 죽으리이다. _ 에 4:16

2장 연속되는 해외사역

국제본부 방문

나는 매년 사역을 위해 미국을 방문한다. 3년에 한 번씩 열리는 국제대회와 함께 매년 지역총무대회가 미국 미주리 주 세인트루이스 근교에 있는 국제본부에서 열리기 때문이다. 지역총무대회는 세계 8개 지역의 총무들이 국제본부에 모여 정책과 비전을 나누는 매우 중요한 모임이다. 어느 해인가 이런 지역총무대회 참석차 미국의 국제본부를 방문했을 때였다. 나는 당시 라틴아메리카 지역의 총무인 바실리오 (Vassilios Constantinidis)와 대화를 나누고 있었다.

"바실리오, 반갑습니다. 요즘 라틴아메리카 지역은 어떻습니까?"

"쿠바에 하나님께서 놀라운 은혜를 부어 주고 있습니다."

"쿠바는 공산국가 아닌가요?"

"예, 그렇습니다. 하지만 새소식반 사역이 불일 듯 일고 있습니다. 하나님께서 쿠바 전역에 200명 이상의 새소식반 교사들을 세워 주셨습니다."

"놀랍네요, 쿠바의 가장 큰 기도제목은 무엇입니까?"

"새소식반을 위한 자료를 해외에서 몰라 들여올 수밖에 없는데 검열에 걸리지 않고 잘 통과되는 것입니다."

"그 밖에 다른 기도제목이 있습니까?"

"교사들을 계속해서 훈련시켜야 하는데 이를 위해서는 물질이 필요

국제대회 전경

합니다.”

그날 저녁 하나님께서는 내 마음에 쿠바에 대한 강한 부담감을 주셨다. 다음날 아침 나는 바실리오를 찾아가 쿠바 사역을 위해 200불을 헌금했다. 그것은 나의 여행 경비 중 2/3에 해당하는 금액이었다. 그런 다음 그날 오후 나는 국제본부의 이사 중 한 사람인 버즈(Buzz Baker)와 대화를 하게 되었다.

“데이빗, 반갑습니다. 잘 지냈죠?”

“예, 잘 지냈습니다. 버즈는요?”

“저도 잘 지냈습니다.”

간단한 인사말이 끝나자 버즈는 눈을 반짝이며 나에게 말했다.

“데이빗, 부탁할 일이 있습니다.”

"무엇입니까?"

"사실 지금 우리 집에 한인 유학생 부부가 임시로 기거하고 있습니다."

"아니, 그게 사실입니까?"

나는 적잖이 놀랐다. 왜냐하면 한적한 미주리 주의 시골 마을에까지 한인 유학생 부부가 와 있을 줄은 몰랐기 때문이었다. 궁금해진 내가 물었다.

"어쩌다가 한인 부부가 버즈의 집에 머물게 되었나요?"

"사정이 아주 딱하게 된 부부입니다. 이곳에 와서 그만 사기를 당하는 바람에 오갈 데가 없어져서 제가 당분간 집에 데리고 있습니다."

버즈의 말을 들어 보니 한인이 같은 한인의 등을 친 전형적인 사기 사건이었다. 나는 마음이 몹시 아팠다.

"제가 도울 길이 있나요?"

"있습니다. 그분들에게 격려 편지를 한 장 써 주시죠."

버즈는 한국에서 온 목사가 우리말로 쓴 격려 편지를 가져가서 좌절하고 실망한 그들의 마음을 위로해 주고자 했던 것이다. 나는 버즈의 따뜻한 마음씨에 감동했다. 그날 저녁 격려 편지를 쓰는데 하나님은 자꾸만 그 부부에 관한 부담감을 주셨다. 그래서 결국 나는 쿠바 사역을 위해 드리고 남은 내가 가진 모든 여행 경비를 격려 편지 안에 넣었다. 그리고 하나님께 짤막하게 기도했다.

"하나님, 이제 제 수중에는 돈이 한 푼도 없어요. 호주로 돌아갈 때까지 하나님이 책임져 주세요."

하나님께 그 기도는 응답하기 어렵지 않은 기도였을 것이다. 왜냐하면 국제본부에 머무는 동안은 돈을 쓸 일이 거의 없었고, 호주로 돌

국제본부 정문

아가는 길에 특별히 돈을 사용할 일이 없었기 때문이었다. 어쩌면 나는 그 사실을 잘 알았기에 아이들에게 줄 선물이나 기념품을 살 돈을 포기했던 것이리라. 그 다음날 나는 버즈를 만나 격려 편지와 조그마한 액수의 달러가 든 봉투를 전해 주었다. 그리고 그 한인 유학생 부부가 주님을 의지하며 용기를 회복하도록 간절히 기도했다.

모든 일정을 마치고 국제본부를 떠날 날이 되었다. 국제본부의 직원 한 사람이 나를 세인트루이스 공항까지 데려다 주었다. 나는 그곳에서 국내선을 타고 로스앤젤리스와 서울을 거쳐 시드니로 돌아올 예정이었다. 공항에 도착한 나는 국내선 항공기를 타기 위해 이동하다가 재미있는 광경을 보게 되었다. 내가 탈 소형 항공기가 보였는데 뜻밖에도 프로펠러 비행기였다. 또한 조종사가 조종석 옆 창문을 열고 수건 같은 것으로 항공기의 앞 유리를 닦고 있었는데, 흡사 시골의 버스 종점에서 운전사가 운행을 앞두고 버스 앞 유리를 닦는 것 같은 풍경이었다. 21세기 미국의 공항에서 그런 모습을 보자 나는 저절로 웃음이 나왔다. 실제로 비행기 안에 들어가 보니 10여 명의 승객이 타면 만석이 되는 것이 꼭 시골 버스를 탄 느낌과 다를 바 없었다.

비행기에 탄 후 안전한 운행을 위해 잠시 기도한 나는 여정을 살펴보았다. LA까지 3시간 정도의 비행에 LA에서 5시간 정도 대기를 했다가 서울행 대한항공 여객기를 타도록 되어 있었다. 그렇다면 LA 공항에서 5시간 정도를 무일푼으로 버텨야 한다는 생각이 들자 약간 염려스러웠다. 음료수나 간식조차 사 먹을 수 없으니 매우 긴 대기시간이 될 것이라는 생각이 들었다. 이런 생각을 하면서 기내를 둘러보는데 마침 통로 건너편 내 옆 자리에 앉은 분이 동양 사람처럼 보였다. 나는 조심스럽게 말을 걸어 보았다.

"혹시 어느 나라 분이세요?"

"한국 사람입니다."

"그러세요? 반갑습니다. 저도 한국 사람입니다."

놀랍게도 하나님께서는 10명 남짓한 승객 중에 한국 사람을 포함시키고, 그분을 내 옆 자리에 배치해 주신 것이었다. 우리는 비행 내내 다양한 주제로 대화를 나누었고, 대화 중어 그분이 기독교 신자인 것으로 판단되었기에 나는 그분에게 기득교 신앙에 관해 많은 권면을 해 주었다. LA에 도착할 무렵이 되자 그분은 자신의 아내가 신실한 신자인데 자신은 '나일론' 신자라고 고백하면서, 하나님께서 목사님을 만나게 해서 정신을 차리게 하시는 것 같다고 말했다. 그러면서 귀국하면 아내를 따라 교회 출석을 열심히 하겠노라고 약속했다.

마침내 LA에 도착해 보니, 그분 역시 나와 같은 대한항공편으로 서울로 귀국한다고 하시는 것이 아닌가! 어쩔 수 없는 운명으로(?) 함께 묶인 우리는 LA 공항에서 서울행 대한항공 여객기를 기다리며 또 다시 담소를 나누었고, 그분은 내가 사양하는데도 불구하고 수시로 음료수와 간식을 제공해 주셨다. 아니, 하나님께서 그분을 통해 나에게 수시로 음료수와 간식을 제공해 주셨다고 말하는 편이 옳을 것이다.

필리핀 사역에서 있었던 일

2005년과 2006년 나는 두 해 동안 연속해서 필리핀을 방문하게 되었다. 2005년에는 보라카이에서 열린 필리핀 전국 사역자 대회의 주강사로 초청받아 방문하게 되었고, 2006년은 필리핀 어린이전도협회 지도자훈련학원 강의를 위해 방문하게 되었다. 보라카이 방문 시 나는 사역을 위해 방문할 경우 관광을 하지 않는다는 원칙을 부득불 깨뜨릴 수밖에 없었다. 왜냐하면 보라카이 자체가 세계적으로 유명한 관광지였기 때문이었다.

하지만 내가 그 장소를 정한 것은 아니었으므로, 엄밀히 말하면 원칙을 깬 것은 아닌 것이다. 필리핀 어린이전도협회에서 전국의 사역자들의 수고를 위로해 주는 의미에서 유명한 관광지를 대회 장소로 정했던 것이다. 그래서 필리핀의 사역자들 역시 많은 기대를 안고 사역자연수회에 참석했다. 이 상황을 쉽게 비유하자면, 한국 어린이전도협회의 사역자 대회를 제주도에서 연 것과 비슷한 셈이었다.

사역자 대회를 통해 나는 많은 필리핀 사역자들을 만나고 또 사귀게 되었다. 수천 개의 섬으로 이루어진 필리핀 전역에서 모여든 어린이전도협회 사역자들은 금방 친한 친구가 되어 서로의 비전과 기도제목을 나누었고, 나는 이들을 향해 "GOAL"이라는 주제의 강의를 통해 하나님이 우리 사역자들에게 주신 목표를 향해 달려가는 삶을 살도록 촉구했다.

보라카이에서 만난 여러 필리핀 사역자들 중 잊지 못할 한 형제가 있다. 그는 민다나오 섬 출신의 사역자였다. 그와 친해진 후 나는 그에게 물어보았다. "민다나오 출신이라면서요? 그곳은 회교 반군들이 득실거리는 곳 아닌가요?"

"좀 그렇죠." 그는 씩 웃으면서 대답했다.

"그런 곳에서 어린이전도 사역을 하면 위험하지 않나요?"

"외부인이라면 위험하겠지만 나는 현지인이라 그다지 위험하지 않아요. 내 친구들 중에도 반군이 많거든요. 전도한다고 설마 친구를 죽이지는 않겠죠." 그는 어깨를 으쓱하며 대답했다.

"그곳에 한국 선교사들도 있나요?"

"한 번도 본 적이 없어요."

그와의 대화는 나에게 많은 것을 생각하게 해 주었다. 물론 한국에서 수많은 선교사들이 일어나 세계 곳곳에 가서 하나님의 사역을 감당하면 좋겠지만 현실은 그렇지 못하다. 이 세상에는 억척스럽다는 소문이 자자한 한국 선교사들조차 가고 싶어도 가기 힘든 지역이 있기 마련이다. 많은 경우 그곳이 오지라서 가기 힘든 것이 아니라, 정치, 종교적으로 민감한 지역이라서 가기 힘든 것이다. 그렇다면 그런 지역의 어린이들을 복음화하는 가장 좋은 방법은 역시 그 지역의 현지 어린이 전도 사역자들을 세우는 길밖에 없다는 강한 확신이 들었다. 우리 외부인이 감당해야 할 부분은, 상대적으로 연약한 그런 지역의 지도자들이 든든히 설 수 있도록 영적으로, 물질적으로, 관계적으로 힘을 북돋아 주는 것일 것이다. 이런 일을 위해 부르심을 받은 나는 하나님 앞에서 계속해서 이 일을 신실하게 감당하고 싶다.

지도자훈련학원 강의를 위해 2006년에 필리핀을 방문했을 때, 나는 도로변의 아름드리나무들이 많이 쓰러져 있는 것을 발견했다. 궁금해진 내가 어린이전도협회에서 파송되어 필리핀에서 사역하시는 최광기 선교사님께 여쭤 보았다.

"선교사님, 저렇게 큰 나무들이 왜 뿌리째 뽑혀 있습니까?"

"라 선교사님이 오시기 직전에 태풍이 지나갔습니다."

"태풍이 분다고 저렇게 엄청난 나무들이 맥없이 넘어집니까? 적어도 수십 년은 자란 것 같은 나무들인데 말입니다."

"그렇죠. 한 자리에 수십 년씩 있었다면 태풍에는 끄떡도 하지 않았겠죠."

"그렇다면 왜 넘어졌나요?"

"이유가 있습니다. 이번에 넘어진 나무들은 모두 옮겨 심은 것들입니다. 도시의 조경을 위해 다른 곳에서 옮겨 와서 심은 나무들인데, 뿌리기 깊지 못해 태풍에 쓰러진 것입니다."

커다란 나무들이 뽑혀 이리저리 뒹굴고 있는 모습은 신앙에 관해 많은 것을 생각하게 해 주었다. '우리가 가르치는 아이들 역시 신앙의 뿌리가 깊지 않으면 인생의 조그마한 태풍에도 맥없이 그 뿌리가 뽑혀 나뒹굴 수 있겠구나.' 하는 생각이 들었다.

지도자학원 강의는 나 혼자 하루 평균 6시간씩 영어로 진행해야 했기에 보통 힘든 것이 아니었다. 게다가 강의가 끝나고 저녁 식사를 마쳐도 그 다음날 강의를 준비하느라 밤늦게까지 쉴 수 없었다. 이런 생활을 2주간 지속해야 했기 때문에 나는 체력 안배에 많은 노력을 기울

필리핀 지도자 학원 강의

였다. 하지만 선교지에서는 내 뜻대로 할 수 없는 것들이 있기 마련이었다. 그중 하나가 숙소였다. 내가 머물렀던 숙소는 강의실 옆에 지어져 있던 게스트하우스였는데, 시설은 매우 열악한 편이었다. 하지만 정작 나를 괴롭힌 것은 숙소 시설 자체가 아니라 주변 환경이었다.

첫날 저녁 여장을 풀기 위해 숙소 문을 열어 보니 게코(gecko) 도마뱀 한 마리가 베개 위에서 나를 반기고 있었다. 약간 징그럽기는 해도 도마뱀은 숙소의 벌레를 잡아먹기 때문에 오히려 반가운 존재이다. (물론 한밤중에 자고 있을 때 천정에서 얼굴 위로 떨어진다면 또 다른 이야기가 되겠지만.) 그래서 나는 숙소에 도마뱀이 있어도 일부러 쫓아내지는 않는다. 아니, 하도 재빨라서 쫓아내기가 불가능하기도 하다. 그런데 문제는 그 작은 도마뱀이 한밤중에 한 번씩 날카로운 소리를 내며 운다는 데 있었다. 자그마한 콤집에서 나는 소리치고는 보통 시끄러운 것이 아니었다. 또한 숙소 바로 옆의 연못에서는 맹꽁이들이 밤새도록 합창을 했고, 낮에 필요한 물을 긷기 위해서인지 숙소 뒤편에서는 역시 밤새도록 발동기가 시끄러운 소리를 내며 돌아가고 있었다. 이런 환경에서도 나는 그 다음날 강의를 위해 억지로 잠을 청할 수밖에 없었다.

여기까지는 견딜 만했는데, 정작 나를 가장 괴롭힌 것은 뜻밖에도 그곳에 있던 세 마리의 개들이었다. 한 마리의 어미 개와 두 마리의 새끼 개로 구성된 그 개들은 하필이면 밤중에 내 침대의 머리맡 바로 바깥쪽 벽에 나란히 누워 잠을 잤다. 따라서 밤에 잠자리에 든 나는 벽을 사이에 두고 그 개들과 직선거리로 불과 1m도 떨어져 있지 않은 셈이었다. 그런데 문제는 이 개들이 한밤중에 아무런 이유도 없이 1시간 간격으로 일어나 "월~월~월~" 하며 짖어댄다는 데 있었다. 이것은 보통 성가신 일이 아니었다. 잠이 살짝 들려고 하면 1시간 간격으로 짖어 대서 깨우는데 나중에는 노이로제에 걸려 꿈속에서도 개 짖는 환청이 들릴 지경이었다

아침에 강의를 위해 나와 보니 개들이 꼬리를 치며 나를 반기고 있었다. 괘씸하다는 생각이 들었으나 동물학대를 할 수는 없는 노릇이었으므로 강의실로 직행했다. 강의는 50분 강의에 5분간 휴식 시간이 주어졌다. 휴식 시간에 마당에 나와 보니 개들이 그늘에서 축 늘어져 자고 있는 것이 보였다. 해가 뜨면서 날씨가 더워지니 햇볕을 피해 나무 그늘에서 자는 것이었다. 갑자기 내 마음에 분노가 솟아올랐다.

'이놈들은 밤에 나를 깨우더니 낮에는 한가하게 낮잠을 자고 있네.' 간밤에 잠을 설친 것을 복수하고픈 마음이 솟아올랐다. 하지만 나는 잠시 망설였다. "내 사랑하는 자들아 너희가 친히 원수를 갚지 말고 하나님의 진노하심에 맡기라 기록되었으되 원수 갚는 것이 내게 있으

니 내가 갚으리라고 주께서 말씀하시니라.”는 로마서 12장 19절 말씀이 떠올랐기 때문이었다. 나는 잠시 망설였다. 이 구절이 사람에게만 적용되는지 동물에게도 적용되는지 애매했기 때문이었다. 하지만 갈등은 오래 가지 않았다.

‘설마 이 구절이 동물에게도 적용되지는 않겠지, 에라 모르겠다.’ 마음을 정한 나는 개들에게로 다가가 두드려 깨우기 시작했다.

“일어나라, 이놈들아. 밤중에 나를 그렇게 괴롭히더니 너희들은 감히 낮에 늘어져 잠을 자? 어림도 없다.”

갑작스러운 공격(?)을 당한 개들은 영문을 모르겠다는 듯 끙끙거리며 후다닥 도망갔다. 나는 다음 시간의 강의를 위해 강의실로 향했다. 다음 시간 강의를 마치고 휴식시간에 마당에 나온 나는 개들이 또다시 같은 자리에서 자고 있는 것을 발견했다. 나는 그곳으로 다가가 다시금 개들을 두드려 깨웠다.

“일어나라, 네놈들이 나를 한 시간 간격으로 깨웠으니 나도 네놈들을 한 시간 간격으로 깨워 주마.”

복수의 화신이 된 나는 신나게 개들을 흔들어 깨웠다. 아직도 잠이 덜 깬 개들은 기지개를 켜더니 어슬렁거리며 어디론가 사라졌다. 이런 식으로 나는 6시간 강의 내내 휴식 시간마다 나와서 개들을 괴롭혔다. 그렇게 했더니 속이 다소 시원해졌다. 하지만 약간의 죄책감도 들었다. ‘내가 너무 심하게 복수한 것이 아닐까?’ 그날 밤 놀라운 일이 벌어졌다. 낮 동안 나에게 실컷 시달린 개들이 피곤했던지 밤에 찍소리도 내지 않고 자는 것이 아닌가! 나 역시 모처럼 단잠을 이루었다.

필리핀에 머무는 동안 먹은 여러 가지 음식 중 내가 먹는 것을 보고 현지 사역자들이 감탄한 한 가지 음식이 있었다. 그것은 일종의 삭힌 생선이었는데 현지인 중에도 싫어하여 먹지 않는 사람이 있을 정도로 토속적인 음식이라 했다. 하지만 내가 그것을 맛있게 먹는 것을 보자 현지인들은 신기한 구경이라도 난 듯 나를 둘러싸고 여러 가지 질문을 해댔다.

"라 목사님, 혹시 먹기 싫은데 억지로 드시는 것 아니에요?"

"아닙니다. 정말 맛있어요."

그랬다. 이상하게도 나는 그 삭힌 생선이 거부감이 들지 않고 즐길 만한 음식으로 느껴졌다.

이 삭힌 생선과 관련하여 한 가지 재미있는 에피소드가 있다. 필리핀 사역을 마친 직후 나는 홍콩을 경유하여 다른 사역지를 방문했다. 내가 잠시 홍콩을 들렀을 때, 내가 홍콩에 있을 때 섬겼던 홍콩동신교회의 김성준 목사님과 몇몇 장로님들이 사역에 대한 위로차 나에게 근사한 식사를 대접해 주셨다. 홍콩의 한 고급 클럽에서 저녁식사를 한 것이다. 장기간의 사역에 지친 나에게 그것은 정말 맛있는 저녁식사였다. 식사를 마칠 무렵 자리를 함께 했던 박미라 권사님이 불쑥 말을 꺼냈다.

"윤기중 장로님, 식사가 다 끝나가는데 '그것' 을 시키셔야죠?"

박 권사님은 윤 장로님이 들으시라는 것처럼 함께 자리를 한 모든 사람들을 향해 말씀하셨다. 궁금해진 내가 물었다.

"'그것' 이라뇨? 그것이 무엇입니까?"

"하하하, 드셔 보시면 압니다. '하뮤' 라고 윤 장로님이 제일 좋아하시는 특별요리에요."

나도 그 '하뮤' 라는 요리가 무엇인지 궁금해졌다. 이렇게 근사한 저녁 식사의 대미를 장식할 요리라면 무언가 특별한 요리가 틀림없을 것이라는 기대감이 컸다.

"엥?" 접시에 담긴 생선을 보고 나는 깜짝 놀라고 말았다. 그것은 분명 내가 며칠 전 필리핀에서 먹었던 삭힌 생선이 아닌가! 놀란 토끼 눈으로 내가 말했다.

"장로님, 이건 삭힌 생선 아닌가요?"

"예, 맞습니다. 목사님. 생선의 살을 조금 떼어 장에 찍어 밥과 함께 먹으면 정말 별미지요."

장로님은 군침이 도는 듯 연신 다른 분들에게 '하뮤' 요리를 권하며 자신도 맛있게 드셨다. 그 모습을 지켜보던 나에게는 여러 가지 상념이 떠올랐다. '도대체 저급 음식과 고급 음식의 차이란 무엇인가? 가난에 찌든 한 나라의 서민들이나 먹는 음식이 홍콩의 고급 클럽에 오자 고급 음식으로 둔갑했구나.'

이런 생각과 함께, "입으로 들어가는 모든 것은 배로 들어가서 뒤로 내어버려지는 줄을 알지 못하느냐 입에서 나오는 것들은 마음에서 나오나니 이것이야말로 사람을 더럽게 하느니라."는 예수님의 말씀이 생각났다. 그랬다. 그날 저녁 나는 선교지에서 어떤 음식을 먹느냐가 중요한 것이 아니라 어떤 태도로 먹느냐가 더욱 중요하다는 사실을 다시금 깨달았다.

2주간의 강의를 모두 마친 나는 마지막 날 저녁 최광기 선교사님 댁을 방문하여 하룻밤 신세를 졌다. 친절하게도 선교사님은 그 다음날 나를 공항으로 배웅해 주기로 하셨다. 수년 만에 모처럼 만난 두 선교사는 밤을 새며 사역과 비전에 관한 이야기들을 나누다가 새벽녘이 되어서야 잠깐 잠이 들었다. 공항으로 출발하기 위해 아침 일찍 일어난 나는 극도의 피로감을 느꼈다. 왜 아니었겠는가. 2주간 긴장 가운데 강의를 했고, 그 전날 밤을 샜으니 당연한 일이었다. 그나마 위안이라면 그날은 비행기를 타고 다음 사역지로 이동하며 비행기 안에서 쉴 수 있다는 점이었다. 서둘러 아침 식사를 마친 우리는 공항을 향해 출발했다. 선교사님이 말씀하셨다.

"서두르시지요, 오늘은 토요일이라서 차가 막힐 것입니다."

"지금 출발하면 제시간에 도착할 수 있겠습니까?"

"충분합니다."

하지만 세상일은 사람의 계획과 뜻대로만 되지는 않는 법이다. 얼마를 가다가 선교사님이 주유소에 차를 대셨다.

"기름이 다 떨어져 가니 기름을 넣고 갑시다."

'하필 공항으로 가는 길에 기름이 다 떨어질 게 뭐람.' 나는 속으로 생각했다. 주유가 끝나고 선교사님이 계산을 하는데, 필리핀 현지 주유원이 차바퀴를 가리키며 무엇이라고 말을 했다. 가만히 들어보니 바퀴 하나에 바람이 빠져 있다는 말이었다. 차에서 내린 우리는 바퀴를 살펴보았다. 과연 주유원의 말대로 한쪽 바퀴가 바람이 빠져 푹 꺼져 있었다. 바퀴를 살펴보니 못 하나가 바퀴를 관통하고 있었다.

"어떻게 하나요?" 내가 물었다.

"이 상태로는 달리지 못하겠네요. 마침 이 주유소 안에 차량수리소가 있으니 그리로 가서 고치고 가야겠습니다."

갑자기 짜증이 몰려왔다. 나는 속으로 하나님께 부르짖었다. '아버지, 이게 무슨 일이에요? 어떻게 이러실 수 있나요? 선교사가 사역을 마치고 파김치가 되어 돌아가는 것이 보이지 않으시나요? 타이어 펑크가 나려면 나를 공항에 내려 주고 돌아가는 길에 나야지, 하필이면 공항으로 가는 길에 펑크가 나게 하시면 어떡하나요?' 나는 말도 되지 않는 불평을 하나님께 늘어놓았다. 아마도 그만큼 피곤했던 탓일 것이다.

타이어를 고치는 데 족히 40분 정도 걸렸다. 수리가 끝나자마자 우리는 부리나케 시동을 걸고 공항을 향해 출발했다. 하지만 공항으로 가는 길은 주차장을 방불케 했다. 펑크 수리로 인해 시간을 끌었던 것이 더욱 곤란한 상황을 부른 것이다. 그 사이에 늦은 오전이 되면서 차량들이 한꺼번에 길에 몰려나온 것이다. 차 안에서 나는 발을 동동 굴렀다. 공항을 얼마 남겨 두지 않은 지점까지 왔지만, 차량 흐름의 속도가 시속 5km도 되지 않아 차라리 걸어가는 것이 나을 지경이었다. 하지만 무거운 짐 가방으로 인해 그마저도 시도할 엄두를 내지 못했다. 나는 다시 속으로 부르짖었다. ‘아버지, 이러실 수는 없습니다. 비행기를 놓치겠습니다. 길에서 차를 싹 치워 주세요.’ 하지만 나의 기도는 허공을 치는 메아리처럼 아무런 응답이 오지 않았다.

“선교사님, 제 시간에 댈 수 있을까요?” 내가 물었다.

“지금 상황으로는 아슬아슬합니다.” 최광기 선교사님 역시 식은땀을 흘리며 말씀하셨다.

결국 우리는 비행기 출발 시간 45분 전에 가까스로 공항에 도착했다. 국제선 이용 승객이 출발 45분 전에 공항에 도착했다면 상황은 거의 절망적인 것이었으나, 나는 짐 가방을 카트에 싣고 필사적으로 달려갔다. 숨이 턱에 차서 내가 예약한 항공사인 캐세이퍼시픽 항공 카운터로 가보니, 승객으로 보이는 사람은 한 사람도 없었고, 직원들은 이제 막 카운터를 닫고 철수하려는 순간이었다.

“잠깐만요, 아직 탑승할 승객이 남았어요.”

나는 저 멀리서 항공권을 흔들며 그들의 주의를 끌고자 애썼다. 직원 중 한 사람이 나를 알아보고 다시 카운터로 와서 섰다. 나는 재빨리 항공권을 그 직원에게 건네주었다. 그는 국제선 승객이 이렇게 늦게 오는 사람도 있느냐는 표정을 짓더니 탑승권을 발권하기 시작했다. 나는 안도의 큰 한숨을 몰아쉬었다.

탑승권을 손에 들고 비행기 안에 들어가 보니, 내게 배정된 자리는 놀랍게도 안락한 비즈니스석이 아닌가! 나는 도무지 영문을 몰라 객실 사무장에게 물어보았다.

"제가 왜 아무런 이유도 없이 비즈니스석으로 승급되었는지 궁금합니다."

"혹시 가장 마지막으로 오신 손님 아니세요?"

"예, 맞습니다."

"오늘 비행은 이코노미석이 완전 만석입니다. 손님이 맨 마지막에 오셨을 때, 이미 이코노미석은 좌석 배정이 완료된 상황이었습니다. 하지만 늦게라도 오셨고 하니, 그라운드 직원(공항 내 카운터 직원을 의미함)이 손님에게 몇 좌석의 여유가 있던 비즈니스석을 배정한 것입니다."

객실 사무장의 설명을 듣던 나는 하나님 앞에 부끄러움으로 얼굴이 뜨뜻해지는 것을 느꼈다. 그 순간 하나님이 내 마음에 속삭이시는 소리를 들었기 때문이다. '이왕이면 이코노미석보다는 비즈니스석이 쉬기에 훨씬 편하지 않겠느냐?' 나는 즉시 속으로 하나님께 말씀드렸다.

'아버지, 죄송해요. 피곤에 지친 나를 위해 이렇게 좋은 자리를 예비해 두시고, 또 친히 멋진 드라마를 연출해 주셨는데, 나는 그것도 모르고 불평만 늘어놓았네요. 정말 죄송해요. 그리고 아버지는 정말 멋진 분이에요. 아버지의 이름을 찬양합니다.'

미가엘: 하나님, 저 원망 섞인 절규가 들리나요? 저러고도 선교사인가요?

하나님: 비행기를 놓치면 얼마나 난감하겠기에 저렇게 하겠느냐? 네가 이해해라.

미가엘: 어떻게 반응하나 보고 싶어 자동차 바퀴를 펑크 내 보았더니 가관입니다.

하나님: 하필 공항으로 가는 길에 펑크가 났으니 나에게 원망스러운 마음이 들 수도 있지 않겠느냐.

미가엘: 그래도 그렇지, 저 말하는 꼬락서니 좀 보세요.

하나님: 곧 그 원망의 말이 바뀌어 찬양이 될 것이니라.

미가엘: (어리둥절해하며) 예, 그게 무슨 말인가요?

하나님: 지켜보면 알게 되느니라.

"너희는 근심하겠으나 너희 근심이 도리어 기쁨이 되리라"_요 16:20下

뉴칼레도니아라는 나라 이름을 들어 보셨나요?

2007년 봄 나는 뉴칼레도니아를 다녀오게 되었다. 우리나라 사람들 중 뉴칼레도니아가 도대체 어디 붙어 있는 나라인지 아는 사람이 거의 없을 것이다. 뉴칼레도니아는 남태평양에 위치한 섬나라로 남북의 길이가 거의 460km 정도 되는 결코 작지 않은 나라이다. 하지만 동서의 폭이 불과 50km쯤 되어 국토 면적은 남한의 1/3 수준에 불과하다. 뉴칼레도니아는 아직도 프랑스령에 속해 있고, 몇 년 후 프랑스령을 벗어나 독립할 것인지를 결정하는 국민투표를 실시할 계획을 가지고 있다.

뉴칼레도니아 어린이들

　내가 뉴칼레도니아를 방문한 이유는, 그 나라의 어린이전도협회를 내가 관장하는 아시아태평양 지역으로 편입시켜도 될 것인지 그 타당성을 알아보기 위해서였다. 그동안 뉴칼레도니아에서는 프랑스 어린이전도협회에서 훈련을 받은 파스칼 베일리(Pascal Bailly)라는 사역자가 어린이전도협회 개척 작업을 진행 중이었는데, 뉴칼레도니아는 프랑스 식민지이고 주요한 언어 역시 불어였기 때문에 공식적으로 뉴칼레도니아는 유럽 어린이전도협회의 관장하에 있었다. 그것을 아시아태평양 지역으로 이관하는 문제를 두고 그 타당성을 조사하기 위해 나는 프랑스 어린이전도협회의 대표인 요한(Johan)과 함께 그 나라를 방문하게 된 것이다.

　아울러 파스칼은 그 나라의 기독교 교단 간의 갈등으로 인해 사역의 확장에 어려움을 겪고 있다며, 지도자인 우리에게 도움을 요청해 온 것이다. 당시 뉴칼레도니아의 주요한 교단 중 하나가 심한 내분을 겪고 있어, 교단 총회를 통해 모든 외부 선교단체들과의 교류와 협력을 무기한 제한하기로 결정했다고 한다. 우리는 교단의 지도자들을 만나 우리 단체의 복음적 입장을 밝히고, 다시금 협력하여 사역할 수 있도록 그 길을 열어 달라는 요청을 파스칼로부터 받은 것이다.

뉴칼레도니아의 수도 누메아(Noumea)는 남태평양의 섬나라 문화와 유럽의 문화가 절묘하게 조화된 무척 아름다운 관광도시였다. 체류비를 아끼기 위해 우리는 허름한 유스호스텔에 여장을 풀었다. 유스호스텔에도 등급이 있다는 사실을 나는 그곳에서 알게 되었다. 호텔이 별이나 무궁화로 등급을 표시하듯 전 세계 유스호스텔 역시 소나무 표시로 등급을 나타내었다. 소나무가 많을수록 높은 등급의 유스호스텔인 것이다. 우리가 묵었던 곳을 확인해 보니 애석하게도 안내책자에 소나무 하나만 달랑 그려져 있었다. 여장을 푼 우리는 식사를 하러 나갔다. 하지만 이런저런 식당을 방문해 본 우리는 엄청난 가격에 할 말을 잃었다. 결코 고급스럽지 않은 한 끼 식사비가 우리 돈으로 무려 2만 원이 넘었던 것이다. 할 수 없이 우리는 맥도널드 식당을 찾아갔다. 비록 세트 하나에 9,000원이 넘었지만 그나마 그것이 제일 싼 식사였다. 뉴칼레도니아를 떠나는 날까지 우리는 대부분의 식사를 맥도널드 식당에서 해결했다. 나중에는 신물이 날 지경이 되어, "호주로 돌아가면 앞으로 6개월간은 맥도널드 식당 근처에는 얼씬도 하지 않겠다."고 맹세하고픈 마음까지 들었다.

그곳에 머무는 동안 우리 일행은 크리스천 단체에서 운영하는 간이 카페에서 만나 앞으로의 일정에 관해 논의했다.

"우선 오늘 저녁은 파스칼이 운영하는 '거리의 아이들 클럽(Street

거리의 어린이 클럽

Children Club)' 중 하나를 방문하도록 하죠."

요한이 말했다. '거리의 아이들 클럽'은 어린이전도협회의 새소식
반 클럽을 거리의 아이들이 많은 현지 사정에 맞춰 약간 변형시킨 것
으로, 복음을 전하기 위한 구성은 대동소이했다. "그런 다음 내일은
원주민 마을을 방문해 보세요." 파스칼이 권했다. 기왕 뉴칼레도니아
까지 왔으니 섬 깊숙이 살고 있는 현지 원주민들을 만나 보는 것이 어
떻겠냐는 것이었다. 우리는 기꺼이 동의했다.

일정에 관해 의논하는 도중 거대한 체구를 가진 한 사람이 카페에
들어와서 파스칼을 보고 반갑게 인사를 했다. 그는 덩치가 얼마나 컸
던지 카페에 있던 평범한 의자에는 엉덩이를 붙이지 못할 지경이었
다. 호기심이 발동한 나는 그 사람을 자세히 살펴보았는데, 무척이나
인상적인 옷을 입고 있었다. 그는 마치 폭주족과 같은 행세를 하고 있
었다. 하지만 다른 폭주족과는 달리 그가 입은 가죽점퍼의 앞뒤에는

십자가와 요란한 글씨체의 성구가 아로새겨져 있었다. 나는 그에게 다가가 물어보았다.

"직업이 무엇인가요?" "폭주족이에요." 그가 눈을 찡긋하며 대답했다.

"정말이세요?"

"하하…… 농담이고요. 사실은 예수님을 위한 폭주족이에요."

"무슨 일을 하시는데요?"

"폭주족에게 복음을 전하고 있어요."

자기에게 관심을 가져 준 것이 고마운 듯 그분은 우리를 카페 밖으로 불러냈다. 카페 앞에는 거대한 오토바이 하나가 떡하니 버티고 있었다.

"우와! 이렇게 큰 오토바이는 난생 처음 봅니다."

우리가 탄성을 터뜨리자 그분은 신이 나서 나에게 오토바이에 앉아 보라고 권했다. 오토바이에 앉은 나는 그것의 위용이 워낙 심상치 않아서 물어보았다.

"오토바이를 이렇게 큰 것으로 몰고 다니는 이유가 있습니까?"

"예, 폭주족들은 오토바이 크기가 곧 서열입니다. 큰 것을 몰고 다녀야 그들에게 존경받을 수 있고, 그들이 나를 존경해야 내가 전하는 복음을 듣습니다."

그분은 예수님을 위해 폭주족들을 전도하는 데 일생을 드린 멋진 분이셨다. 나는 그분과의 만남을 통해, "약한 자들에게는 내가 약한 자 같이 된 것은 약한 자들을 얻고자 함이요 여러 사람에게 내가 여러 모양이 된 것은 아무쪼록 몇몇 사람들을 구원코자 함이니"라고 말씀하신 사도 바울의 복음에 대한 열정을 엿볼 수 있었다.

그날 저녁 거리의 아이들 클럽을 방문하여 약 70명 정도의 아이들을 만난 우리는 특별히 그 아이들에게 복음을 전하고 초청하는 시간을 가졌다. 아시아와 유럽에서 온 방문자가 신기했는지 아이들은 초롱초롱한 눈망울로 경청했다. 그처럼 귀여운 아이들이 집도 없이 남의 집에 얹혀 살거나 심지어는 거리에서 지내야 한다는 사실에 너무나 마음이 아팠다. 모임을 마칠 무렵 파스칼은 부활절 선물이라며 프랑스 어린이전도협회에서 요한이 가져온 어린이 큐티 책자를 나눠 주었다. 자그마한 선물을 받고도 마냥 좋아하던 아이들의 표정을 나는 아직도 잊을 수 없다.

그 다음날 요한과 나는 둘이서 원주민 마을을 방문하기 위해 출발 준비를 하였다. 우리는 요한이 렌트한 자동차를 사용하기로 했다. 제조회사를 보니 한국의 기아자동차에서 생산한 사륜구동 자동차였다. 머나먼 섬나라에서 한국산 자동차를 보니 반갑고 든든했다. 파스칼은 마침 다른 사역 일정으로 인해 우리와 함께 갈 수 없었다. 그는 지도를 보고 원주민 마을 근처까지만 가면 그곳에서 누군가가 마중 나오도록 조치해 두었다고 우리에게 말해 주었다. 출발하기 직전 파스칼은 진지한 얼굴로 말했다.

"그 마을 방문에 있어서 도움이 될 한 가지 풍습을 알려 드리겠습니다."

"무엇입니까?"

"일단 마을에 도착하면 무엇보다도 우선 추장을 만나 천에 싼 선물을 드리십시오."

"선물은 어떤 것이 좋겠습니까?"

"돈이나 책 등 아무 것이나 상관없습니다."

"천에 싸서 드려야 합니까?"

"예, 반드시 천에 싸서 드려야 합니다."

"만약 천에 싸지 않고 그냥 주면 어떻게 됩니까?"

"그냥 주면 받기는 하지만 철저히 외부 손님으로 대합니다."

"그러면 천에 싸서 주면 어떻게 됩니까?"

"가족처럼 대해 줍니다."

그래서 우리는 선물로 기독교 서적과 돈을 준비했고, 선물을 쌀 천도 따로 준비했다.

원주민 마을을 향해 출발해서 100km쯤 가자 비포장 산길로 들어가는 갈림길이 나타났다. 그 무렵 난데없이 하늘이 흐려지면서 비가 오려는 조짐이 보였다. 그래서 우리는 차를 멈추고 근처 가게로 가서 주인을 만나 보았다. 요한은 그에게 지도를 브여 주며 우리의 목적지를 짚었다.

"이곳에 있는 원주민 마을을 찾아가려 합니다. 몇 시간이나 걸릴까요?"

주인은 하늘을 올려다보더니 말했다. "나 같으면 가지 않겠습니다."

"아니, 왜요?"

"그곳으로 가는 길은 비포장 산길인데 험악하기 짝이 없습니다. 낭떠러지도 많고요. 만에 하나 비라도 오면 그대로 고립됩니다. 그곳은 1시간에 차 한 대도 다니지 않는 한적한 길입니다. 지금 하늘을 보니 비가 올 것 같군요."

요한을 통해 가게 주인의 말을 통역해서 들은 나는 불안한 마음이 들었다. 내가 보기에도 하늘에서 비가 곧 쏟아질 것 같았다. 나는 요한에게 돌아가자는 말을 하고 싶었지만 차마 말을 꺼내지는 못하고 요한이 그 말을 해 줄 것을 기대했다. 하지만 요한의 입에서 나온 말은 내 생각과 전혀 달랐다.

“잘 알겠습니다. 하지만 하나님이 우리를 지켜 주실 것입니다. 데이빗, 이제 출발합시다.”

나는 꼼짝없이 함께 따라갈 수밖에 없었다. 나는 속으로 기도했다.

‘아버지, 요한의 말처럼 우리를 지켜 주세요.’

과연 산길은 험난했다. 거의 70도 각도의 비탈길로 이루어진 곳이 많았다. 가게 주인의 말대로 비라도 오면 도저히 오르지 못할 급경사였다. 동서로 폭이 좁은 섬에 그처럼 울창한 산악지대가 있는지는 미처 몰랐다. 마치 차를 몰고 강원도의 험준한 산길을 가는 기분이었다. 다행히 비는 오지 않았고 몇 시간이 지나자 목적지 마을 입구에 무사히 도착할 수 있었다. 파스칼에게서 연락을 받은 마을 사람 하나가 마을 입구에서 몇 시간째 우리를 기다리고 있었다. 시계를 보니 초행길이라서 그런지 예상보다 훨씬 시간이 많이 걸린 것을 알 수 있었다. 마을에 도착하니 어둑어둑해지는 것이 곧 저녁이 될 것 같았다. 원주민 마을에 들어선 우리는 사람을 통해 천에 싼 선물을 추장에게 보냈고, 간단한 저녁 식사를 제공받았다.

식사 후에 요한과 나는 마을 주민들이 공동으로 사용하는 건물에서 ‘예수’ 영화를 상영해 주었다. 액정 프로젝터와 노트북 그리고 DVD만 있으면 정글 오지에서도 영화를 상영할 수 있다는 것은 과거에는 상상하지 못했던 놀라운 일이었다. 그 마을에는 아직까지 전기가 들어오지 않았기 때문에 원주민들은 어디선가 발전기를 가져와서 돌렸다. 약 150명 정도의 어린이와 청소년들이 참석했고, 영화가 끝난 후 요한과 나는 복음을 전했고 반응한 사람들을 상담했다. 약 30명 정도가 복음에 반응한 것으로 기억한다. 영화 상영이 끝난 후 우리는 숙소로 향했다. 숲속에 통나무로 대충 지어놓은 숙소는 맨 흙바닥이었다.

나는 가져간 슬리핑백을 사용하여 잠을 청했다. 숲속이라는 운치 때문인지 혹은 여행의 피로 때문인지 나는 금방 잠에 곯아떨어졌다.

다음날 오전, 요한은 원주민 지도자들과 대화의 시간을 가졌다. 아마도 가져온 자료들을 나눠 주며 그 속에 담긴 복음의 메시지를 설명해 주려는 시도였을 것이다. 불어를 하지 못하는 나는 원주민 아이들을 모아 축구시합을 열었다. 축구는 몸으로 하는 운동이라 대화가 없어도 마음이 통할 수 있기 때문이었다. 의외로 원주민 아이들은 지칠 줄 모르고 뛰었다. 나도 그 아이들 나이 때는 거의 매일 축구를 하다시피 했지만, 세월은 속일 수 없는지 불과 10분을 뛰고는 지쳐버렸다. 그래서 나중에는 비교적 편한(?) 골키퍼 포지션을 자청했다. 축구가 끝나자 아이들은 아쉬운지 계속해서 내 주변을 맴돌았다.

마침내 점심 식사 시간이 되었다. 청년들이 요리한 음식을 마을 여인들이 마을 공동 식사 장소에 차려내었다. 몇몇 아이들은 바나나 잎사귀를 손에 들고 계속해서 부채처럼 부치며 차려진 음식에 파리가 앉는 것을 막고 있었다. 음식이 다 차려지자 마을 여인들이 한자리에 모여들더니 갑자기 노래를 부르기 시작했다. 궁금해진 나는 요한에게 물어보았다.

"여인들이 왜 노래를 부르나요?"

요한이 마을의 지도자에게 물어본 후 나에게 말해 주었다.

"식사가 준비되면 남자들이 먹는 동안 여인들이 노래를 부르는 것이 마을의 전통이랍니다."

"그러면 남자들이 식사를 마칠 때까지 노래를 부른단 말입니까?"

"그렇습니다. 남자들이 식사를 마쳐야만 여인들이 식사를 할 수 있답니다."

나는 비록 농담으로 하는 말이긴 하지만 여자, 어린이, 개, 남자 순으로 서열이 정해져 있다는 뉴질랜드와 호주의 사회 분위기를 떠올리며, 그 사회의 남성 중심적 사고방식에 적잖이 놀랐다.

식사 후에 우리는 원주민들과 작별 인사를 해야만 했다. 밤이 되면 비포장 산길을 달릴 엄두가 안 나 오후에 출발해야 했다. 우리가 떠나야 한다는 의사를 밝히자 원주민 지도자들은 이를 추장에게 알렸다. 그런데 추장이 환송식을 열어 주라고 명령하는 바람에 예정에 없던 환송식이 갑자기 열리게 되었다. 우리는 환송식이 기껏해야 30분 정도일 것이라고 생각했지만, 우리의 예상과 달리 환송식은 두 시간 가까이 걸렸다. 중간에 빠져나올 수도 없고 해서 출발시간이 지연될수록 우리는 속이 새까맣게 타들어갔다.

환송식은 원주민 무용단의 공연으로 시작되었다. 대여섯 명으로 구성된 무용단이 자신들의 전통 음악에 맞춰 신명나는 춤을 추었다. 그런 다음 추장이 나와 일장연설을 했다. 그는 도시에서 멀리 떨어진 자기 마을을 방문해 주어 고맙다고 했다. 아울러 선물을 천에 싸서 전해 줌으로써 자기네 전통에 대한 예의를 갖춰준 것에 대하여 특히 감사한다고 하였다. 그런 다음 답례를 하고 싶다는 말과 함께 눈짓을 했다. 그랬더니 몇 명의 청년들이 낑낑대며 엄청난 수의 바나나가 달린 거대한 바나나 다발을 가져왔다. 눈으로 대충 헤아려 보아도 다발에 달린 바나나의 개수가 200개는 족히 넘을 듯했다. 그 거대한 바나나 다발을 쌀 천이 없었던지 다발 위에 작은 천을 올려놓은 것이 보였다. 추장은 계속해서 말을 했다.

"우리 마을을 방문해 주신 두 분은 우리의 전통 방식으로 우리에게 왔기 때문에 이제는 더 이상 손님이 아닙니다. 앞으로 두 분은 언제든

원주민들의 환송 공연

지 우리 마을을 방문하여 원하는 만큼 머물 수 있습니다."

추장의 말은 30분 이상 지속되었고, 그의 연설이 끝나자 마을의 주요한 몇몇 지도자들 역시 차례대로 나와 지루하리만치 긴 인사를 했다. 지도자들의 인사가 끝난 후 마을 사람들이 한 사람씩 우리에게 와서 일일이 악수를 하거나 껴안았다. 그렇게 하다 보니 출발예정시간은 두 시간을 훌쩍 넘겼다. 이 모든 순서를 마친 후 우리는 서둘러 바나나 다발을 차에 실은 다음 마을을 떠났고 다행히 해가 떨어지기 전에 산길을 벗어났다.

에이즈로 신음하는 스와질란드

뉴칼레도니아 사역을 마친 직후 나는 아프리카 남단에 있는 남아프리카공화국과 스와질란드를 다녀오게 되었다. 한국 어린이전도협회에서 남아공의 더반으로 선교사 가정을 파송하기 원했기 때문에 나는 남아프리카 · 인도양 지역 총무와 이에 관해 협의하고 조율하기 위해 한국의 해당 선교사 후보와 함께 그곳을 방문하게 된 것이었다. 이 여행은 나에게도 특별한 의미가 있었다. 왜냐하면 이번 아프리카 여행으로 인해 나는 하나님이 지으신 6개 대륙을 모두 방문해 볼 수 있었기 때문이다.

한국의 남아공 선교사 후보는 익산 지회에서 오랫동안 대표로 수고하신 남흥웅 목사님이었다. 그분은 손기정 선수와 함께 베를린 올림픽에 출전하여 동메달을 딴 남승룡 선수의 친조카이다. 체육 집안 출신답게 남흥웅 목사님은 쉰이 다 된 나이에 정식으로 권투를 시작했음에도 불구하고 주위에서 깜짝 놀랄 만한 실력을 발휘하여 '그것이 알고 싶다' 등의 방송 출연까지 하신 분이다. 남 목사님은 자신의 어린이전도협회 사역과 권투를 접목하여 아프리카 어린이와 청소년을 주님께 인도하고자 하는 마음의 소원을 품고 계셨다. 이를 위해 기도하는 가운데 남 목사님은 남아공 더반에 권투체육관을 세워 그 지역 어린이들을 선교하고자 하는 비전을 가지게 되었다. 다른 지역을 제쳐 두고 남아공 더반을 생각하게 된 것은, 그곳에서 우리나라의 홍수환 선수가 아놀드 테일러 선수를 물리치고 WBA 세계 챔피언 벨트를 획득했기 때문이었다. 그래서 그곳에 홍수환 기념체육관을 건립할 계획을 세웠던 것이다. 남 목사님과 친분이 있던 홍수환 집사님 역시 이 계획을 듣고 남 목사님께 이 일을 적극적으로 돕겠다고 약속하셨다고 한다.

남아공에 도착한 우리는 어린이전도협회에서 파송된 김영석 선교사님 댁에서 여장을 풀었다. 당시 김영석 선교사는 보츠와나 비자를 얻기 위해 백방으로 노력했지만 비자를 얻지 못해 임시로 남아공에서 거주하고 있던 상태였다. 오랜만에 만난 세 사람은 밤이 깊도록 교제

남아공의 어린이들

했다. 다음날 우리는 남아프리카 · 인도양 지역 총무인 프릭(Frik Van Rensburg)의 집을 방문하여 선교사 파송 문제를 두고 장시간 대화했다.

그런데 가서 보니 프릭은 나이지리아의 조슈아 목사와 더불어 선지적 신유사역자로 유명한 남아공의 코보스(Kobus) 목사의 친동생이었다. 코보스 목사는 우리나라에도 몇 차례 방문하여 집회를 연 바가 있다고 한다. 후에 나도 시간을 내어 코보스 목사의 집회를 참석해 보았다. 매주 수천 명이 모이는 신유집회였다. 특히 인상 깊었던 것은 체육관처럼 큰 집회장 한쪽 벽 전체에 수백 가의 목발이 매달려 있는 장면이었다. 프릭에게 물어보니 그곳에서 기적적인 치유를 받은 사람들이 버리고 간 목발이라고 했다. 또한 한쪽 방에 가면 그 몇 배나 되는 목발과 휠체어가 쌓여 있다고 했다. 내가 사역하는 어린이전도협회는 은사운동에 대해서는 부정적인 입장을 가지고 있는데, 어린이전도협회의 한 지역 책임자와 그의 형이 이처럼 극과 극의 다른 방식으로 하나님 나라 확장을 위해 일하고 있는 것을 보고 각 사람에게 주시는 하나님의 은사는 참으로 다양하다는 것을 다시금 깨달았다.

"남아공에서 권투 체육관을 세워 어린이 선교를 하는 것은 조금 곤란할 듯합니다." 프릭이 말했다.

"왜 그렇습니까?" 남 목사님이 조심스럽게 물어보았다.

"남아공 어린이전도협회 대표인 데이비드(David)가 심하게 반대하고 있습니다."

"반대하는 이유가 무엇입니까?" 이번에는 내가 물어보았다.

"크리스천이 어떻게 다른 사람을 때리는 운동을 할 수 있냐고 합니다."

프릭의 말을 종합해 보니 남아공 어린이전도협회의 대표인 데이비드는 권투를 순수한 스포츠로 보지 않고 뒷골목의 싸움으로 보고 있는 것이 분명했다. 우리는 몹시 답답했으나 한 지도자가 가진 가치관을 우리가 짧은 시간에 바꿀 수는 없는 노릇이었다.

"그렇다면 대안이 있습니까?" 내가 물어보았다.

"굳이 권투를 통해 선교를 하려면 인근의 다른 나라를 고려해 보셔야 할 것 같습니다." 프릭이 대답했다.

난감해진 나는 남 목사님께 물어보았다. "남 목사님, 꼭 남아공의 더반에 가셔야 하나요?" 나는 홍수환 집사님과의 약속도 있고 해서 장소 변경은 불가능할 것으로 생각했다. 하지만 남 목사님의 대답은 의외였다. "아닙니다, 라 선교사님. 하나님이 지도자를 통해 막으시면 얼마든지 다른 곳으로 갈 수 있습니다." 남 목사님의 열린 마음을 확인한 나는 프릭에게 다른 나라를 추천해 달라고 했다. 그랬더니 프릭은 남아공 안에 있는 독립국인 스와질란드를 추천해 주었다.

김영석 선교사님의 집으로 돌아온 우리는 긴급회의를 열었다.

"남아공 대표가 저렇게 반대하니 남아공에서 사역하는 것은 무리인 것 같습니다." 내가 말했다.

"제가 보기에도 그렇습니다. 하나님이 다른 나라로 인도하시는 것을 느낍니다." 남 목사님이 말씀하셨다.

"그렇다면 스와질란드를 직접 한번 방문해 보시지요."

김영석 선교사님이 권했다.

"그리고 이왕 오신 것 스와질란드를 거쳐 더반까지 둘러보고 올 수 있도록 여정을 짜겠습니다."

이렇게 해서 세 사람의 선교사 및 선교사 후보생은 아프리카 남단을 종주하는 여행을 떠나게 되었다. 이틀간 약 2,200km 정도를 주파하는 강행군이었다. 남아공은 금광 산업이 발달하여 도로가 잘 닦여 있었다. 여행 첫날 우리는 스와질란드를 향해 평균 시속 160km의 속도로 달렸다. 가면서 차 속에서 우리는 대화를 나누었다.

"김 선교사님, 스와질란드는 어떤 곳인가요?

"한국에는 거의 알려지지 않은 나라일 것입니다. 스와지 종족의 자치국인데 아직도 왕이 나라를 다스리는 왕정국가입니다. 왕이 엄청난 수의 왕비를 거느리고 있어서 이따금씩 가십거리로 세계 뉴스에 등장하는 나라입니다."

"한인들은 있나요?

"교민주소록에 따르면 불과 대여섯 가정이 있는 것 같습니다."

"남아공과는 분위기가 다른가요?"

"전혀 다릅니다. 우리나라로 치자면 강원도 지역을 뚝 떼어서 스와지 종족이 다스리게 한 셈이라고나 할까요? 국토의 대부분이 쓸모없는 산악지대입니다.”

“그러면 가난하고 힘들게 살겠네요?”

“그렇죠. 특히 스와질란드는 세계에서 HIV 감염자 비율이 가장 높은 나라입니다.”

김영석 선교사의 말을 들어보니 스와질란드가 어떤 곳인지 대략 감이 왔다.

7시간 이상을 달려와 막상 스와질란드에 도착했지만 누구를 만나야 할지 막막했다. 신나게 달리다 보니 그만 수도인 음바바네(Mba-bane)도 지나쳐 버렸다. 그 다음 도시인 만지니(Manzini) 근처까지 왔지만 어떻게 해야 할지 도무지 감을 잡을 수 없었다. 우리는 차에서 내려 근처의 공중전화로 갔다. 하지만 스와질란드 동전이 없어서 전화를 걸 수 없었다. 그때 김영석 선교사님이 나섰다. 선교사님은 공중전화 근처의 아이들에게 다가가서 말을 걸더니 남아공 동전과 스와질란드 동전을 맞바꾸어 오셨다. 역시 선교사 생활을 오래하다 보면 매사에 노련해지나 보다. 우리는 하나님의 인도하심을 위해 기도하는 가운데 교민 주소록에 적힌 대여섯 개의 번호에 순서대로 전화를 걸어 보았다. 서너 번째까지 응답이 없었다. 우리는 조금씩 초조해졌다. 그러다가 처음으로 전화가 연결되었다.

“누구신가요?”

“저희는 여행 중에 있는 사람들인데 스와질란드에 관한 정보를 알고 싶어서 전화를 드렸습니다.”

“그러세요? 지금 어디신가요?”

“만지니 근처입니다.”

"그래요? 음바바네가 아니고요? 대부분의 사람들은 음바바네에서 전화를 거는데…… 신기하네요, 사실 저희는 만지니에 살고 있습니다."

"그러시다면 저희가 잠깐 찾아 뵐 수 있을까요?"

"그러시죠."

이렇게 해서 우리는 한 교민 가정을 방문하게 되었다. 그분의 집은 우리가 전화를 건 공중전화에서 불과 5분 거리에 떨어져 있었다. 막상 방문하고 보니 그분은 스와질란드를 진정으로 사랑하는 분으로, 스와지 사람들이 좋아서 무작정 스와질란드에 정착한 분이었다. 또한 스와지 국민을 위해 무보수로 많은 사업을 구상해 주어 정부로부터 두터운 신임을 얻고 있는 분이었다. 한마디로 그분은 스와질란드에서 우리가 만나야 했던 바로 그분이었던 것이다!

그분과의 대화를 통해 우리는 스와질란드의 영적 필요를 절감할 수 있었다. 특히 감동적이었던 것은, 그분의 아내 되시는 분이 독실한 기독교 신자로, 스와질란드의 어린이를 위해 헌신할 선교사를 보내 달라고 오랫동안 하나님께 기도해 왔다는 말을 들었을 때였다. 우리는 하나님의 강력한 인도하심을 느꼈기 때문에 잠시 방문하고 떠나려던 계획을 바꾸어 그분 댁에서 밤을 새면서 대화를 했고 또한 하나님의 비전을 나누었다. 새벽녘이 되어 우리는 잠자리에 들었고, 다음날 아침식사를 대접받은 후 더반을 향해 출발했다. 함께 간 우리 모두가 느꼈던 바이지만, 남흥웅 목사님 역시 스와질란드를 방문하여 교민 가정에 머물며 대화하는 가운데 하나님께서 자신을 스와질란드로 이끄신다는 느낌을 강하게 받았다고 한다. 그럼에도 불구하고 우리가 더반을 향해 출발한 것은, 그곳에 계신 한인 선교사들을 만나 보고 더반 쪽 사정도 알아보기 위함이었다. 한쪽만 살펴보고 선교지를 확정할

남아공 어린이들에게 복음을 전하다

수는 없었기 때문이었다.

차가 여전히 스와질란드 땅을 달리고 있을 때였다. 길가에 커다란 황금 사원 같은 것이 보였다. 남 목사님이 김 선교사님께 물어보았다.

"선교사님, 저기 휘황찬란한 사원은 무엇입니까?"

"원불교 교당입니다."

"예? 원불교가 어떻게 이 스와지 땅에 있습니까?"

"한국에서 진출하여 어린이집까지 크게 운영하고 있습니다."

놀랍게도 스와질란드 땅에는 이미 한국의 원불교가 왕성하게 진출해 있었다. 원불교가 운영하는 어린이집 개관식에 스와지 국왕이 참석했을 정도라고 한다. 이런 설명을 듣던 남흥웅 목사님은 눈물을 글썽이기 시작했다. 궁금해진 내가 물어보았다.

"선교사님, 왜 그러세요?"

"원불교 교당을 보니 감회가 새롭습니다."

"무슨 사연이 있으신가요?"

"있다마다요. 제가 전라도에서 지회 개척을 위해 이곳저곳을 다니던 중 익산을 방문했는데, 그곳에 커다란 원불교 교당이 있었어요. 당시 저는 익산에 아무런 연고가 없었지만 원불교 교당을 보는 순간, 익산의 어린이들을 이곳에 빼앗길 수 없다는 생각에 익산에 지회를 개척할 결심을 한 것입니다. 그런데 이곳에서 또다시 같은 상황이 벌어지고 있네요."

하나님은 원불교 교당을 보여 주심으로 남흥웅 목사님이 선교지를 거의 확정할 수 있도록 인도해 주셨다.

더반까지의 길은 쉽지 않았다. 특히 가는 길에 고속도로에서 발생한 다중충돌사고를 직접 목격하기도 했다. 불과 몇 분 전에 발생한 사고 같았는데 차량 여러 대가 길가에 처참하게 찌그러져 있었고 10여 명의 사상자들이 생겼다. 부상당한 채 피를 흘리며 아직 차에 끼여 있는 사람도 있었고, 경찰이 와서 이미 사망한 것으로 판정하고 윗옷을 벗겨 얼굴을 가려 놓은 사람도 있었다. 그 모습을 보던 우리는 소름이 끼쳤다. 우리는 그 사고를 불과 몇 분 차이로 모면한 것이었다. 남아공에서는 길이 너무 곧다 보니 차량들이 무섭게 질주하여 교통사고가 빈발한다고 한다.

더반에 도착한 우리는 그곳에서 사역하는 한인 선교사님 한 분을 만나 그분 댁에서 하루를 묵었다. 우리는 많은 대화를 나누었는데, 그곳의 한인 선교사님 역시 남흥웅 목사님이 스와질란드로 가는 것을 전적으로 찬성하셨다. 대화 끝에 그분은 이런 뼈있는 농담을 하셨다.

"아니, 더반에 남아공 챔피언의 타이틀을 빼앗아 간 사람의 기념 체육관을 세우면 어떡합니까? 약을 올리는 것도 아니고."

　이로써 남흥웅 목사님의 스와질란드 행이 결정되는 순간이었다. 그 다음날 우리는 잠시 시간을 내어 더반 시내와 해변을 둘러보았다. 우리는 그 선교사님과 해변의 카페에도 들러 음료수를 들며 석별의 정을 나누었다. 그런 다음 우리는 다시 800km 정도를 달려 김영석 선교사의 집이 있는 프레토리아(Pretoria)로 돌아왔다. 길고 험난한 여정이었지만 목적은 120% 달성한 셈이었다.

　프레토리아로 돌아온 우리는 그 다음날 포체스트롬에 있는 프릭의 집을 다시 방문해서 남흥웅 목사님의 결심을 알려 주었다. 스와질란드로 결정했다는 말에 프릭은 매우 기뻐해 주었다. 그날 오후 프릭은 우리를 데리고 '사자 농장'을 방문하여 둘러보게 해 주었다. 사자 농장은 말 그대로 사자를 번식시키며 사육하는 곳으로, 주로 미국에서 고객이 와서 한 마리당 10만 불 정도에 사자를 사 가는 곳이었다. 나는 평소에도 사자 새끼를 한 번 안아 보고 싶은 마음이 있었는데 그곳에서 실제로 사자 새끼를 안아 볼 기회를 가졌다. 또한 그날 저녁에는 앞서 말한 대로 프릭의 형인 코보스 목사의 집회에 참석했다.

　현재 남흥웅 목사님은 2008년 중으로 스와질란드로 들어가실 예정이다. 이 모든 여정을 친히 인도하신 하나님께 모든 영광을 돌려 드리며, 우리의 방문 시 극진히 환대해 주신 박길웅, 윤경미 부부께도 심심한 감사를 드린다. 남흥웅 목사님을 통해 스와질란드 어린이들이 영적으로 살아나는 놀라운 역사를 기대해 본다.

3장 AP 지역 책임을 맡다

갑자기 이양 받게 된 AP 총무직

"네가 알지 못하는 나라를 네가 부를 것이며 너를 알지 못하는 나라
가 네게로 달려올 것은 나 여호와 네 하나님 곧 이스라엘의 거룩하
신 이로 말미암음이니라" _ 사 55:5

나중에 알게 된 사실이지만 어린이전도협회 AP 지역 총무인 탄쳉
홧 목사님은 AP 사역으로 나를 초청했을 때부터 은퇴를 생각하고 있
었다. 탄 목사님이 아직 은퇴를 생각하기에는 이른 나이인 50세 초반
에 이 사역으로부터 은퇴하려는 데는 드 가지 중요한 이유가 있었다.
첫째는, 자신이 싱가포르에서 'True Way Presbyterian Church'를
공동담임하고 있었기 때문이었다. 어린이전도협회 지역 총무직은 원
칙적으로 전임사역을 요구하는데, 본인이 영어를 사용하는 그 교회
회중에 대한 담임직을 겸하다 보니 아무래도 시간 배분에 있어 양편
모두에 미안한 마음이 컸던 것 같다. 둘째는, 그분의 자녀들이 이제는
여행하는 것을 그만두고 가족과 함께하는 시간을 가져 달라고 애원했
기 때문이었다. 15년 이상 해외 순회사역을 하다 보니, 그동안 가장과
아빠를 빼앗겼던 가족이 이런 요구를 하는 것을 무조건 묵살할 수만
은 없었던 것이다.

이상의 두 가지 이유로 인해 탄 목사님은 조기 은퇴를 결심하고,

2006년도 지역총무대회 참석차 미국의 국제본부에서 나와 함께 머물던 중 어느 날 나에게 그분의 의중을 털어놓았다.

"데이빗, 나는 내년에 한국에서 열리는 아시아태평양 지역대회를 기하여 AP 총무직을 사임하기로 결심을 굳혔습니다."

"그게 무슨 말씀인가요? 탄 목사님은 아직 은퇴하기는 이른 나이입니다."

"나이나 건강 때문에 은퇴하려는 것은 아닙니다."

"그렇다면 왜 은퇴를 결심하셨나요?"

탄 목사님은 위에서 말한 두 가지 이유를 설명해 주셨다. 듣고 보니 수긍이 갔다. 하지만 나는 아직 지도자로 세움 받을 준비가 되지 않았다고 생각했다.

"탄 목사님, 저는 아직 연소합니다. 제가 어떻게 AP 총무가 되어 아시아태평양 지역을 이끌어 나갈 수 있겠습니까?"

"염려하지 마십시오. 제가 AP 총무가 되었을 때 나이가 지금의 라 목사님 나이였습니다. 충분히 감당할 수 있을 것입니다."

이런 통보를 받은 나는 지역총무대회 기간 내내 스스로에게, '과연 내가 감당할 수 있을까?' 하는 질문을 던졌다. 이런 나의 마음을 알았는지 대회가 끝날 무렵 어린이전도협회 국제총재인 리스 카프만(Reese Kauffman)이 나를 자신의 사무실로 초청했다. 그곳에서 우리는 1시간 정도 AP의 리더십 이양에 관해 대화를 나누었다. 대화를 마무리 지을 무렵 카프만 총재는 나에게 이런 말로 격려했다.

"데이빗, 구약의 다윗이 사무엘을 통해 하나님의 부름을 받았을 때 그는 아직 소년에 불과했습니다. 또한 그는 아마도 양을 치다가 부름을 받았을 것입니다. 부름을 받아 들에서 집으로 온 그의 옷에는 흙과

국제 총재인 리스 카프만과 그의 아내 린다

먼지가 묻어 있었을 것입니다. 하지만 다윗은 하나님의 부름에 순종하여 기름부음을 받았습니다. 나는 데이빗 역시 하나님의 부르심에 순종하기를 원합니다. 제가 데이빗의 뒤에 든든히 서 주겠습니다.”

이 말과 함께 카프만 총재는 나를 위해 뜨겁게 기도해 주었다.

“하나님, 여기 다윗 왕처럼 하나님의 마음에 합한 자가 있습니다. 이제 하나님이 어린이전도협회 AP 지역을 맡기려 하시니 데이빗에게 지혜와 능력을 주셔서 이 일을 잘 감당하게 하소서.”

이 기도와 함께 카프만 총재는 매일 나를 위해 개인적으로 기도하겠다고 약속해 주셨다.

대회를 마치고 호주로 돌아온 나는 하나님이 왜 나와 같이 부족한 자를 택하여 이 귀한 사명을 맡기시려는지에 관해 계속해서 질문해 보았다. 나 자신을 돌아보았을 때, 전통적인 지도자상과는 거리가 먼 사람이었다. 나는 리더보다는 헬퍼(helper)에 가까운 사람이었던 것이다. 이런 사실을 두고 나는 여러 날을 고민했다. 과연 내가 이 직책을 맡는 것이 하나님의 뜻인지를 분명히 확인하고 싶었던 것이다. 그때 하나님은 여러 가지 경로를 통해 나에게 이런 대답을 해 주셨다.

"그래 네 말이 맞다. 20세기 리더십의 기준으로 보면 너는 자격 미달이다. 너에게는 강력한 추진력이나 다른 사람을 압도하는 카리스마가 부족한 것이 사실이다. 하지만 너는 21세기형 지도자이다. 21세기는 남성적 지도자상이 퇴조하고 여성적 지도자상이 부각되는 시대가 될 것이다. 사람들이 이제는 더 이상 자신들을 앞서서 진두지휘하는 영웅적 지도자를 원하는 것이 아니라, 자신들의 진정한 친구가 되어주고 따뜻하게 품어 주는 그런 지도자를 원할 것이다. 너는 그런 지도자 상을 가지고 있다."

고뇌에 찬 질문에 대하여 하나님의 답을 듣고 보니 나의 생각이 많이 바뀌었다. 나는 생각했다.

'그래, 위대한 지도자인 예수님 역시 제자들에 대하여는 남성형 지도자라기보다는 여성형 지도자에 가까웠지 않은가. 겸손히 제자들의 발을 씻어 주시고, 그들에게 스승이라 칭함을 받기보다는 친구라 불리기를 즐겨하지 않으셨던가. 이런 모습의 지도자라면 나 역시 자신이 있다.'

이렇게 해서 나는 아시아태평양이라는 거대한 지역의 어린이전도협회 차기 책임자로 내정되었다.

한국에서 열린 AP 대회

2007년은 나와 한국 어린이전도협회 모두에게 매우 뜻 깊은 한 해
였다. 한국전쟁의 포화가 아직 채 가시지도 않은 1957년, 런시 포드
(Luncy Ford) 여사와 존 쿡(John Cook) 선교사 부부에 의해 시작된
한국 어린이전도협회는 이 땅에 잃어진 어린 영혼들을 주님께로 인도
하고자 하는 열망 하나만으로 지난 50년의 세월을 힘차게 달려왔고,
2007년은 창립 50주년을 기념하여 아시아태평양(AP) 지역대회를 유
치하게 되었기 때문이다. 나 역시 AP 대회 마지막 날에 총무 이취임
식을 가지게 되었으므로 잊을 수 없는 한 해가 되었다.

2007년 가을에 열린 AP 대회는 안성 사랑의교회 수양관 전체를 빌
려서 진행되었다. 그 대회는 해외 30여 개 국가에서 온 어린이전도협
회 지도자들과 사역자들, 국내의 내빈들 및 한국 어린이전도협회에서

AP대회 전경

열방을 향해 파송된 30여 명의 선교사들이 대부분 참석한 성대한 잔치였다. 국제본부에서도 리스 카프만 국제총재와 해외담당 부총재인 짐 나이(Jim Neigh) 목사를 비롯한 많은 분들이 참석했고, 지역 총무 역시 세 분이 참석했다.

개회식이 진행된 첫날 밤 1,500명이 가득 들어찬 메인 홀의 열기는 뜨거웠다. 각국의 대표가 자국의 깃발을 들고 입장했고, 한국 어린이전도협회의 각 지회 대표와 지회 이사장이 지회 깃발을 앞세우고 입장했다. 이어서 어린이들로 구성된 댄스와 연극, 전통 북춤 등은 세계 각국에서 온 손님들의 감탄을 자아냈다. 공연의 마지막 순서는 복음송 가수 송정미씨가 꾸민 30분짜리 미니 콘서트로 채워졌다. 송정미씨는 어린이전도협회와 무관하지 않다.

그분의 간증을 들어 보면, 자신이 초등학생 시절 어린이전도협회의 새소식캠프에 참석하여 하나님의 큰 은혜와 자신에게 주신 사명을 깨달았다고 한다. 따라서 한국 어린이전도협회의 50주년을 기념하는 자리에 그와 같은 간증을 가진 분이 초청가수로 오게 된 것은 매우 뜻 깊은 일이라 할 수 있었다. 식이 진행되는 동안 메인 홀의 위층에서 아래를 내려다보던 나는 커다란 자부심과 함께, '내가 저 많은 사람들의 리더로 이들을 잘 인도할 수 있을까?' 라는 무거운 책임감에 가슴이 답답해져 옴을 느꼈다.

4박 5일의 대회는 은혜 가운데 진행되었다. "More Children More Nations"라는 주제로 매 시간 이어진 설교와 특강, 세미나 등을 통해 참석한 모든 이들이 다시금 어린이전도에 대한 사명을 새롭게 했다. 대회 기간 중에 용인에 있는 한국교회 순교자기념관과 양화진 외국인 묘지를 방문했을 때, 해외에서 온 그리스도인들은 생명에서 생명으로

이취임식

전해진 한국 기독교 역사에 숙연한 마음으로 옷깃을 여몄다.

또한 석봉 토스트로 유명한 김석봉 대표이사가 스낵카를 친히 몰고 와서 자원봉사자들의 도움을 받아 모든 참석자들에게 석봉 토스트를 대접했다. 그분은 한국 어린이전도협회 동문회장으로 섬기고 있는데, 어린이와 어린이전도협회를 진정으로 사랑하는 귀한 분이다. 내가 보기에 그분은 CEO라는 직함보다 CEF(어린이전도협회의 약자)맨이라는 직함을 훨씬 더 자랑스럽게 여기시는 것 같다.

대회 마지막 날은 총무 이취임식이 열렸다. 내가 공식적으로 어린이전도협회의 AP 지역 책임자가 되는 순간이었다. 그동안 수고해 주신 탄쳉홧 목사님께 감사패와 기념품이 증정되었다. 이어지는 순서에서 카프만 국제총재는 격려사를 통해 AP 총무로 섬기면서 하나님과 어린이 전도에 온 마음을 드릴 것, 끊임없이 교만과 싸울 것, 그리고 하나님의 인도하심과 지혜를 추구할 것을 당부했다. 나는 그분의 격려대로 하나님이 기뻐하시는 사역자가 되리라 다짐했다. 그날은 대구에서 상경하신 부모님을 포함한 나의 온 식구들이 모처럼 한자리에 모여 함께 식사하며 사랑의 교제를 나누었다.

4장 비하인드 스토리는 계속된다!

미리 맛본 수고의 열매

"기록된 바 하나님이 자기를 사랑하는 자들을 위하여 예비하신 모든 것은 눈으로 보지 못하고 귀로 듣지 못하고 사람의 마음으로도 생각하지도 못하였다 함과 같으니라" _ 고전 2:9

AP 대회를 마친 직후 나는 홍콩을 방문했다. 물론 홍콩 어린이전도협회도 방문하긴 했지만, AP 총무로 공식적인 방문을 한 것은 아니었다. AP 대회를 위해 한국에 오는 길에 아내 마음의 고향이라 할 수 있는 홍콩을 방문하여 후원자들과 지인들을 만나 볼 계획을 미리 세웠던 것이다. 이는 호주에서 항공권을 끊을 때 서울 경유 홍콩 왕복으로 끊으면 서울 왕복과 비교하여 약간의 추가 비용만으로 홍콩까지 다녀올 수 있었기 때문에 가능한 계획이었다.

홍콩을 방문하던 내 마음에 한 가지 무거운 부담감이 있었다. 그것은 바로 가족의 항공요금이었다. 호주에서 온 가족을 이끌고 한국의 AP 대회를 참석한 나는 호주의 내 통장에 있던 모든 돈과 당장 필요한 생활비까지 몽땅 털어서 항공요금을 지불했던 것이다. 따라서 한국과 홍콩에서 별도의 후원금을 얻지 못한다면, 대회를 마치고 호주로 돌아와서 재정적으로 곤경에 처할 수밖에 없었다. 호주를 떠나기 전에 나는 이 문제로 인해 적지 않은 심적 압박감을 느꼈고, 이를 위해 특별히 기도하며 대책을 찾아보았으나 뾰족한 방도가 없었다. 하지만 나는 내심 믿는 구석이 있었다.

'AP 총무로 취임하면 격려금을 주시는 분들이 있지 않겠나.' 이것이 내가 기대한 바였다. 하지만 현실은 그렇지 못했다. AP 대회를 마치고 홍콩을 떠나는 날까지 나의 수중에는 100만 원 남짓한 격려금이 들려 있을 뿐이었다. 가족의 항공요금과 기타 여행경비를 합친 700만 원에 비하면 너무나 보잘것없는 액수였다. 하지만 우리는 하나님께 기도할 뿐 그 누구에게도 그것을 내색하지 않았다.

홍콩에 도착하자 전에 섬기던 홍콩동신교회에서 숙소를 잡아 주셨다. 홍콩은 숙소가 비싸기도 하고, 그마저도 미리 예약을 해야만 했기에 나는 교회에 매우 감사한 마음을 가지고 숙소로 향했다. 우리 가족이 여장을 푼 마리너스 클럽(Mariner's Club)은 교회와 시내에서 얼마 떨어져 있지 않은 곳으로, 가족이 며칠 머물기에는 아주 적당한 곳이었다. 체크인을 끝낸 우리는 저녁 식사 초대를 받아 외출했다가 저녁 늦게 다시 숙소로 돌아왔다. 그런데 숙소로 돌아오자마자 방으로 전화가 걸려왔다. 아내는 누가 전화를 했는지 궁금해 하며 수화기를 집어 들었다.

뜻밖에도 전화를 주신 분은 15년 전 아내가 새소식반을 통해 예수님을 영접하게 하고 제자훈련을 시킨 진수의 어머니였다! 진수네 가족이 중국으로 떠난 이후 연락이 끊어진 지 오래 되었는데, 놀랍게도 그분은 우리가 도착한 그날 저녁 우리가 머물던 숙소로 전화를 주신 것이었다. 더욱 궁금해진 내가 자초지종을 물었다.

"도대체 우리가 오늘 도착한다는 것을 그분이 어떻게 알고 있었대요? 아니, 그분들이 홍콩으로 다시 오신 거예요?"

나는 한 번에 두 가지 질문을 연속해서 쏟아냈다. 그러자 아내의 설명이 이어졌다.

"6개월 전에 홍콩으로 다시 발령을 받아 오셨다 하네요. 그리고 그동안 홍콩동신교회 1부 예배를 드렸는데, 지난주에 우연찮게 김성준 목사님께 우리의 안부를 물었고, 김성준 목사님은 우리가 다음 주에 홍콩에 온다는 것을 알려 주면서 숙소의 연락처까지 주신 모양이에요."

"참 묘한 우연의 일치군요. 그래, 내일 교회에서 만나 볼 수 있답니까?"

"예, 내일 오후예배에 당신이 설교할 때 참석하겠다고 하네요."

과연 진수의 어머니는 주일 오후예배에 참석하셨고, 아내와 나란히 앉아 예배를 드렸다. 예배 후에 우리는 반갑게 재회했고, 우리가 홍콩을 떠나기 전에 식사를 한 번 대접하기 원한다고 하셨다. 그래서 우리 가족은 며칠 후 점심 때 진수 아버지와 어머니 두 분과 함께 식사를 하게 되었다. 진수의 아버지는 우리를 아주 근사한 식당에 초대하셨다. 그곳은 아름다운 홍콩항의 전경이 내려다보이는 고급 클럽 식당이었다. 하지만 한 가지 문제가 있었다. 리셉션 카운터 직원이 아이들은 입장할 수 없다는 말과 함께 우리의 입장을 거절한 것이었다. 한별이와 찬별이를 데리고 간 우리는 난감한 지경에 빠졌다. 내가 진수 아버지께 말씀드렸다. "그렇다면 다른 곳으로 가시지요."

어린이전도협회 사역자인 나는 어린이를 환영하지 않는 곳은 못마땅하게 생각하기 때문에 다른 곳으로 가자고 재촉한 것이었다. 한편 아이들은 받지 않는다는 식당의 규칙을 미리 확인하지 못했던 진수 아버지는 당황해 하시긴 했어도, 우리에게 잠시 기다리라고 말한 후 카운터 직원을 설득하기 시작했다. 잠시 후에 진수 아버지께서 말씀하셨다.

"들어가시죠. 우리 일행이 구석 창가 자리에 앉고 아이들은 돌아다니지 않도록 하겠다고 약속해서 허락을 얻었습니다."

식사는 정말 근사했다. 홍콩의 전통적인 얌차이긴 했어도 약간 퓨전식으로 바꾸어 나온 것이 더욱 색다르게 느껴졌다. 식사를 하면서 우리는 가장 궁금한 부분을 질문했다.

"지금 진수와 진석이는 어떻게 지내고 있습니까?"

"잘 지내고 있습니다. 진수는 서울의 한미연합사령부에서 통역병으로 군 복무를 하고 있고, 진석이는 뉴욕의 줄리어드 음대를 다니고 있습니다."

"아이들이 다 훌륭하게 성장한 것 같아 기쁩니다. 아이들의 신앙은 어떻습니까?"

"비록 몇 차례의 위기가 있었지만 지금은 둘 다 신앙생활을 잘하고 있습니다."

우리는 나지막하게 기쁨의 탄성을 발했다. 젊은 시절 아내의 수고가 헛되지 않았음이 증명되었기 때문이었다.

"홍콩으로 다시 오셨네요?" 우리는 주제를 바꾸었다.

"예, 홍콩을 떠난 후 저희는 중국과 미국 그리고 한국 등 여러 곳을 다녔지만 늘 홍콩으로 다시 오고 싶은 마음이 간절했어요. 하지만 최근까지도 홍콩에 올 가망성이 전혀 보이지 않았어요."

"그런데 어떻게……"

"그래서 얼마 전부터 하나님께 기도하기 시작했어요. 홍콩에 다시 보내 주시면 첫 월급을 하나님께 바치겠다고 말이에요."

"하나님이 기도에 응답하셨군요."

"예, 마침 제가 일하는 신한은행이 홍콩에 투자회사를 세우게 되어 그곳 총책임자로 제가 임명되어 홍콩에 오게 되었습니다." 이 말과 함께 진수 아버지는 품에서 봉투를 꺼내 우리에게 전해 주셨다. "첫 월급을 하나님께 바치겠다고 기도했지만, 첫 월급을 그대로 하나님께 바치면 당장 우리가 생활을 할 수 없기 떠문에 지난 6개월간 조금씩 모았는데 이제야 한 달치가 모였습니다. 이렇게 만나고 보니 하나님께서 우리 가족에게 복음을 전해 준 선교사님 가정에 이 돈을 헌금하라고 하시는 것이 분명한 것 같습니다."

봉투를 받아든 나와 아내는 기쁨에 겨워 어쩔 줄 몰랐다. 그것은 비단 헌금 때문만이 아니었다. AP 총무로 첫 발을 떼는 우리 가족을 향하여 내밀하게 격려하시는 하나님의 음성을 진수네 가족과의 만남을 통해 들을 수 있었기 때문이다.

"너희들이 하는 어린이 사역이 얼마나 증요한지 실감이 나느냐? 비록 당장은 눈에 보이는 결실이 없어도 믿음으로 씨를 뿌리면 수십 년 후에 반드시 결실을 보게 된단다."

진수네 부모님과의 식사를 마친 우리는 아쉬운 작별 인사를 했다. 그분들 역시 헤어짐이 많이 아쉬운지 이메일을 통해 계속 소식을 전해 달라고 하셨다. 숙소로 돌아온 우리는 떨리는 손으로 헌금 봉투를 열어 보았다. 그곳에는 US 달러로 6,000불이 들어 있었다! 그것은 우리 가족의 항공권 비용을 정확히 채울 만한 액수였다. 그 금액을 확인한 우리 부부는 천국에서 받을 상급의 지극히 작은 일부를 이 땅에서 미리 맛본 감격으로 인해 그날 밤 잠을 이룰 수 없었다.

하나님: 앞으로 여러 달 후에 있을 기도응답은 AP 총무로 첫 발걸음을 떼는 그 가족에게 커다란 격려가 됨과 동시에, 실제적으로 재정적인 어려움을 해결해 주어야 하는 것이니라.

천사들: (웅성거리며) 격려와 재정적 어려움의 해결이 어떻게 동시에 가능한가요? 격려면 격려, 재정적 어려움의 해결이면 해결, 이렇게 나눠서 응답해야 하는 것 아닌가요?

하나님: 나누지 않아도 되느니라.

미가엘: 하나님의 말씀을 잘 들었겠지요? 그럼 서둘러 움직이도록 하시오.

천사 A: 이번에도 상당한 금액이니 지난번처럼 십일조로 갈까요?

미가엘: 우리 하나님은 다양성의 하나님이시니 동일한 방법은 기뻐하지 않을 것이오.

천사 A: 십일조가 아니라면…… 뭐가 있을까? 옳지, 작정헌금이란 것이 있구나.

미가엘: 그렇소. 근래에 땅에서 올라온 기도제목 가운데 그 가족과 친밀한 관계가 있는 한 부부의 서원기도가 있지 않았소?

천사 A: 예, 그렇습니다. 홍콩으로 다시 보내 주시면 첫 월급을 드리겠다는 서원기도였습니다.

미가엘: 홍콩 지역을 책임진 천사에게 연락하여 지금 당장 그 건을 승인하도록 하시오.

천사 A: 그런데 한 가지 생각해 볼 부분이 있을 듯합니다.

미가엘: 무엇이오?

천사 A: 지금 당장 그 건을 허락하면 그 가족이 홍콩에 도착하기도 전에 첫 월급을 다른 용도에 드릴 것 아니겠습니까?

미가엘: 이런 답답한 천사를 보았나. 첫 월급을 받자마자 모두 드려 버리
　　　　면 그 달의 생활은 어떻게 하겠는가? 당연히 몇 달에 걸쳐 조금
　　　　씩 모은 후 첫 월급만큼 액수가 차면 드릴 것 아닌가.

천사 A: (머리를 긁적이며) 듣고 보니 그렇군요. 하나님께서 또 다시 절
　　　　묘한 타이밍의 기도응답을 준비하고 계신 것이었네요.

미가엘: 그렇다네. 우리는 하나님의 지시에 순종하기만 하면 되는 것이네.

근사한 소파를 주시다

내가 거주하는 호주는 선진국이라 물가가 비싼 편이다. 그 중에서
도 특히 가구는 심하다 싶을 정도로 가격이 높다. 사정이 이렇다 보니
손님이 많이 방문하는 우리 집에 기왕이면 근사한 소파 세트를 들여
놓아 방문자들과 함께 앉아 편안하게 대화하며 접대하고 싶었지만 언
감생심 엄두를 내지 못하고 있었다.

그러던 어느 날, 이웃에 사시는 분이 현지 신문 광고의 한 난을 오
려 와서 아내에게 보여 주셨다. "사모님, 이것 좀 보세요. 오는 토요일
에 여기서 가까운 곳에서 거라지(garage) 세일을 한다고 되어 있네요.
같이 가보지 않으실래요?" 거라지 세일이란 이사를 하는 등의 사정이
있는 가정이 토요일 하루 날을 잡아 집안의 중고품을 정리하여 싼 값
에 판매하는 일종의 벼룩시장이었다. 이렇게 이웃의 권유로 아내와
함께 나는 거라지 세일을 한다는 집에 도착하게 되었다.

그 집에 도착해 보니 벌써 많은 사람들이 물건이 전시되어 있던 발
코니로 몰려들어 가격을 흥정하고 있었다. 아이들 장난감에서부터 가
전제품에 이르기까지 다양한 중고품들이 새로운 주인의 손길을 기다
리고 있었다. 그때 아내가 우연히 집 안을 들여다보더니 탄성을 질렀

다. 집 안에는 중고 가구들이 많이 있었고 특히 그럴듯한 소파 세트가 몇 점 놓여 있었기 때문이었다.

집안에 들어가 보니 이상하리만치 중고 가구가 많았다. 아내는 그 중에서도 소파에 계속 눈길을 주었다. 레오(Leo)라는 이름을 가진 주인이 다가와서 자랑스럽게 말했다.

"이것은 정말로 좋은 제품입니다. 싸구려 버팔로 가죽이 아니라 진짜 소가죽으로 만든 소파에요."

그의 말마따나 그것은 가구를 보는 눈이 그다지 밝지 못한, 우리가 보아도 중고가 아니라면 수백만 원을 호가할 고급스러운 소파였다. 우리는 주인에게 애원도 하고 아양도 떨면서 흥정을 진행한 끝에 3인용 소파와 2인용 중고소파를 함께 묶어서 수십만 원이라는 터무니없이 낮은 가격에 인수하기로 합의를 보았다. 그리고 그 사실을 간단하게 종이에 적고 50불의 계약금을 지불하고 돌아왔다. 주인은 돌아오는 월요일에 소파를 보내 주겠다고 약속했다.

그 다음날이었다. 주일이라 예배를 마치고 집으로 돌아오는 길에 핸드폰이 울렸다. 수화기 너머로 소파의 주인인 레오의 목소리가 들렸다.

"데이빗, 정말 죄송한 일이 일어났습니다. 제가 어제 소파를 판 후에 급한 일이 있어서 잠깐 외출했는데, 그만 그 사이에 아들이 와서 소파가 이미 팔린 것도 모르고 다 팔아 버리고 말았습니다."

"그렇다면 제게 주실 소파가 없다는 말인가요?"

"미안하지만 그렇습니다. 혹시 어떻게 손써 볼 수 있을지 알아보겠습니다. 내일 다시 전화를 드리겠습니다."

전화를 끊은 나는 황당한 기분을 감출 수 없었다. 통화 내용을 옆에서 들은 아내가 말했다.

"어쩐지 그 사람 마피아 보스처럼 생겼더라고요. 딱 보니까 이태리 사람이었잖아요. 혹시 진짜 마피아 보스가 아닐까요?"

"설마 그럴 리야 있겠어요?"

"마피아 보스라면 계약금 50불까지 날릴 거예요." 실망이 컸던 아내는 계속 마피아 보스 타령을 하고 있었다.

우리의 우려대로 그 다음날이 다 지나도록 레오는 전화를 해 주지 않았다. 전화가 오지 않자 나는 점점 초조해졌다. 그래서 레오에게 전화를 걸어 보기 위해 그가 낸 광고를 살펴보았다. 그런데 이상하게도 아무리 살펴도 광고에는 전화번호가 적혀 있지 않았다. 그렇다면 이 일을 따지기 위해서 다시 차를 몰고 그 사람의 집으로 갈 수밖에 없는 상황이었다.

"이 사람 참 황당하군. 전화번호도 없이 광고를 내다니."

그의 집으로 가는 길 내내 나는 아내에게 투덜거렸다. 그 집에 도착해 보니 마침 레오와 그의 아내가 집에 있었다. 갑자기 찾아온 우리를 보고 레오는 무척 미안해 하고 있었다.

"아니 데이빗, 이렇게 직접 찾아오시다니요. 정말 죄송합니다."

"광고에 전화번호가 없어서 어쩔 수 없었어요."

"그럴 리가요. 전화번호를 함께 냈습니다." 안주인이 이상하다는 투로 말했다. 직접 광고지를 보여 주며 따지고 싶었던 나는 차로 돌아가서 광고지를 꺼내 들었다. 그런데 이게 웬일인가. 몇 번이나 찾으려 애썼지만 보이지 않던 전화번호가 광고지 한 가운데 떡하니 적혀 있지 않은가! 머쓱해진 나는 다시 그의 집으로 돌아왔다.

"이제 저희들은 어떻게 해야 하나요?" 내가 물었다.

“그렇지 않아도 아내와 상의를 해 보았습니다. 그래서 두 가지 제안을 드리고자 합니다. 둘 중 하나를 선택하시면 됩니다. 첫 번째 제안은 계약을 없던 것으로 하고 50불을 돌려받아 가시는 것입니다.” 레오가 말했다.

“그렇다면 두 번째 제안은 무엇입니까?”

“두 번째 제안은 몇 주만 기다려 주시면 전에 보신 것과 완전히 동일한 소파를 제작하여 가져다 드리겠다는 것입니다.”

나는 잠시 할 말을 잊었다. “아니…… 그게 어떻게 가능한가요?” 내 상식으로는 이해가 되지 않는 제안에 나는 말까지 더듬었다. 그는 미소를 지으며 나에게 자신의 명함을 건넸다.

“사실 저는 다소 규모가 있는 가구회사의 사장입니다. 전에 고르신 소파들도 저희 회사에서 만든 것이었습니다. 그러니 다시 못 만들 까닭이 없지요.”

“잠깐만요, 그렇다면 새로 만들 소파는 중고가 아닐 텐데요.”

“물론이지요, 완전 신품이죠. 하지만 저희 실수도 있고 하니 신품으로 드리겠습니다.”

“그러면 손해를 많이 보실 텐데요?”

“모든 손해는 저희가 떠안겠습니다.”

도무지 믿기지 않는 이 제안에 나는 엉겁결에 마지막 한마디를 덧붙였다. “버팔로 가죽이 아니라 소가죽으로 해 주시는 거죠?”

“그럼요. 전에 보신 소파와 조금도 차이가 없이 만들어 드리겠습니다.”

몇 주가 지난 후 레오에게서 전화가 왔고 그 다음날 소파가 배달되어 왔다. 소파를 배달 온 두 직원 중 한 사람이 소파를 나르면서 말을 걸어왔다. “혹시 우리 보스의 친구이신가요?”

"그건 왜 묻습니까?"

"이 가격에는 절대로 이런 소파를 살 수 없어서 그렇습니다."

"글쎄요, 제가 보스 친구인지는 잘 모르겠고요, 하나님의 친구인 것은 확실합니다."

소파를 배달해 온 직원은 고개를 갸웃거리면서 소파 설치를 끝내고 떠나갔다. 이렇게 해서 현재 우리 집에는 3+2의 근사한 가죽 소파가 들어와 있다. 마피아 보스인 줄 알았던 그 사람이 가구회사 사장이었으리라고 그 누가 상상할 수 있었겠는가!

Behind Story

미가엘: 하나님, 소파가 마음에 드십니까? 중고지만 제법 쓸 만한 것으로 골랐습니다.

하나님: 수고는 했다만 내게 다른 계획이 있느니라.

미가엘: 다른 계획이라뇨?

하나님: 소파에 대한 계약을 마치자마자 그 사람에게 급한 일을 발생시켜 소파에 "팔렸음"이라는 딱지를 붙이는 것도 잊어버리고 서둘러 외출하게 만들라.

미가엘: 하나님, 어쩌려고 그러시나요? 그러다 나중에 다른 사람이 와서 그 소파를 구입해 버리면 어떻게 하시려고요?

하나님: 그렇게 되도록 일을 꾸미려고 이러는 것이니라.

미가엘: 저는 도무지 이해가 안 되네요. 계약금까지 지불한 소파가 다른 사람의 손에 넘어갔다는 것을 알면 그 선교사가 얼마나 허탈해할까요?

하나님: 참, 그리고 한 가지 더 할 일이 있느니라. 그 선교사의 눈을 잠시

가려 광고에 명시된 핸드폰 번호를 보지 못하게 하라.

미가엘: 멀쩡한 전화번호가 보이지 않게 하라고요? 그러면 소파 건을 따지러 그 집을 다시 방문하는 수고까지 해야 할 텐데요? 왜 그렇게 그를 힘들게 만드시나요? 점점 더 이해가 가지 않습니다.

하나님: 그렇게 해야 가구회사 사장인 그 집주인이 더욱 미안한 마음을 가지지 않겠느냐.

미가엘: 잠깐만요, 가구회사 사장이라고요? 아하! 갑자기 모든 것이 이해가 됩니다.

비자 거절

"우리가 이 보배를 질그릇에 가졌으니…… 사방으로 우겨쌈을 당하여도 싸이지 아니하며 답답한 일을 당하여도 낙심하지 아니하며"

_ 고후 4:7~8

내가 지금 이 책을 집필하고 있는 동안 우리 가족은 호주 비자 문제로 인해 커다란 어려움을 겪고 있다. 원래 나는 홍콩에서 2년짜리 종교비자를 받고 호주로 들어왔다. 호주의 종교비자는 2년간 유효하며 한 번에 한하여 연장할 수 있다. 따라서 종교비자로는 최장 4년간 머물 수 있는 것이다. 상황이 이렇다 보니 내가 호주에서 장기간 체류하며 사역하기 위해서는 뭔가 다른 비자를 받아야만 했다.

그래서 생각해 낸 것이 영주비자였다. 영주비자를 받게 되면 신분의 걱정 없이 장기 체류를 할 수 있기에 우리 가족에게는 그것이 꼭 필요했다. 이를 위해 나는 호주 어린이전도협회를 스폰서로 하여 영주비자를 신청했다. 변호사 비용을 아끼기 위해 호주 어린이전도협회 이사인 브루스와 내가 직접 신청서를 작성하여 접수했으며, 모든 것을 있는 그대로 투명하게 밝혀 신청서어 기록했다. 내가 이렇게 일을 투명하게 진행한 이유는, 하나님이 내가 이곳 호주에 머물며 사역하기를 원하신다면 반드시 비자를 허락하실 것이라는 믿음 때문이었다.

이렇게 비자 신청을 한 후 6개월 정도 기다렸고, 마침내 이민성 담당자로부터 연락이 왔다. 담당자의 말은 내가 자격을 갖춘 것으로 판단되므로 온 가족의 신체검사 결과만 나오면 바로 영주비자를 찍어 주겠다는 것이었다. 이렇게 해서 일이 잘 풀리는가 싶었다. 하지만 뜻밖의 일이 벌어졌다. 우리 가족이 신체검사를 받고 그 결과를 기다리고 있는 동안 공교롭게도 담당자가 바뀐 것이었다. 이전 담당자가 다른 곳으로 전출을 가는 바람에 다른 담당자가 나의 케이스를 물려받게 된 것이었다.

이유를 알 수 없지만 새롭게 바뀐 담당자는 사사건건 시비를 걸기 시작했다. 이전 담당자는 영어시험을 면제해 주었으나 새로운 담당자는 영어시험을 칠 것을 요구했다. 나는 몇 번 전화 통화를 해 보았으나 그는 차갑고 완고했다. 할 수 없이 나와 아내는 영어시험 접수를 하고 시험을 치르기까지 두 달을 더 기다렸다. 영어시험을 치른 후 합격점 이상의 결과가 나왔고 나는 그 담당자에게 전화를 했다.

"요청하신 시험 결과가 나왔습니다."

하지만 곧이어 담당자는 엉뚱한 소리를 했다.

"내가 5개월 전에 보낸 편지에서 요구한 서류들을 왜 제출하지 않았습니까?"

"무슨 서류 말인가요?" 당황한 내가 말을 더듬었다. 알고 보니 그 담당자는 나를 괴롭히기 위해 별로 필요하지도 않은 몇 가지 자질구

레한 서류를 더 해 오라고 편지를 보냈던 것이다.

당시 나는 해외 사역 중이어서 아내가 그 편지를 받았고, 해외 사역을 다녀온 나는 영어시험만 치르면 되는 것으로 알고 있었기에 그것을 주의 깊게 살피지 못한 것이었다. 어쨌든 나의 실수였다. 하지만 그동안 수차례나 전화통화를 했는데 한 번도 그것을 언급하지 않다가, 많은 비용을 들여 영어시험까지 치르게 한 후 그것을 문제 삼고 나온다는 것은 야비하기 짝이 없는 일이었다.

"죄송합니다. 제가 그것을 모르고 있었습니다. 2주간만 시간을 주시면 완벽하게 준비하여 제출하도록 하겠습니다."

그러나 그 담당자는 혹시라도 내가 서류를 재빨리 준비하여 제출할 것을 염려해서였는지, 전화 통화를 한 지 사흘 만에 서류 제출 미비를 이유로 서둘러 비자를 거절하는 편지를 보내왔다.

이렇게 황당하게 비자를 거절당한 나는 이를 들고 변호사를 찾아갔다. 자초지종을 들은 변호사의 입에서 나온 첫 마디는, "이 사람, 참 나쁜 사람이네."라는 것이었다. 변호사는 재심에서 충분히 승산이 있다 하며 재심을 시도할 것을 권했다. 재심 외에는 별다른 방법이 없었기에 나는 변호사의 권유대로 재심을 신청하기로 했다. 하지만 이로 인해 시간과 비용을 많이 낭비하게 되었기 때문에 속이 많이 상했다. 특히 그 담당자의 태도를 도무지 이해할 수 없었고, 시간이 지날수록 괘씸하다는 생각이 들었다. 그래서 이민성에 이를 정식으로 항의할 생각까지 해 보았다.

이렇게 곤고한 날을 보내고 있던 어느 날 성령께서 내 마음에 말씀을 주셨다.

"악에게 지지 말고 선으로 악을 이기라"(롬 12:21).

나는 이 말씀을 놓고 묵상해 보았다. 이 상황에서 선으로 악을 이기는 길이 무엇일까 곰곰이 생각해 보았다. 악한 이민성 담당자로 인해 나는 예정되어 있던 두 번의 해외사역을 부득불 취소해야만 했다. 호주를 벗어나지 못하기에 본의 아니게 3개월 정도 사역을 쉬어야 하는 상황에 처하게 되었다.

그러던 차에 형에게서 이메일이 왔다.

"원준아, 상황을 잘 들었다. 어려움이 많겠구나. 기도할게. 그런데 이번 기회에 책을 써 보는 것이 어떻겠니? 그동안 너의 간증을 들으면서 그것을 하나의 책으로 엮어서 펴낸다면 많은 사람들에게 은혜를 끼칠 수 있을 것 같다는 생각이 들었거든."

형의 권면을 읽는 순간, 나는 그것이 성령께서 나에게 들려 주시는 음성인 것을 깨달았다.

'그래, 이런 일이 아니고서야 내가 어떻게 몇 달간 시간을 비워 책을 쓸 생각을 할 수 있겠는가. 지금 이 기간이야말로 나에게는 책을 쓸 절호의 기회이다. 이 기회를 선용하자.'

그래서 나는 이 책을 집필하게 된 것이다. 이 책은 그 이민성 담당자가 아니었더라면 세상에 나오지 못했을 것이다. 나의 비자 문제는 여전히 재심이 진행 중이다. 신분상의 어려움이 경감된 것은 조금도 없다. 하지만 이제 나에게는 이민성 담당자에 대한 좋지 않은 감정 따위는 없다. 언젠가 이 사건 역시 비하인드 스토리로 엮어져 나올 것이 분명하기 때문이다.

끝맺으면서

　나의 삶에서 경험한 하나님의 기적적인 사건들을 이처럼 비하인드 스토리로 꾸며서 소개하고자 하는 이유가 있다. 그것은 여느 독자들과 다를 바 없는 연약한 성정을 가진 나에게 하나님께서 이런 놀라운 사랑을 베푸실 수 있다면, 이 책의 독자들 역시 하나님의 사랑과 도우시는 손길을 경험하지 못할 하등의 이유가 없다는 사실을 전하고자 하는 열망 때문이다. "우리가 보고 들은 바를 너희에게도 전함은 너희로 우리와 사귐이 있게 하려 함이니 우리의 사귐은 아버지와 그의 아들 예수 그리스도와 더불어 누림이라."는 요한일서 1장 3절의 말씀이 그대로 이루어지기를 바란다.

　이 책을 저술하면서 나에게는 마음의 소원 하나가 생겨났다. 그것은 "어머니의 하나님이 나의 하나님이 되게 하소서."라고 룻이 그 시모인 나오미에게 고백한 것처럼, "이 책의 저자가 믿고 의지하는 그 하나님이 나의 하늘 아버지가 되어 주소서."라고 고백하는 독자들이 많이 생겨나는 것이다.

"내 인생 여정 끝내어 강 건너 언덕 이를 때
하늘 문 향해 말하리 예수 인도하셨네
매일 발걸음마다 예수 인도하셨네
나의 무거운 죄 짐을 모두 벗고 하는 말, 예수 인도하셨네"

이것은 내가 가장 좋아하는 복음성가 중 하나이다. 나는 이 복음성가 저자의 고백이 나의 고백이 되기를 간절히 바란다. 또한 그것이 독자 여러분들의 고백이 되기를 간절히 바란다. 우리 모두가 천국에 입성하는 그날까지 우리를 향한 하나님의 놀라운 비하인드 스토리가 끊임없이 이어지기를 기대하면서……

CEF(어린이전도협회) 소개

CEF(어린이전도협회)는 미국에 국제본부를 두고 전 세계 155개국에서 활동하며, 한 해 전 세계적으로 800만 명 이상의 어린이들에게 복음을 전하고 있는 국제적인 선교단체입니다. 국제 CEF는 전 세계를 8개 지역으로 나누어 각 지역마다 지역 책임자를 두고 있으며, 지역 책임자는 지역 팀을 운영하고 있습니다.

라원준 선교사는 한국이 속한 아시아태평양지역 팀에 소속되어 전체 책임을 맡은 총무로 봉사하고 있습니다. 아시아태평양 지역에는 전 세계 인구의 1/3에 가까운 20억의 인구가 있으며, 현재 24개국에서 CEF가 활동하고 있습니다. CEF가 활동하고 있는 아시아태평양 지역의 국가들은 다음과 같습니다.

캄보디아, 중국, 몽골, 베트남, 라오스, 미얀마, 인도네시아, 태국, 필리핀, 말레시아, 한국, 일본, 싱가포르, 홍콩, 마카오, 대만, 호주, 뉴질랜드, 파푸아뉴기니, 통가, 솔로몬아일랜드, 바누아투, 마이크로네시아, 피지.

어린이전도협회의 지역 팀은 각 지역에 속한 나라의 현지 어린이전도 지도자들을 발굴·훈련시켜 세워 주고, 행정 및 필요한 모든 협력의 지원을 통해 그 국가의 현지인 교사 훈련 및 어린이전도 사역을 활성화시키는 데 사역의 주안점을 두고 있습니다. 우리나라가 속한 아시아태평양지역에는 불교권, 이슬람권, 공산권 및 힌두권 국가와 빈곤국들이 다수 있어서 훈련과 물질을 포함한 외부의 지원이 절대적으로 필요합니다. 과거에는 서구의 선교사가 주로 이 일을 감당해 왔으나, 서구 선교사의 퇴조와 함께 이제는 아시아태평양 지역 내에서 이 일을 전적으로 감당할 선교사가 일어날 것이 시대적 요청사항이 되었습니다.

이 사역을 온전히 감당하기 위해서는 영어와 후원 베이스라는 두 가지 요소가 반드시 필요합니다. 이는 현지 어린이전도 지도자에 대한 모든 훈련·행정 사역이 영어로 진행되기 때문이며, 생활비와 사역경비 및 각국의 방문을 위한 항공경비, 그리고 현지 지도자들을 섬기기 위한 물질 등 선교비 일체를 오직 개인과 교회의 후원에 의존하고 있기 때문입니다.

라원준 선교사의 주요 사역을 소개하면 다음과 같습니다.

❖ 아시아태평양지역 각국 CEF 현지 지도자 훈련, 교사 훈련, CMI 강의, 미개발 지역 개척, 행정 업무
❖ CEF 국제대회에서 아시아태평양지역 담당 / CEF 지역총무대회 참가
❖ 아시아태평양지역대회 주관 / CEFON(CEF 자치국 모임) 정회원으로 활동
❖ 호주 CEF 12,000의 Korean Ministry(한인고회 어린이사역) 협력 사역 (호주 시드니만 해도 200개 이상의 한인 교회가 있습니다. 아직까지 어린이전도협회 사역이 소개되지 않고 있기 때문에 호주의 한인교회를 대상으로 어린이전도협회 사역을 소개하고 교사훈련을 실시합니다.)

2007년 한 해 동안 어린이전도협회를 통하여 아시아에서 복음을 들은 어린이들은 280만 명이었으며 이중에 결신한 어린이들은 220만 명이었습니다. 이 귀한 사역을 통하여 앞으로 더 많은 아시아의 어린이들이 주님 앞으로 돌아오도록 기도해 주시기 바랍니다.

이보다 더 **쉽게** 기독교를 **설명**할 수는 없다!

기독교를 알아야 인생의 답이 보인다
저자 라원기 목사
가격 11,000원
출판사 예영 커뮤니케이션

· 이 책은 『하나님의 비하인드 스토리』의 저자인 라원준 선교사의 친형인 라원기 목사가 직접 쓴 전도용 변증서입니다.

· 저자인 라원기 목사는 현재 한동대학교 객원교수로 있으던서 청년 대학생들에게 알기 쉽게 기독교를 전해 주는 일에 삶을 바치고 있습니다.

■ 이 책의 특징

1. 한동대에서 학생들을 가르치면서 강의한 내용들을 정리한 것이기에 생생한 현장감이 있습니다.

2. 변증서가 딱딱하다고 하는 선입관을 완전히 깨뜨렸습니다. 기독교 교리를 너무나 재미있고 쉽게 접할 수 있도록 만들었습니다.

3. 책이 논리적입니다. 무조건 믿으라고 강요하는 것이 아니라 이 책을 읽은 사람은 기독교가 진리임을 부인할 수 없게 됩니다.

4. 여러 위대한 위인들의 명언이나 좋은 예화들을 넣어서 읽기에 지루하지 않고 다른 사람들에게 기독교를 체계적으로 설명할 수 있게 만들어 줍니다.

5. 학생들과 같이 공부할 수 있는 워크북이 따로 있어서 교사용 교재로도 사용할 수 있습니다.

명쾌 · 상쾌 · 통쾌한 **신개념 기득교 변증서!**
전도를 위한 **선물**로 가장 좋은 책!